国家社科基金
后期资助项目
GUOJIA SHEKE JIJIN HOUQI ZIZHU XIANGMU

教学的自识与反思

Self-perception and Reflections on Teaching

徐继存　著

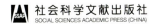

社会科学文献出版社
SOCIAL SCIENCES ACADEMIC PRESS (CHINA)

国家社科基金后期资助项目
出版说明

  后期资助项目是国家社科基金设立的一类重要项目，旨在鼓励广大社科研究者潜心治学，支持基础研究多出优秀成果。它是经过严格评审，从接近完成的科研成果中遴选立项的。为扩大后期资助项目的影响，更好地推动学术发展，促进成果转化，全国哲学社会科学工作办公室按照"统一设计、统一标识、统一版式、形成系列"的总体要求，组织出版国家社科基金后期资助项目成果。

全国哲学社会科学工作办公室

目　录

绪　论

　　每个教学论研究者都有自己对教学研究的理解，教学研究也可以服务于教学论研究者不同的目的。但是，这并不意味着教学研究的任何价值取向都是合理的。每个教学论研究者都应该认真思考教学研究的价值，反思自己教学研究的目的，厘定自己的社会角色，真正肩负起教学研究的责任和使命。

　　　　一

　　教学是人类特有的价值追求活动，不能靠教学的幻想或虚假的教学意识运行。教学的幻想或虚假的教学意识都是对被歪曲的教学现实的描述和阐释，不仅会削弱人的意志，而且会使教学实践误入歧途。只有打破教学幻想，消除虚假的教学意识，人们才能恢复和健全自己的理智，意识到自己所具有的理性的力量，并且只有以这样一种方式来改变教学现实，教学的幻想或虚假的教学意识才没有再存在的必要。揭示种种教学幻想和虚假意识掩盖下的教学真实，恰恰是教学论研究者不可推卸的责任。教学是一个错综复杂的结构，这个结构具有各种不同的、矛盾着的，却又是可以被认识的力量。对这些力量的认识能使人们了解教学的过去，并且在某种程度上也能预测教学的未来——这种预测并不是指将来必然会发生的教学现实，而是指人们在有限的选择范围内所必须做出的抉择。

　　长期以来，教学论研究者在教学研究思路上或者囿于传统的绝对主义理性模式，或者陷入相对主义的泥潭。前者一般采取"主客二分"的对象性思维方式，即试图从教学活动中找到一种终极意义上的存在或普遍性根据，企盼找到一种普适的教学本质或教学规律，这就混淆了自然认识与教学认识之间的差异性，忽视了人文价值因素在形成教学认识过程中应有的地位和作用；后者则借口教学现象和事件的复杂性、随机性和不可重复性，过分强调教学实践活动的个体性、差异性和不可检测性，这就夸大了自然认识与教学认识之间的差异性，否认了教学认识的客观性和教学研究的科学性，从而走向了教学实践的相对主义，甚至主张教学本质或规律的虚无主义。要真实地掌握和再现人类教学实践所具有的活动规律、建构逻辑和发展道路，教学论研究者就需要克服绝对主义和相对主义这两种偏向，采取绝对与相对辩证统一的研究思路，既不武断地假定有一种对任何教学具有绝对普适性的科学化的模式和标准，也不能想当然地将特定时空条件下具有相对性的教学模式和标准予以绝对化和普遍化，同时还要反对那种因教学具有的人文因素而否认其科学确定性的相对主义。

由于对教学这种人类普遍的社会实践活动，人们脑子里早已有了诸多超越感知的教学观念；加之，用观念来想象事物，总比实际考察事物来得快捷，人们往往就用教学观念来代替现实教学，甚至把自己的想象当作现实教学的实质。大家知道，对于许多事物，只凭意识难以解释，既不能了解它们的真实面貌，也不能知道它们的本质。因为"用观念估量事物，就好比一种浮光掠影，外表似乎明白，内里却含糊不清。正是由于这个缘故，一些思想家们靠思维发现的社会事物规律，其实只是一些牵强附会、毫无真凭实据的东西。对于一件事物，如果找不到它的详细状况、具体形式和特征，或者即使找到，也仅仅是一些抽象的概括或者似是而非的规则，那是一些习惯上相沿的成见影响我们的结果。由于这种成见是与我们的身体并存的，所以尽管它蒙蔽了事实的真相，我们却毫无察觉，再加上这些成见除了与我们的身体并存之外，还往往是来自经验的积累，积习相沿，从而带有遗传性、权威性，强迫我们，使我们难以逃避。因此，对于一件事，只要存在成见，人们就会不加思考便将从成见中感受到的东西当作这件事的真实情况"。① 任何时候，只要我们未能对那些深深嵌入我们对教学世界的思考的教学事实中的预设进行系统的批判，我们就有可能错误地瓦解教学的实践逻辑，使之消解于教学的理论逻辑之中。可见，即使教学论研究者确定了正确的研究思路，要告诉人们一个真实的教学世界也不容易。这意味着教学论研究者必须

---

① 〔法〕埃米尔·迪尔凯姆：《社会学方法的规则》，胡伟译，华夏出版社，1999，第16～17页。

坚持和贯彻从教学实际出发的基本原则，将教学现象看作教学本身的现象，遵循严格的科学研究程序和规则，同时还需要具备反思意识和自省能力，尽可能消除种种浅见或成见，摆脱自认为全无幻觉的幻觉，避免空空洞洞的教学幻影遮蔽教学的真实。

二

　　教学研究不能满足或停滞于对教学现实的忠实反映，不应只是追求隔离的预测，而应该是一种启蒙、一种批判。正是通过对教学现实的批判，教学现实世界的问题和弊端才有可能得到克服和纠正，从而保证教学实践活动的理性发展。因为，对教学现实的批判在某种程度上就是对现实教学存在进行理性的反思，它不满足于循规蹈矩地去接受那些既定的教学观念和行为方式，而是以科学的态度对教学现实存在进行辩证否定性的思考，从而克服教学认识的表象性和片面性。如果说阐释教学历史是为了批判教学现实，那么批判教学现实乃是为了预见教学未来，为建构教学的理想坐标奠定基础。马克思指出："新思潮的优点就恰恰在于我们不想教条式地预料未来，而只是希望在批判旧世界中发现新世界。"① 如此，对教学现实的批判，就不是形而上学式的全盘否定，更不是不负责任的历史虚无主义，而是对现实的教学状况与发展中的教学需要之间的差距的一种积极探索。霍克海默指出："批判并不意味着对一个东西进行谴责，或抱怨某种方法及其他东西，也不意味着单纯的否定和驳斥。……就批判而言，我们指的是一种理智的、最终注重实效的努力，即不满足于接受流行的观点、行为，不满足于不假思索地、只凭习惯而接受社会状况的那种努力；批判指的是那种目的在于协调社会生活中个体间的关系，协调它们与普通的观念和时代的目的之间的关系的那种努力。"这种批判的主要目的在于"让人类看到他的行为与其结果间的联系，看到他的特殊的存在和一般社会生活间的联系，看到他的日常谋划和他所承认的伟大思想间的联系"。② 因此，对教学现实的批判不是无原则的消解的简单否定，而是立足于教学需要的发展而对教学现实的一种

---

　　① 《马克思恩格斯全集》（第 1 卷），人民出版社，1956，第 416 页。
　　② 〔德〕马克斯·霍克海默：《批判理论》，李小兵等译，重庆出版社，1989，第 255 页。

积极扬弃。

对教学现实的批判，可以从不同方面、在不同层次上进行。它既可以是教学观念的批判，也可以是教学实际的批判；既可以是教学整体性的批判，也可以是教学局部性的批判；既可以是对教学同一问题或主题的总体性批判，也可以是围绕某种教学问题或主题而从不同侧面展开的具体批判；等等。但是，究竟批判什么教学现实，选取何种视角对之进行批判，不同的时期呈现出不同的特点，不同的教学论研究者表现出明显的差异。尽管如此，如要对教学现实的批判加以证成的话，教学论研究者必须有意识地在认识论层面上反省对教学现实的批判如何能成立的问题，包括教学现实批判的性质如何、根据何在，以及验证性标准的确定等。回避了认识论的反省，教学论研究者对教学现实的批判就会因缺乏坚实的基础而丧失应有的力量。这就意味着教学论研究者对教学现实批判的同时也应该包含自我批判。作为教学论研究者，我们并不是在"无知之幕"之下进行认知和做出判断的，无论是研究对象的选择还是加工都不可能不涉及基于我们自身价值观的问题的预设。韦伯明确指出："若是没有研究者的价值观念就没有选择材料的原则和关于个别实在的有意义的认识，正如若是没有研究者对无论何种文化内容的意义的信念，一切关于个别实在的研究就根本是无意义的，所以研究者个人信念的方向、价值在他心灵之镜中折射出的色彩指示了他研究的方向。"① 这样一来，任何被认知的存在未必就是存在，作为被认知了的我们也不一定就是我们自身，作为被我们认知了的教学存在也许并不是教学存在本身。一切被认知的教学存在都是一种被形塑和形成了的教学存在，这种教学存在乃是一种经过特殊过滤和把握的东西，同时又可能是一种蒙蔽性和束缚性的东西。既然理性的运作从来就不是纯粹的，而是要受制于种种非理性的因素和意欲，那么教学论也就不完全受逻辑的支配，尤其是当良知泯灭的时候，教学论的拙劣更会暴露无遗。如果我们尚有健全的理性，我们就不能不坦诚地承认，我们对教学存在的任何认识都赋予我们无法祛除的价值上的导向、利益上的引诱和兴趣上的偏爱，难以保证教

① 〔德〕马克斯·韦伯：《社会科学方法论》，韩水法等译，中央编译出版社，1999，第32页。

学论自身的纯粹性。因此，我们可以说，教学论研究者的自我批判是教学论研究者能动性和主体性的深刻体现，也是教学论研究者人格修养和学术良知的必然显现。

面对现实教学问题，教学论研究者应该充分意识到自己不是旁观者，而是责任者，永远不能置身其外。"一个社会科学家，当他面对一个他并不直接置身其中的世界，并从一种外在的角度观察这个世界时，在他的立场中就存在一种固有的唯智主义偏见。"① 要知道，教学论研究者的唯智主义偏见远比那些根源于教学论研究者的社会出身或在教学论学术场域中的位置的偏见更显著，也更具歪曲性，因为它可能导致教学论研究者完全忽视教学实践逻辑的"种差"，陷入那种极端的唯我主义的立场。所以，"没有什么神圣的"这个原则本身就是一个普遍化原则，教学论研究者当然不能排除在这个原则之外。

三

任何时代，人类都是"由关于未来的意识来支撑的，从未来的观点看现在与从过去看现在一样是极其必要的。我们具有的关于未来的思想，指导着我们观察过去和现在的方法"。② 人类教学的未来不是教学历史过程的简单演绎，也不是现实教学活动在未来的时间序列中的一系列重复，而是人们通过不断的创造性教学活动而丰富、发展的过程。透过这一过程，我们可以发现其中内含着一种引导和支撑人类教学发展的时代精神力量，而这种对人类教学发展起引导和支撑作用的时代精神力量就是人类的教学理想。由于教学理想既为人们提供必要的精神支柱和信念导引，又在人们认识教学世界和改造教学世界，实现教学认识论的解释功能和改造功能之间起着重要的中介桥梁和纽带作用，因此在揭示教学真实，批判教学现实的基础上，表达教学理想，凝聚共识，激励人们共同的教学行动，推动人类教学的发展，乃是教学论研究者的当然责任。

教学理想总是指向未来的，未来不是当下的既有的教学现实，而是

---

① 〔法〕皮埃尔·布迪厄、〔美〕华康德：《实践与反思：反思社会学导引》，李猛、李康译，中央编译出版社，1998，第1页。
② 〔德〕卡尔·雅斯贝尔斯：《历史的起源与目标》，李雪涛译，华夏出版社，1989，第161页。

明天的教学现实，是将要发生的教学现实。这样看来，教学论研究者建构和表达的教学理想，就不仅是教学论研究者认识的结果，也不仅是教学论研究者预见的结果，而且是教学论研究者观念地建构与创造的成果，是教学论研究者的一种教学价值建构与观念创造，一种基于自身教学认识对教学发展未来美好前景的展望与构想。毋庸置疑，教学理想要以教学的现实性为根基，但"并不是根据纯粹的现实性来思考。如果不扩大甚至超越现实世界的界限，他们的思想就不能前进一步"，其"使命就在于，它为可能性开拓了地盘以反对当前现实事态的消极默认"。① 所以，教学论研究者的教学理想乃是以对教学现实的不满足和否定性评价为基本前提，包含着对发展中的教学未来需要的积极预测，从真理性与价值性、客观规定性与主观创造性的结合上，形成以解释教学现实，指导和规范现实教学活动为主要内涵的未来教学的理想模型及其实现的最佳途径，集中体现了教学论研究者所独有的对教学理想世界的超前建构、主动创造和锐意追求。今天的问题常常不在于有没有教学理想，而在于有什么样的教学理想。正是在这个问题上的一些失误才使人困惑，陷入茫然无望的境地，而这在很大程度上又是我们作茧自缚造成的。作为一种观念的教学理想，如果只有教学实践观念或目的而无教学实践模型或手段，不仅失去了它本来应有的实际指导和理性规范功能，而且会变成被人们常常斥为十足的空想的乌托邦。这种乌托邦式的教学理想，正如马克斯·霍克海默所言，是"虚假的理想，即认为只须提出完善化的图景，而不管它借以实现的途径就足矣的理想。在现代，对最高的理念的忠诚，已经在一个与之相对峙的世界中与那种想知道这些理念怎样在世界上实现的真诚的希望联结在一起"。② 教学理想如果脱离了其教学现实生活基础，成为一种教学论研究者主观心灵活动的任意创造，一旦运用到教学现实世界中，必然会四处碰壁而丧失其对教学实践活动的规范意义，或者使教学实践活动及其变化成为偶然的无所凭依的荒谬过程。其结果是，人们不再把教学理想视为自身可能的教学生活的理性指导，从而最终否定教学理想的必要性，这是不负责任的。

---

① 〔德〕恩斯特·卡西尔：《人论》，甘阳译，上海译文出版社，1985，第76、78页。
② 〔德〕马克斯·霍克海默：《批判理论》，李小兵等译，重庆出版社，1989，第256页。

　　教学的发展，不仅是一个理论问题，更是一个实践问题；不仅是一个真理问题，更是一个价值问题。教学论研究者不能以纯粹的教学幻想来填补教学事实的空白，应以自己对教学现实和自己的能力的深切把握为限，努力将所建构的教学理想对象化、实在化、具体化，从教学理想的价值取向到行为取向，从教学实践目标的设定到教学实践手段的制定，从教学目标决策到教学方案选择，不仅是清晰可见的，而且是完备一体的。在这里，我们有必要强调的是，教学论研究者绝不是不受社会因素限定的、自由漂移并且被赋予某种符号尊严的人，教学论研究者理想须与责任随行，才能使美好教学未来的实现变得更为可期。当前，教学论研究者应该消除经院哲学家们所喜欢的那种流于空洞、虚玄的抽象议论，去正视现实的教学问题，集中精力澄清那些教学弊端的原因和确切性质，建立起一种更加美好的教学理想的明确概念，作为认识和纠正具体教学弊端的方法，而不是提出什么遥遥无期又无法实现的教学目标。

四

　　无论是揭示教学真实，还是批判教学现实，表达教学理想，最终都是为了改造教学世界，改进教学实践。无改造之目的的教学论是空洞的，不作任何理论说明的教学改造则是盲目的。解释和改造、理论与实践，不是可以被结合起来的独立因素，而是互相关联的因素。"人们不应当假定，通过某种对情境，对那些随时都有可能发生的事件的逻辑分析，就可以消除各种不合理性的冲动。只有通过在情境中进行活动，我们才能针对它提出问题，而我们所得出的答案则始终是以行动的成功形式或者失败形式存在的。不应当使理论脱离其与行动的本质联系，行动是不断阐明理论的媒介，所有各种理论都可以通过行动而得到检验和发展。"① 语词是无限心灵的有限器官，行动才是思想的完美和公布。"行动是智力用以制作自己璀璨夺目的产品的原料。这也是一个奇异的过程，经验据此转化为思想，宛如把桑叶变成了锦缎。这种生产过程每时每刻都在进

---

① 〔德〕卡尔·曼海姆：《意识形态与乌托邦》，艾彦译，华夏出版社，2001，第154页。

行。"① 一旦教学论与教学实践不再分割开来，两者都能改变各自的性质，所以真正的教学论研究者从不放过身边介入教学实践的机会，即使只是为了寻找一个词语，也应当积极行动。"最抽象的概念困惑如果不通过系统地联系经验现实，也不可能得以充分地澄清。最超凡脱俗的理论家也不能不花费精力去'胼手胝足地与经验琐事打交道'。"② 也就是说，任何教学观念体系只有与人们的教学方式紧密联系起来，与人们具体的历史的教学实践结合在一起，才能得到合理的完整理解。遗憾的是，许多教学论研究者染上了哈姆雷特式的不幸——为苍白思想的投影而心力交瘁，压根不思考理性的教学理想，并根据它去改造教学现实，而是为虚空的教学现实意识所迷惑，满足于失去理想的教学现实，养成了一种学院式的生存方式，沉湎于"从书本到书本地撰写"或"一味地沉思冥想"。尽管闲暇和离群索居是保证教学学术研究的前提，但在长期的疏离状态中产生的教学思想会逐渐地积累偏见和成见——如果从中产生的解决方法不需要教学现实的实际检验的话。无须满足实际教学环境需要的任何教学论研究成果都将无法躲开自我确证的逻辑陷阱，难以克服培根曾深恶痛绝的学问病症——虚假的想象、无益的争辩和虚荣的矫情以及布迪厄深刻批判的那种"将逻辑的事物错当成事物的逻辑"的学究性谬误。也许就是出于这种原因，才有了教学论脱离教学实践之虞，才有了诸多关于教学理论与教学实践问题的无谓争论。

教学世界不是一个外在于教学论研究者并静候教学论研究者去反映的世界，而是一个教学论研究者置身其中并与教学论研究者不断发生交互作用的世界。教学论研究者只有积极地介入这个世界，才能发挥其作用，赢得其地位。科学哲学家约瑟夫·劳斯指出："只有介入世界，我们才能发现世界是什么样的。世界不是处在我们的理论和观察彼岸的遥不可及的东西，它就是在我们的实践中所呈现出来的东西，就是当我们作用于它时，它所抵制或接纳我们的东西。科学研究与我们所做的其他事情一道改变了世界，也改变了世界得以被认识的方式。我们不是以主体表象对象的方式来认识世界的，而是作为行动者来把握、领悟我们借以

---

① 〔美〕爱默生：《美国的文明》，孙宜学译，广西师范大学出版社，2002，第64~65页。
② 〔法〕皮埃尔·布迪厄、〔美〕华康德：《实践与反思：反思社会学导引》，李猛、李康译，中央编译出版社，1998，第37页。

发现自身的可能性。"① 对于我们教学论研究者来说，认识到这一点并不容易，更艰难的是改变这一点。因为，一方面，我们已经习惯了学院式的生存方式，而且这样的生存方式不需要背负太多对教学世界的伦理责任，也容易逃避直接介入和改造教学世界的艰辛；另一方面，正是这种长期的学院式生存方式使我们教学论研究者养成了一种相对稳定、封闭的思维方式，甚至可以说，这两者互为因果，而思维方式的变革是尤为困难的——如果没有造成我们教学论研究者生存危机的重大事件发生。犹如维特根斯坦所说："洞见或透识隐藏于深处的棘手问题是艰难的，因为如果只是把握这一棘手问题的表层，它就会维持原状，仍然得不到解决。因此，必须把它'连根拔起'，使它彻底地暴露出来；这就要求我们开始以一种新的方式来思考。这一变化具有决定意义，打个比方说，这就像炼金术的思维方式过渡到化学的思维方式一样。难以确立的正是这种新的思维方式。一旦新的思维方式得以确立，旧的问题就会消失；实际上人们会很难再意识到这些旧的问题。因为这些问题是与我们的表达方式相伴随的，一旦我们用一种新的形式来表达自己的观点，旧的问题就会连同旧的语言外套一起被抛弃。"②

倘若教学论研究者在教学行动中沉思与言说，沉思与言说的恰恰是自己的教学行动，那么教学理论与教学实践的关系也就成了一个虚假的命题。作为教学论研究者，我们应该清醒地认识到自己不是代替别人思考的人，更何况，代替别人去思考是荒谬的。我们需要的恰恰是反思自己，反思自己是否真正有勇气超越学院式的生存方式，确立起一种行动者的认识论，一种有尊严的价值观，一种负责任的人生观。只有通过自我意识的反省，教学论研究者才能"了解自己本身，使自己成为衡量一切生活关系的尺度，按照自己的本质去估计这些关系，真正依照人的方式，根据自己本性的需要，来安排世界"。③

---

① 〔美〕约瑟夫·劳斯：《知识与权力——走向科学的政治哲学》，盛晓明等译，北京大学出版社，2004，第23~24页。
② 〔法〕皮埃尔·布迪厄、〔美〕华康德：《实践与反思：反思社会学导引》，李猛、李康译，中央编译出版社，1998，第106页。
③ 《马克思恩格斯全集》（第1卷），人民出版社，1956，第651页。

五

　　每一个教学论研究者都有其对教学的理解，有自己的教学研究观，并运用教学知识来体现自己的价值，就如同哲学的价值体现在哲学家实际扮演的各种角色中。美国哲学家劳伦斯·卡弘曾这样描述哲学家的各种角色："哲学家可以是道德教师，在自己的学生中鼓励诚实守信和深入的自我追问；可以是思想文化记者，告诉人们许多国家的科学、艺术、政治和学术阶层中当前正在讨论的话题；可以是政治活动家，把探索作为改造社会的手段；可以是希望独自一人沉思的隐士；可以是科学家或结伴而行的科学游客，通过共同努力，对目前有关世界的最出色的说明再加以改进；可以是美学家，其思想触及感觉的边缘，力求培养一种被资产阶级社会视而不见的微妙体验的鉴赏力；可以是实验性的神秘主义者，在他看来，哲学提供了通过想象重建经验的可能；也可以是追求一个令人满意的世界的人，这个世界能够挽回某些个人的严重损失；也可以是色情的对话主义者，迷恋于和热情而有吸引力的年轻人谈论各种思想；可以是史学家和翻译家，专门沟通另一些人的思想；可以是愤世嫉俗的人，哲学在他那里是同当代文化保持距离的手段；可以是西方文明的卫士，使他不受野蛮人伤害，同时又要把它传播给他们；可以是世界观的工程师，认为社会接受这种世界观对它有益；也可以是幸福的白领工作者，收入虽不高，却有许多愉快的闲暇时光。"① 毫无疑问，教学研究同样可以服务于教学论研究者的许多目的。问题在于，教学研究应当服务于什么目的？它是为了什么而建立的？其真正作用是什么？有哪些难以克服又需要被充分认识到的局限性？这些问题对于许多教学论研究者来说似乎是不言自明的。然而，如果我们认真地考察教学研究自身走过的道路及其所起的作用，如果我们深入地反思一下当下教学研究的杂糅之局及其折射出的形态各异的教学研究观念，也许就会发现，正是在这些人们似乎不言自明的问题中潜藏着诸多矛盾，交织着诸多误解和偏执，妨碍了教学论的正常发展，扭曲了教学研究和教学论研究者的社会形象。

　　"教学意味着使青年人能了解到人类最优秀的遗产。但是，大部分遗

---

① 〔美〕劳伦斯·卡弘：《哲学的终结》，冯克利译，江苏人民出版社，2001，第15~16页。

产是用语言表达的，只有当这些语言在一个教师和社会的实践及其结构中成为现实的时候，这一遗产才是有效的。思想只有活生生地物质化的时候才能影响人；永远仅停留在字里行间的思想只能改变语言本身。"①同样，教学论研究者要做到"修辞立其诚"，过真正值得过的教学生活，达到卓越或养成真正的德性，就不能以追求学术纯粹性的名义回避现实教学问题，一味地据守某种与教学生活之道完全无关的语言游戏或"技术性行话"，像卖弄三段论技巧的那些人常常使听讲者惊叹不已，却过着与其所说背道而驰的生活。当下，教学论研究者多依附于体制化的高等院校之中，相对优越的生活环境所形成的优越感会不断地消磨着教学论研究者的责任感，容易丧失作为教学论研究者的存在价值和意义。教学论不仅仅意味着理论的沉思与言说，而且同时意味着教学生活磨炼的具体经验。教学论研究者应该努力使自己成为某种正当教学生活的典范，激励别人走向类似的自我改善的教学生活。中国古代书院名师大儒具有强烈的历史使命感和社会责任意识，他们讲学论道，身体力行，举贤纳士，尊师继学，有教无类，推动了我国古代学术的繁荣昌盛，维系和提升了我国古代乡村社会的道德与文明水准。② 民国时期的教育家学贯中西，视野广阔，在动荡不安的岁月里，他们矢志教育，锐意改革，开展实验，探索方法，培育人才，报效国家，成就斐然，而他们不计名利、德高品洁的士人风骨，更令人景仰。③ 以身弘道，亲证其说，这是古代书院名师和民国时期的教育家为我们今天教学论研究者留下的宝贵传统，值得我们今天的每一个教学论研究者承传并发扬光大。

　　每一个教学论研究者都有自己成长与发展的经历，有其兴趣、个性和人格，而这不可避免地烙印在他的教学认识上；反过来，教学论研究者的教学认识又影响着他的生活方式及其扮演的社会角色，塑造着他的兴趣、个性和人格。因此，教学论不仅仅是为人们提供教学理解的观念模式，它同时也是教学论研究者的一种信念体系，在一定程度上，甚至可以说就是他的自传。教学论仅靠概念、语言和逻辑是无法得到真正有

---

①　〔美〕埃里希·弗罗姆：《在幻想锁链的彼岸》，张燕译，湖南人民出版社，1986，第186~187页。

②　徐继存：《古代书院名师的为学之道》，《当代教育与文化》2013年第1期。

③　徐继存：《民国时期教育家的共相》，《西北师大学报》（社会科学版）2013年第6期。

力的证明的，教学的言语表达与教学实践的对立是一种典型的学究式对立，它是教学论研究者的感知、领悟与自我定位的产物。教学论研究者只有不断反思自己的教学研究历程，反思自己的教学生活，才能调整自己的研究方向和方式，改进和改造自己的教学生活，做到理论与行为的统一，过上一种有教育意义的教学生活。可以说，教学论就是教学论研究者躬行的教学生活，教学论研究者的教学生活乃是教学论研究者的不言之教。

第一章　教学理解的维度

长期以来，对教学是什么的追问，由于把教学视为一种外在于人的实体，遵循的是一种从寻找"本质"到解释教学的思考途径，因而采用的是自然科学的"主客二分"的认知模式，追求教学认识的确定性和绝对性，容易导致对现实教学活动的遮蔽和遗忘，从而使教学论研究陷入纯粹形而上的思辨。教学论不仅是追问教学本质的解释之学，更是规范教学的价值之学。教学论研究不能把理论旨趣仅仅放在教学"是如何""是什么"这样的所谓"事实"问题上，而应尽可能地关注教学"应如何"这样的价值问题上：人类的教学对人有何意义？怎样的教学才是合理的？教学如何才能更有利于人类自身的存在和发展？而要回答这些问题，我们就不能仅仅追问教学是什么，而更要追问教学不是什么。教学不仅是一种事实之在，也是一种价值之在；相应地，以教学为对象的理解可以分为知识性教学理解和价值性教学理解。相对于知识性教学理解，价值性教学理解更加注重教学目的本身的合理性，突出教学理解的价值意蕴，更接近人为教学的真实。对于教师来说，现实的教学可以理解为教师个人的职业活动，但这种职业活动直接关系着国家的发展和社会的进步，而国家的发展和社会的进步无疑是教师个人职业活动得以展开的基本前提和保障。因此，教师只有站在国家、社会与个人相统一的立场上去认识和理解教学，才有可能形成教学理解的一种总体性视域。基于对教学活动历史和现实的认识，教学理解的现实化包含专业性与政治性相统一的教学取向、有效性与伦理性相统一的教学过程、成人性与为己性相统一的教学评判。

一　教学本质的认识

教学是教学论学科领域中的最基本概念，任何教学论研究者都不可避免地使用它。所以，多少年来，人们都在不断地追问教学是什么。要研究教学，自然就要知道教学是什么，这似乎是一个毫无疑问的问题，却一直困惑着我们。

（一）教学是什么的追问

在教学论领域中，对教学是什么的解答多种多样。可是，无论是把教学视为一种特殊的认识过程，还是把教学视为传授知识经验的过程，抑或把教学视为教师的教与学生的学相统一的活动，还是教师和学生的交往过程等，虽然各自都有一定的理论根据，却也毫无例外地面临着一些诘难。至今，人们事实上依然在各不相同的教学认识前提下，进行着各自的教学论研究，缺乏真正地理解和沟通。对于许多教学实际工作者来说，教学是什么也许并不重要，重要的是知道该如何有效地进行教学；即使重要，他们也不知道该采取哪一种观点。教学究竟是什么的问题悬而未决，各种新的所谓教学"本质"说就可能还会不断地出现。

作为教学论研究者，我们将如何说明自己工作的意义呢？通常，我们都说，教学论研究的生命在于指导教学实践，如果连教学是什么都不知道，又怎么去有效地指导教学实践呢？我们很努力，也不乏探索的勇气和精神，为什么我们连教学是什么这个看起来最简单的问题都不能清楚地解答呢？

教学是什么的问题本身是否就蕴含着我们无法解决的问题？教学是人类特有的社会实践活动，它是"人为"的，也是"为人"的，因而它不同于纯自然的事物。对于教学，不同的人自然就有不同的认识，因为当人们试图回答教学是什么的时候，已经包含了他们对教学各自不同的理解，赋予了教学各自的主观价值旨趣。不管你是多么"客观""公正"，任何对教学是什么的解答，实质上都含有你所理解的"教学应该是什么"的内容。也就是说，教学应该是什么本身就是教学是什么的题中应有之义。所以，我们不可能期望得到一个大家都认可的教学是什么的确切答案。尽管如此，我们又不能认为任何一种对教学是什么的解答都是科学的、合理的，否则我们就走向了教学认识的相对主义甚至宿命的不可知论。

我们应当清楚地看到，教学现象的复杂性和多样性决定着人们对教学认识的评判标准应是多元的、不确定的。但是，相对于某个特定时代和一定历史条件下人们对教学的认识而言，用以规范和评判人们的教学认识是否科学、合理的标准不仅是一元的，而且是应该确定的，唯其如此，才能保证一定条件下人们的教学认识沿着既定的规范化方向发展，才能保证现实教学活动的顺利展开。当然，我们不能因为教学的多元认识而轻易否定教学是什么的追问对教学论研究和教学实践的意义；恰恰相反，教学是什么的追问正是教学论研究得以不断深化的重要动力，也是赋予教学实践以理性的基本前提。但是，透视人们关于教学本质的已有探讨，我们发现，人们对教学是什么的追问本身有其严重的方法论局限。

人们对教学是什么的追问本身，实际上已经预设了教学是一个与人无关的"实体"存在，如同一个纯自然存在一样。人们相信，只要充分发挥自己的智力，付出真诚的努力，就可以层层剥离教学这个实体，揭示出其所谓"本质"；而只要发现了教学的"本质"，就可以一劳永逸地给任何教学实践活动和问题一个满意的解释和解答。正是在这样一种坚定的信念支配下，人们已经把教学放到了自己的对立面即客体的位置上了，因而也只是从客体的或者直观的形式去理解，而不是把它当作人的感性活动，当作实践去理解，不是从主观方面去理解。海德格尔指出："我们常常把追究人的'本质'自始即提得不对头，无论我们问人是什么还是问人是谁，总之不对头。因为在这个谁或这个什么中我们已经眺望着一个人格或眺望着一个对象了。"① 即在"什么"或"谁"中，人的本质已经成形，已经现成地存在，已经"是"了。在我们看来，人们对教学是什么的追问同样也是如此。当人们沉湎于自己的"发现"时，实质上已经遮蔽了现实教学的生动本真，消解了教学是什么的问题，失却了追问教学是什么的意义。

即使把教学看成一个实体，它也不是僵死的，而是变化发展的，正如古希腊哲学家赫拉克利特所指出的，世界上再没有比变化更实在的了。变化是普遍的不可抗拒的力量，在这个力量面前，任何事物不管多么自信多么稳定坚固，都不能停滞不前。如果承认教学是发展变化的这一事实，那么抛开变化而寻求教学永恒不变的"本质"本身，就会把我们的教学论研究推入一种无法自拔的泥潭。因为，对教学是什么的追问，乃是一种溯本求源的思维，它所关注的是教学既成问题，至多是对教学历

---

① 〔德〕海德格尔：《海德格尔选集》，孙周兴译，上海三联书店，1996，第 371 页。

史生成提供一种理解框架，把教学的现实发展变化看成必然如此，因而它不是前瞻的，不能为现实的教学提供指导。既然如此，人们自然就可以无视现实教学实践活动的生动变化和发展，闭门探寻教学的本质，追问教学是什么。于是，关于教学是什么的认识就纷繁斑驳地呈现出来了。徜徉于众多的教学是什么的认识海洋中，我们最终不仅仍然不知道教学是什么，而且我们也很难说清楚教学论研究的意义何在。

（二）教学不是什么的限定

任何一个教学论研究者都应该清楚地认识到，探寻教学的本质，追问教学是什么，其根本目的在于指导教学实践，解决教学实践活动中的问题，而不是为追问而追问。所谓指导教学实践，无非就是给教学实践以规范，告诉人们应如何进行教学实践。具体地讲，就是要告诉人们该干什么，不该干什么。如果说知道教学是什么就可以明确该干什么的时候，是否就可以追问教学不是什么呢？在现实的教学实践活动中，明确了教学不是什么，实际上也就给教学实践活动以一定的规范了，从而也就指导了教学实践活动。人们也许对此有些疑问：既然对教学是什么的追问，不能给人以确切的解答，对教学不是什么的追问恐怕也同样如此。

我们当然不敢说，对于教学不是什么的问题，人们一定会得出一致的答案。但是，我们可以肯定地说，在具体的教学实践活动中，人们还是清楚地知道教学不是什么，否则就无法进行教学实践活动了，而这其中是有许多共同之处的。因为，对教学是什么的追问，是把教学视为一个实体，抛开了特定的时代和一定的历史条件，是抽象的；而对教学不是什么的追问，则是要落实在既定时代和历史条件下教学实践活动中的，是具体的。教学是现实的存在，只有在具体的教学实践活动中，教学是什么的追问才是有意义的，并且它才有可能得到回答。在这里，我们不妨举个简单的例子说明一下。如果问怎样才算是一个好的足球运动员？人们的标准可能有很大不同；但是，任何有健全理智的人都清楚，一个蹩脚的不会踢球的人绝对不是一个好的足球运动员。选择好的运动员，就是要剔除不好的运动员；规范和指导教学，无非就是要避免不正当教学的产生。所以，教学不是什么的追问，其最重要的意义就在于把教学是什么这样一个抽象的问题转化为具体的现实命题，把我们的教学论研究从"天上"拉回到"人间"。可见，教学是什么与不是什么的追问不是截然分开的，而是相互依存，彼此交织在一起的。也正因如此，我们就不能只是单纯地追问教学是什么，还必须追问教学不是什么，回到现实的教学实践活动中去。如果说对教学是什么的追问表征了教学论研究的一种思维方式，那么这种思维方式的局限性恰恰可以通过对教学不是什么的追问这种思维方式加以克服。

对教学是什么的追问，由于把教学视为一种外在于人的实体，遵循的是一种从寻找"本质"到解释教学的思考途径，因而采用的是自然科学的"主客二分"的认知模式，追求教学认识的确定性和绝对性，这就容易导致对现实教学活动的遮蔽和遗忘，从而使教学论研究陷入纯粹形而上的思辨。从纯粹的思辨的思想开始，而以绝对知识、以自我意识、理解自身的教学论的或绝对的即超人的抽象精神结束，这样的教学论不过是教学的"本质"的展开。与教学的"本质"相比，现实教学活动显然是不完善的，因此一旦将这种追问所得到的教学认识落实到具体的教学实践活动中，它必然会用某种绝对理性的标准来说明、要求、规范和衡量现实教学活动，从而极容易走向教学的教条主义。对教学不是什么的追问，则在总体上遵循了一种不同于传统的反向思考模式，它不是从某种所谓永恒不变的教学"本质"出发推演出现实教学活动的一切，它所把握的是具体形态的教学，是从具体的教学现实及其对人的意义出发来阐解教学，充分展现了教学认识的人文性和相对性，因而它是对教学的形而下的关怀。在教学论研究中，形而上的思考只有与形而下的关怀有机结合起来，才能使教学论从抽象走向具体，走向现实的教学存在，也只有从现实的教学存在中，我们才能找到教学是什么的确切解答。教学的本质只能存在于现实的教学活动过程之中，并且通过它得到反映或表现。马克思指出，全部社会生活在本质上是实践的，人应该在实践中证明自己思维的真理性，即自己思维的现实性和力量、自己思维的此岸性。人不知道人是什么，人却现实地生活着，只是因为人不是抽象的，人是在现实的生活中把握自己、规定自己的。作为人类特有的社会实践活动的教学，它关怀的是人的生存和发展，离开了现实教学的展开和表现，我们将无法探寻教学的意义，确定教学是什么，只能把它看成孤立的、抽象的感性实体。

如果我们把教学是什么的追问称为教学论研究的本体论思维方式的

话，那么教学不是什么的追问则是教学论研究的一种实践论思维方式。我们认为，对于探讨人为活动的教学论来说，实践论思维方式更具有其特殊的意义。实践论思维方式实质上是一种否定论思维方式、一种现实批判的思维方式。教学现实不是某种单一本性的存在，而是具有双重本性的存在，它不能被归结为单纯的自然存在，也不能被归结为纯粹的观念存在；它是自然的又是属人的，既是客体性的又是观念性的，既是因果性的又是目的性的，既是必然的又是自由的，所以它是一个极其复杂的否定性统一体。否定性统一本身就意味着这种统一不是一劳永逸的，它要求我们不能仅仅从本体论的角度去理解，还应从否定论的角度去把握。也就是说，我们在对教学的肯定的理解中，同时应该包含对教学的否定的理解。只有这样，我们才能以教学是什么的认识反思和批判现实教学的局限性和不合理性，实际地反对和改变教学的现状，使现实教学"革命化"，充分发挥教学论对教学实践的指导作用。所以，对于教学是什么问题的解决，必须与教学不是什么的追问有机结合起来，反对教学认识上的绝对主义和相对主义两种偏向，采取绝对与相对辩证统一的研究思路。也就是说，我们既不能武断地假定有一种对于教学认识具有绝对普适性的科学化模式和标准，也不能想当然地把教学认识中的某些相对的概念、模式和标准予以绝对化和普遍化，同时也要反对那种因教学认识中所渗透的人文因素而否认教学认识确定性的相对主义。

（三）思维方式的转换

在教学论研究中，我们长期以来习惯于本体论的思维方式，而且深信不疑，这有着深刻的根源。一方面，科学特别是自然科学的发展，使我们毫无疑问地采用了自然科学研究的基本方式研究教学论。因而，对教学是什么的追问就被认为是唯一科学的方式，不管我们最终会得到什么，都被认为是对教学"真理"的不断逼近。如果我们不能清楚地解答教学是什么，就说明我们的教学论研究水平太低，或者说教学论的科学性差，因为精确性是科学的基本特点之一。要追求教学论的科学化，就必须追问教学是什么，能够清楚地解答教学是什么就成了教学论研究的基本前提。尽管当我们宣称教学是一种特殊的认识过程，或者说教学是交往时，总有些疑虑——我们是否真的发现了教学的"本质"，但是，我们仍然不敢对此提出质疑，科学的力量毕竟太大了，大得让人不敢怀疑，使得我们长期把对教学是什么的追问，探求教学的所谓"本质"，看成我们教学论研究的终极目的。实质上，当我们在抽象地追问教学是什么时，我们已经混淆了教学认识与自然科学认识之间的差异性，忽视了人文价值因素在形成教学认识过程中的应有地位和作用。当然，这并不是说自然科学认识方式绝对不能移植到教学认识中来加以运用，问题在于我们如何根据教学认识对象的性质、特点和层次等确定其适用范围和合理度。

另一方面，我们永远无法摆脱语言的纠缠，毕竟语言是思维的工具，而一旦我们选择了模糊的语言，我们的思维也就很难清楚了。究竟什么是"本质"，似乎谁也说不清楚，它显得过于深刻。也许，许多最深刻的问题实际上恰恰不是问题。概念的清晰化是任何理论思考的必要条件，可是含糊不清或者没有意义的概念有时就像一种在动脉中的惰性物质一样起着阻塞作用，妨碍大脑的营养。我们在不断地追问教学是什么，寻求教学的"本质"，而对于什么是"本质"，教学本质究竟指的是什么这些前提性的问题，我们又有多少思考？我们对此是否有清晰的概念？如果没有，"本质"这一概念是否可以被认为是含糊不清、没有多少意义的呢？对这样一些概念的执迷就容易给我们的思想设置障碍，容易给提出新的富有成果的问题设置障碍。在这里，我们不想也无力讨论"本质"是否存在这样的问题，只是表明，即使"本质"是世界上最美好的存在，可是我们连它指的是什么都不清楚，对它的追求又有什么意义呢？所以，我们认为，在我们开始探寻教学本质、追问教学是什么这类问题之前，是否应该先考察一下自己的能力，并且看看什么才是我们的理解所能解决的，什么是它所不能解决的。人的思维总是有局限的，对教学的完善完满的认识，不可能在一个人或一代人那里实现。用有限的思维去把握无限的存在，就很可能去虚构一个"本质"，进而去演绎一个教学论的体系。我们应当清楚地认识到，我们教学论研究的目的并不在于仅仅探寻教学本质，其理论体系的建立也绝不是以教学本质的发现为必要的前提。即便我们以某种所谓教学"本质"演绎出教学论的体系，这样的体系也是暂时性的东西，因为体系产生于人的精神的永恒的需要，即克服一切矛盾的需要。但是，假定一切矛盾都一下子永远消除了，那么我们就会达到所谓绝对真理，世界历史就会终结。

教学论不仅是追问教学本质的解释之学，更是规范教学的价值之学。教学论研究不能把理论旨趣仅仅放在教学"是如何""是什么"这样的所谓"事实"问题上，而应尽可能地关注教学"应如何"这样的价值问题上：人类的教学对人有何意义？怎样的教学才是合理的？教学如何才能更有利于人类自身的存在和发展？而要回答这些问题，我们就不能仅仅追问教学是什么，而更要追问教学不是什么。我们很难保证我们的思考不带有片面性，因而我们并不奢望我们的思考得到教学理论界的认可；但是，正如列宁所说，"片面性本身就会启发另一面的觉悟"①。如果我们的教学论研究者因此有所觉悟，敢于打破闭门追问教学是什么的封闭状态，确立起教学论研究的实践论思维方式，自觉地投入教学实践活动中，去发现和解决教学现实存在的问题，那么我们的目的也就达到了。

二　教学理解的视域

任何教学活动都潜含着对教学的理解，没有教学理解的教学活动是难以想象的。可以说，教学理解是教学活动得以进行的基础和前提，它决定着教学活动的取向，决定着教师以怎样的旨意和心态去开创自己教学生活的局面，因而它对教学活动具有根本的导引价值和意义。然而，教学理解本身并不是先定不变的，它是在被不断阐释和澄明的过程中显现出来的，因而具有丰富的价值意涵和鲜明的时代特征。

（一）教学理解的价值意涵

犹如每个人都有对人生的认识，每个教师都有自己的教学理解。在日常的教学生活中，问题常常不在于教师有没有教学理解，而在于教师应该怎样理解教学或需要怎样的教学理解。所谓教学理解，就是以教学为对象的理解。我们知道，教学不是一种自在自然的现象，而是一种为人的人为存在，而人是不可能在没有明确自我定位的前提和境遇下保持其行为系统的方向性和意义的。所以，教学不仅是一种事实之在，也是一种价值之在；相应地，我们在理论上可以将以教学为对象的理解区分为知识性教学理解和价值性教学理解。知识性教学理解是以对教学本身的认识为目的，通过探究教学"是什么、怎么样和为什么这样"，获致

---

① 《列宁全集》（第 2 卷），人民出版社，1959，第 410 页。

教学的经验和知识，它显然是教学得以有效展开的必要条件。任何对教学的认识和理解，如果忽视了教学事实性或既成性的方面，无论如何都不能说还具有什么真实性和现实性，还能够在具体的教学活动中发挥其应有的作用。由于"理解"一般被定义为"应用已有知识揭露事物之间的联系而认识新事物的过程。其水平随所揭露联系的性质和人的认识能力而异。有揭露事物之间联系的理解，如把一新事物归入某一类已知事物中；有揭露事物间内在联系的理解，如确定事物间的因果联系"。① 因而，知识性教学理解常常被认为就是教学理解或教学理解的全部。但是，这种教学理解由于强调对教学的知识性占有和技术性控制，容易忘却教学中人的价值和意义，甚至通过控制、支配教学而控制、支配教学中的人自身。对于教学，我们不仅需要知道教学"是什么、怎么样和为什么这样"的知识性理解，还需要了解教学对我们自身的价值和意义，因为"人的存在从来就不是纯粹的存在；它总是牵涉到意义。意义的向度是人固有的，正如空间的向度对于恒星和石头来说是固有的一样。正像人占据空间位置一样，他在可以被称作意义的向度中占据位置。人甚至在尚未认识到意义之前就同意义有牵连。他可能创造意义，也可能破坏意义；但他不能脱离意义而生存。人的存在要么获得意义，要么叛离意义。对意义的关注，即全部创造活动的目的，不是自我输入的，它是人的存在的必然性"。② 其实，即使我们没有意识到教学价值，不清楚教学价值在哪里，我们也一直在得到教学价值、享受教学价值，甚至在不知不觉地创造教学价值。只是由于不自觉，我们可能并不知道自己追求的教学价值究竟是什么，它在哪里，是怎样产生的，因而有时就会迷失方向，事与愿违。

教学理解必然包含着对教学的知识性把握，这种把握既要以教学实践为基础，又要以教学实践为归宿。可以说，教学实践是教学认知得以发生和形成的决定性因素。进一步思考，我们就会发现教学实践对教学认知的这种决定作用并不是直接的、无中介的，而是通过内在于教学实践之中的理解活动或意义阐释来实施的。也就是说，我们对教学进行的

---

① 《辞海》，上海辞书出版社，1999，第3447页。
② 〔美〕A. J. 赫舍尔：《人是谁》，隗仁莲等译，贵州人民出版社，1994，第47页。

任何知识性考察，都是要以意义的阐释为必要前提和可能条件的。这是因为"阐释的目的并不在于对事物作一番解释，而在于追求人的自由，在那些转瞬即逝的人生关头揭示出某人感受到的生活重负是怎样源于对事物之狭隘的理解，从而寻找到光明、身份和尊严"①。当我们试图回答和解决怎样的教学才是值得我们追求的，或者说我们应该过一种怎样的教学生活时，我们就走上了自觉的价值性教学理解之路。不难看出，价值性教学理解有别于知识性教学理解，它直接挑明了教学中的人"在场"的事实，更加注重教学目的本身的合理性，凸显教学理解的价值意蕴，即通过教学理解，揭示教学与人的内在需要的价值关联和实际效应，因而更接近人为教学的真实。舍此，教学理解就不完备，就会偏离真实的教学生活。这就说明，知识性的教学理解如果贯彻到底，必然发展为内蕴了评价因素的价值性教学理解。

　　通常，人们将教学视为教育工作的核心和主导途径，这一点似乎是确定无疑的。然而，在我们看来，也许正是在这个毫无疑问的前提下，人们容易将教学视为达到教育目的的手段，因而更多地关注对教学的知识性理解，以致教学本身的目的或价值的合理性往往被悬置或搁置一边了。因为，在实际的教学活动中，教学目的已经被置换为教育目的的具体化也就是教学目标了。既然如此，教师关心的当然应该是如何才能更有效地达成具体的教学目标，而不是这些具体的教学目标是否真正为教学的应然追求。如此，教学便蜕化为一种价值中立或无涉的活动，一种纯粹的技术活动。教学一旦沦为这样一种价值中立或无涉的技术性活动，作为教学主体的教师的价值思考和意义追求自然也就被消解了。如果我们承认教师是教学的主体，那么教学就是教师的"产品"或"作品"，因而教学就会被打上教师的本性需要和本质力量的烙印。教师与教学的这种不可分割的关系实质上乃是一种价值关系，对教学的任何认识或理解如若置这种价值关系于不顾，一味追求价值中立或无涉的认知理想，必然会在理论上陷入片面和任意，在教学实践中就会导致漠视教师存在的"价值失落"或"意义危机"。教师既然感受不到自己作为教学主体

---

① 〔加拿大〕大卫·杰弗里·史密斯：《全球化与后现代教育学》，郭洋生译，教育科学出版社，2000，第112页。

的力量，体验不到自己教学的价值和意义，得不到情感上的满足，他就不会自觉地追求教学生活的内涵和生命的厚度，各种"日常抗争"和"平庸之恶"就会解构教学的神圣和崇高，侵蚀着教学内在的精神基础。于是，教学对教师来说就变成了外在的东西，甚至成为一种异化教师的力量。教师在这种教学过程中，往往不是肯定自己，而是不断地否定自己，不再感到幸福，而是感到不幸，不是自由地发挥自己的体力和智力，而是使自己的肉体受折磨、精神受摧残，只有在教学之外才感到自在和舒畅，只要有可能，他就会像逃避瘟疫一样逃避教学。"任何存在论，如果它不曾首先充分澄清存在的意义并把澄清存在的意义理解为自己的基本任务，那么，无论它具有多么丰富多么紧凑的范畴体系，归根到底它仍然是盲目的，并背离了它最本己的意图。"① 多少年来，我们致力于探讨和寻求教学的本质和规律，由此建构了丰富多样的教学理论和模式，尽管为改进和改善教学实践，推进和深化教学改革构筑了一定的知识基础，但并没有从根本上化解教师的价值失落或意义危机。这也恰恰表明了对教学目的进行理性反思和规范的必要性，从而有可能克服知识性教学理解不能反思教学目的，容易导致工具主义教学的弊端。

一个社会如果不在多元价值中寻求内在的统一规定性，这个社会就会失去其作为内在共同体的向心力和凝聚力。当前，我国社会正处于急剧的流变时期，价值观念呈现出多元化的态势，曾经相对稳定的价值体系和行为方式趋于离散，似乎"每个人都是自己的主人，没有谁会强迫你绝对地服从他们的权威，也没有谁会命令你绝对地应该怎么做，一切凭你个人的知觉和智慧去感受、判断和反应（行动），而其结果也因为没有权威性的标准而无所谓对与错，只不过后果自负罢了"②。在这种严峻的社会情势下，教师认同和追求怎样的教学价值，如何理解教学的意义，将直接关系教学的方向、层次和水平。换言之，摆在我们面前的现实问题首先不在于教师把教学看成什么，而在于教师怎样看待教学，即应该站在什么样的立场上去看待教学才能更好地发挥自己的主体性，展

---

① 〔德〕海德格尔：《存在与时间》，陈嘉映等译，生活·读书·新知三联书店，1987，第13页。

② 李庆真：《在酷与痛的边缘——当代青少年生活价值取向及其困惑分析》，《当代青年研究》2004年第1期。

现自己的价值。

（二）教学理解的三维视域

教师既然是教学的主体，对教学就不能只是从客体的或者直观的形式去理解，而应从主体的角度去把握，将教学视为自身的一种现实的、感性的实践活动。"在思辨终止的地方，在现实生活面前，正是描述人们实践活动和实际发展过程的真正的实证科学开始的地方。关于意识的空话将终止，它们一定会被真正的知识所代替。"① 只有根植于现实的教学实践活动，教学理解的逻辑才能从根本上避免虚构和虚妄。作为教师，可以把现实的教学理解为个人的职业活动，但这种职业活动关系着国家的发展和社会的进步，而国家的发展和社会的进步无疑是教师个人职业活动得以展开的基本前提和保障。因此，教师只有站在国家、社会与个人相统一的立场上去认识和理解教学，才有可能形成教学理解的一种总体性视域，找到并确立起教学价值和意义的"阿基米德支点"。

1. 作为国家事业的教学

自古以来，教学就在国家事务中占有重要的地位，所谓建国君民，教学为先。在现代社会，教学已经成为一项基础性的国家事业，它在塑造现代民族国家的过程中发挥着越来越重要的作用。今天，任何教学都不可能置身于国家主导思想和统一行动的任何潮流之外，因为"学校不仅是为了个体利益如在教育培训和提升社会地位方面的机构，它同时服务于公共利益：保持国家的文化统一和基本的道德共识。世界观和宗教信仰越是分化和个体化，文化越是复杂，信仰团体之间的极化越是严重，公共学校作为保存共同的去向财富并把它传递给下一代的保护机构的重要性就越大"。② 这不仅意味着教学必须有国家意识，体现国家意志，更意味着教学应该肩负起相应的国家责任。事实上，教师也只有站在国家的高度，将教学理解为一项国家事业，确立起教学的国家事业观，才能将个人的生存发展与国家的荣辱兴衰紧密联系起来，感受和体验到教学

① 《马克思恩格斯选集》（第 1 卷），人民出版社，2012，第 153 页。
② 〔德〕Wolfgang Brezinka：《信仰、道德和教育：规范哲学的考察》，彭正梅、张坤译，华东师范大学出版社，2008，第 149 页。

的荣誉感和自豪感，才能抵制各种庸俗的社会思想观念和利己主义对教学的侵蚀，履行教学的国家责任和神圣使命。"有意义的生命必然应当是献身于某种封闭的个人生命之外的东西，只有当人在履行使命和实现超个体的价值的时候，他才能找到合理的自我存在，也就是使自己成为有生命意义的存在物。我们所与之联系和作为其一部分的切近整体是民族或人类的生命，脱离了祖国，脱离了与祖国命运的联系，在人类过去和将来的文化创造的统一性之外，在对人类的爱和人类的共同命运之外，我们就不能实现自身，不能拥有真正有意义的生命。我们就好比一棵树的枝和叶，要吸取整体的营养，靠着整体的生命而枝繁叶茂，如果整体已没有生命，那么我们就会枯萎和凋零。"①

　　教学的国家事业观不能仅仅停留于书面的表达或口头的宣讲上，还要转化为一种坚定的信念和满腔的热情，切实灌注于实际教学活动的全过程。"三寸粉笔，三尺讲台系国运；一颗丹心，一生秉烛铸民魂。"对于当下的教师来说，重要的是崇高而神圣，而不是显得崇高而神圣。"当我们踏着阳光走进校园，当那些稚嫩的面孔见到我们鞠躬问好的时候，当教室里那些求知若渴的目光虔敬地注视着我们的时候，我们一定要有大情怀，心里装着民族和国家；要有敬畏感，心中装着理想和信念；要有价值感，心中装着孩子们的未来。"② 而且，以天下为己任的家国情怀，超越个人情感的士子精神，从来就是中华民族优秀知识分子的固有传统，理应成为今天教师自觉的价值追求。

　　2. 作为社会活动的教学

　　任何教学活动都是具体的、现实的，它深深地嵌入广阔的社会脉络之中，永远无法游离于社会而运行。这不仅因为从事教学活动的人本质上是社会关系的存在，而且教学活动本身就是一种社会活动，具有社会活动的全部含义和潜质。"教室并不是平静的、安宁的，并与社会、文化和政治生活这条大河相隔离的港湾；相反，课堂是块竞争之地——教室还是个漩涡，它包含着存在于外界的为了获取物质优势和理论合法性而

① 〔俄〕弗兰克：《人与世界的割裂》，徐凤林、李昭时译，山东友谊出版社，2005，第189页。

② 本刊评论员：《成为伟大教师——谨以此献给第30个教师节》，《人民教育》2014年第17期。

进行斗争的逆流（反主流的思想以及反主流的社会力量）。"① 即使教师关上教室的门，也不能把学生的社会、文化和历史现实拒之门外。因此，我们应当竭力避免将教学当作抽象的东西与社会割裂甚至对立起来。"任何时候我们想要讨论教育上的一个新运动，就必须特别具有比较宽阔的或社会的观点。否则，我们会把学校制度和传统的变革看成是某些教师的任意创造。最坏的是赶时髦，最好的也只是某些细节上的改善……"② 遗憾的是，在日常的教学生活中，由于每个教师都是根据自己的需求、能力、知识以及个人所处的教学关系、教学条件等因素来进行教学活动，并以此来维持自己的存在和发展，维护自己的尊严和人格，这虽然是人为活动的基本特点，甚至可以说是不可规避的，但教师也因此逐渐地产生和发展了一种自我的教学感觉或自我的教学观念。随着时间的流逝和推移，教师个人的这种自我的教学感觉或自我的教学观念，很容易孕育和滋生教学的主观任意，从而忽视教学的社会制约以及相应的社会担当，甚至把教学变成利己主义的工具。当这种教学的工具理性主导教师的思维和思想时，教师便成了教学工具理性的奴隶，他就不再关心为什么去教，而只是关心如何去教，即如何通过教学最大限度地占有自己的利益。这样，教师存在的方式就发生了根本的变化，越来越与教学世界以及更广阔的社会分离开来，变成了一个个孤立的存在者，每天都处于教学工具理性的阴霾之中。正如阿尔贝特·史怀泽所说："受制于盲目的利己主义的世界，就像一条漆黑的峡谷，光明仅仅停留在山峰之上。所有的生命都必然生存于黑暗之中，只有一种生命能够摆脱黑暗，看到光明。"③ 如果教师缺乏对教学社会性的深刻理解，就不能确立起教学的社会活动观，难以改变这种异己的存在方式。

　　作为教师，我们的确很平凡，但也正因为是教师，我们就不应甘于平庸，应该从自己狭隘的自我感觉中解放出来，如果总是想着"我"，就会把自己逼仄在窄小的世界里，而如果能摆脱利己，去除自己的私心

① 〔美〕Stephen D. Brookfield：《批判反思型教师 ABC》，张伟译，中国轻工业出版社，2002，第 31 页。

② 〔美〕约翰·杜威：《学校与社会·明日之学校》，赵祥麟译，人民教育出版社，1994，第 27～28 页。

③ 〔法〕阿尔贝特·史怀泽：《敬畏生命》，陈泽环译，上海社会科学院出版社，1995，第 20 页。

来思考教学问题，我们的视野和心胸就会扩大，我们的知识就会增长，教学生活的意义空间就会得以拓展。杜威在华讲学时谈到教师工作的性质时指出，教师应该"不但注意于学校以内，更当注意于社会，不但做学校的教师，更当作社会上一般人的教师、学生家属的教师。各个教员有这种意思，继续做下去，那么中国前途很有希望"。① 实际上，我们每个人都有一种天生的、根深蒂固的存在诉求，这就是去发挥我们的能力、去有所作为，去与他人发生联系，去逃避自私自利的牢狱。"士不可以不弘毅，任重而道远。"我们相信，一个感情上冷漠，思想上被动，对社会公共事务毫不在意，只关心个人私利，将全部精力都放在个人生活的教师，不可能担负起对社会大众文明教化的职责，因而也就不可能指望他在教学中体现教育性，培养出致力于推动社会文明发展的人。

3. 作为个人职业的教学

在很多人看来，从事某种职业不过是为获养命之需，这是对职业的一种极为片面的理解。职业是社会发展和分工的产物，职业活动构成了国家的社会生活，它包含着谋生的、追求发展的自我教化等极其丰富的内涵。杜威认为，职业是一种造就人的事业和现实的活动，其目标不只是局限于谋生，而更指向对人的现实塑造。"职业的对立面既不是闲暇，也不是文化修养。它的对立面，在个人方面，是盲目性，反复无常和缺乏经验的积累；在社会方面，是无根据的炫耀和倚赖他人而寄生。"② 如果一个人把职业仅仅视为一种生活的手段，闲暇就是职业活动的间歇，文化修养就成了职业活动之外的纯粹精神方面的事务，他就会充满"盲目性"，并"反复无常"，也不可能累积经验，甚至把职业活动作为逃避的对象。"一个真正受到职业教化的人，就决不会只顾自己的利益而不顾及它的负面后果，他将始终以维护职业的健康本质为己任，努力实现职业的使命。所以，在以利益驱动为动力的市场经济条件下，教育人们回护职业的本质，了解职业的社会意义及其所内涵的社会责任，是职业教化的根本任务。"③ 可见，认真对待职业，就是要把职业视为生活本身，探索职业对人自身的教化价

---

① 袁刚等：《民治主义与现代社会——杜威在华讲演集》，北京大学出版社，2004，第570页。

② 赵祥麟、王承绪编译《杜威教育论著选》，华东师范大学出版社，1981，第213页。

③ 詹世友：《道德教化与经济技术时代》，江西人民出版社，2002，第57~58页。

值，彰显职业所具有的普遍意义，并以此为自己的生活目的和价值所在。

不可否认，许多人初选教学也许就是为获养命之需。这可以理解，我们不能因此而否定教学本身对教师的生存意义；但是，一旦选择了教师这一职业，就应该努力超越教学对自身的生存意义，探寻教学的内在精神价值，以此促进自身个性的丰富和完善。而且，教学蕴含着丰富的精神价值，它本身就是塑造教师自身精神的一种理想场域。当苏霍姆林斯基深情地说"我拉着你们的手一步一步向前走，我把整个的心都给了你们。诚然，这颗心也有过疲倦的时刻，而每当它精疲力竭时，孩子们啊，我就尽快到你们身旁来，你们的欢声笑语就给我的心田注入新的力量，你们的张张笑脸使我的精神重新焕发，你们那渴求知识的目光激发我去思考"① 的时候，我们又怎能不认为他与他的学生们所享有的教学生活是一种精神的磁场，并为此而深深感动呢？教师通过教学并在教学过程中不断形塑和完美自身并以此不断形塑和完美学生的过程才是真正的教学相长，真正的教学生活。所以，能否超越教学对教师单向度的生存逻辑，感受、体验和享有教学的精神教化价值，可以作为一个衡量和确认教师教学理解的意义之维。

作为国家事业的教学理解与作为社会活动的教学理解和作为个人职业的教学理解，这三者之间并不是彼此孤立、非此即彼的，而是相互渗透和嵌入的，它们共同支撑着教学理解，并为教学理解的建构提供了方向。因此，教师不可执迷于其中之一，而应该努力寻求它们之间的内在关联性和一致性，获致教学理解的视域融合。只有这样，教师才有可能克服和超越对教学的分裂性理解，重新审视和反思自身教学的意义，规避价值多元时代的自我迷失和陷落。

（三）教学理解的现实化

教学理解的根本目的是通过对教学的阐释和把握，拓展教学的意义空间，提升教学的层次、水平和境界。因而，教学理解必然潜含着一种现实化的诉求，也只有在现实化的过程中，才能克服教学理解的虚妄，不至于陷入主观随意的理解与解释的唯心主义的窠臼之中。提升教师的

---

① 〔苏〕B. A. 苏霍姆林斯基：《把整个心灵献给孩子》，唐其慈等译，天津人民出版社，1981，第352页。

教学理解决然离不开对现实教学活动的厘定和规约，而这本身又是在历史的维度中得以展开的。基于对教学活动历史和现实的认识，我们认为教学理解的现实化至少包含如下几方面的内容。

1. 专业性与政治性相统一的教学取向

随着现代社会的发展，教学的专业性越来越被承认和重视，持续推进教学专业化成为世界各国教育改革的重要主题。1966 年，国际劳工组织和联合国教科文组织在巴黎会议上发表《关于教师地位之建议书》，首次以官方文件形式明确指出，"教学应被视为一种专门职业"，提出教学是一种公共业务，教师需要经过严格的、持续的学习才能获得并保持专门的知识和特别的技术。1986 年，美国卡内基教育和经济论坛"教育作为一门专门职业"工作组发表的《国家为培养 21 世纪的教师作准备》和霍姆斯小组发表的《明天的教师》都认为教学专业化是提高公共学校教育质量的唯一途径，只有当学校教学转变为完全成熟的职业时，公共教育质量才能得到提高。自 20 世纪 90 年代起，教学专业化日益引起我国政府和学校的关注，不断从理论走向实践。1993 年颁布的《中华人民共和国教师法》明确规定："教师是履行教育教学职责的专业人员。"1995 年，我国建立起教师资格认证制度。2001 年开启的基础教育课程改革更加快了我国教学专业化的步伐，营造了教学专业化提升的浓厚氛围。然而，当我们汲汲于教学专业化时，不能忘记教学是国家事业这一基本的规定，应该将坚定的政治方向置于教学的首位。而且，任何教学都具有思想性，说自己没有思想，这种说法本身也是一种思想的反映。换言之，教学绝不是中立的，非政治性的，借口教学的专业性而否定教学的政治性，不应该是一个教师所应持有的态度和立场。"即使我们声称自己没有政治立场，只是关注进一步探寻客观思想或实践的精确体系，我们所做的一切仍然很重要。我们采取的方式是鼓励学生的质疑还是抑制学生的质疑，我们所设立的报偿系统，我们对学生想法的注重程度等，都在创造一种道德基调和政治氛围。"① 有鉴于此，在教师教育过程中，我们应当强化教师的政治意识，增强教师的政治自觉，引导教师主动担负起教学的国

---

① 〔美〕Stephen D. Brookfield：《批判反思型教师 ABC》，张伟译，中国轻工业出版社，2002，第 31 页。

家使命，坚定教学的政治性方向，并以此引领教学的专业性，努力做到专业性与政治性的统一。

荷兰阿姆斯特丹大学威尔·维格勒斯认为："教师在课堂与学生进行相互之间的价值分享时，不只是参与者，还是教练。教师在对教育内容进行自主处理以及课程实施过程中会产生较大的影响作用，因为他们的价值观深深地渗入教学材料和教育关系之中，产生了教育影响。在教学中，教师不可能是价值中立的，表明一定的立场、赞同一些价值观是教师的职业特征。所以我们认为教师能清楚地知道学生要形成什么价值观不失为明智之举。这样教师就不得不弄清楚他们所教的知识内容将要融入怎样的价值观，而要做好这点，教师不仅要反思他们与学生的关系，也要反思支配他们教学的价值观。"[①] 习近平同志指出，对一个民族、一个国家来说，最持久、最深层的力量是全社会共同认可的核心价值观。核心价值观，承载着一个民族、一个国家的精神追求，体现着一个社会评判是非曲直的价值标准。对于教育事业的发展来说，当前最重要的就是要将社会主义核心价值观教育纳入教师教育一体化的规划和设计中，引导教师自觉做中国特色社会主义的坚定信仰者和忠实践行者，把党的教育方针切实贯彻到教学实践活动的全过程。

2. 有效性与伦理性相统一的教学过程

无论从教学的产生还是从教学的性质看，有效性的追求都是教学的题中应有之义。随着社会发展对教学的要求越来越高，教学的有效性越来越引起人们的高度关注。近些年来，有效教学的实施、高效课堂的建构方兴未艾，但是我们不能忘记教学是一种社会活动这一根本事实。教学活动的社会性意味着教学必须满足社会的基本伦理法则，不违背社会对教学的基本规定性。一旦违背了社会的基本伦理法则，教学就会因无法满足社会的认同而遭到冲击。更为重要的是，教人为善从来就是教学之为教学的根据和宗旨，其本身就是一种典型的伦理实践，因此教学不仅要遵循还应努力超越这些基本的伦理法则，志于更高的道德精神和伦理境界。不同的社会对教学会有不同的伦理规范，但具体的教学伦理不可能只是一些指令与纯目的的体系，而应是教学

---

① Wiel Veugelers, "Different Ways of Teaching Values," *Educational Review*, 2000 (1).

理想及现实运作的指导方针，这不仅有助于我们理解教学目的，还有助于我们理解达到教学目的的手段及达到这一目的的限度。我们应该清楚的是，教学不只是知识的获得和智力的训练，还包含着社会性和情感的培养。"教学——这并不是机械地把知识从教师的头脑里灌输到学生的头脑里，这是一种极其复杂的道德关系，在这种关系里起主导作用的、决定性作用的特征，就是培养儿童的荣誉感和自尊感，并在此基础上培养他要成为一个好人的愿望。"① 所以，任何时候，教学都应该是一种充满人间温情的活动，是有效与伦理的统一，绝不能为了教学的有效而丧失了教学的伦理。这就不仅要求教师必须把他们自己放在学生的位置上，去想象学生所遇到的困惑和挫折，去想象他们想得到对他们自己的利益进行指导的诉求和愿望，还需要教师回想起他们自己早期易受影响的倾向和弱点、他们自己在学习上的困难和他们自己对赞扬和名声的焦虑。② 如果将教学的有效性与伦理性割裂开来，伦理就会受到更少的考虑，对有效性的追求就会成为最迫切的事，也就不在乎是否基于一种伦理的立场。这时，学校变成工厂，学生成为原料，教学就沦落为一种机械的程序了。

因此，教师必须从功利性的知识型存在转变为一种道德性的伦理型存在，充分准备并认识到自己角色的道德和伦理需求——"为了在道德和伦理上成为年轻人的引导者，教师必须理解他们作为伦理专业人员所扮演的复杂的道德角色，并理解他们关心学生而采取的行动和决定的重要性"③。教师只有既是一个道德的人同时又是一个道德的教育者，才能成为学生乃至整个社会美德行为和态度的示范和榜样，无愧于师者的责任和担当。如果社会制度或学校仍旧顽固地维持某种不道德状态，教师必须有勇气坚持伦理上的正当行为，即使因此遭受人身或专业的痛苦，也应在所不惜，无怨无悔，不忘初心，砥砺前行。

---

① 〔苏〕苏霍姆林斯基：《苏霍姆林斯基选集》（第1卷），教育科学出版社，2001，第108页。

② 〔美〕James M. Banner Jr. & Harold C. Cannon：《现代教师与学生必备素质》，陈廷榔等译，中国轻工业出版社，2000，第40页。

③ 〔加拿大〕伊丽莎白·坎普贝尔：《伦理型教师》，王凯、杜芳芳译，华东师范大学出版社，2011，第131页。

3. 成人性与为己性相统一的教学评判

在现代分工和交换体系日趋严密的今天，任何人都无法脱离他人生存和生活。因此，任何一种正当的职业活动都兼具成人与为己的双重性；而且，成人与为己并非完全是相互抵牾，不可兼容的，而是可以相得益彰的。对于教师的教学来说，同样也是如此。只是由于人们常常对教学成人性与为己性及其关系的误解，容易偏执其一，割裂了教学成人与为己的内在统一，才导致了对教师教学的歪曲。我国对教师这个身份一直存有一种微妙而特殊的期待，希望教师具有渊博的学识以启迪众生，具有崇高的人格以表率群伦，并且还应当具有默默耕耘、安贫乐道的胸怀，以终生奉献教育。教学即意味着教师的"奉献"和"牺牲"，因而"蜡烛"和"春蚕"便成了教师的隐喻，人们崇尚教师的也常常是这种"忘我"乃至"无我"的精神。无论在学校日常生活中，还是在社会角色定位中，人们都习惯了用学生的学习成绩评判教师的教学乃至教师本身，甚至将学生的发展视为教师教学的唯一，于是教师及其教学便成了学生发展的手段。实际上，这是对教师及其教学的一种成见和偏见。教师是教学的主体，可教学同时也形塑着教师。尽管教学效果并不完全取决于教师的善良动机和自由意志，但是教学效果如何毕竟是评判教师教学的现实依据。如果说唯有一个人真正的信念和真正的生活才能感染他人并将知识和真理传播开来，那么良好的教学效果就不仅是教师主体精神和能力的现实展现和认定，而且是教师自我发展和完善，确立道德自我的基本标志之一。在这一意义上，教学就不仅是人们所说的"成人之学"，同时还是教师的"为己之学"。在这里，"为己之学"之"为己"，显然不是在教学利益关系上追逐个人私利，而是以道德人格上的自我完善、自我充实和自我提升为根本指向。这是对教师通过教学成就自我这种个人价值追求的应有承认和基本尊重，实际上也是教学的力量和魅力所在，更是教师取得良好教学效果的必要条件和必备品质。

不论处于何种时代，任何民族和社会都崇尚并需要自己的成员具有自我奉献和牺牲精神，没有这种精神，就没有民族和社会的整体存在。自我奉献和牺牲精神在人类历史上过去、现在和将来都是一种崇高美德。然而，自我奉献和牺牲不仅具有严格的规定性，而且并不排斥维护与争取自身的正当利益。① 在弗洛姆看来，并不是任何自身利益都是真正的自身利益，因为利益的概念是客观的，不能根据人对利益的主观情感来加以表达，而是要根据客观的人性来加以表达。人只有一种真正的利益即充分发展他的潜能，充分发展作为人类一员的他自己。所以，他认为："现代文化的失败，并不在于它的个人主义原则，也不在于它的道德观念与追求自身利益的一致，而是在于自身利益之含义的退化；它的失败不在于这样一个事实，即人们过分地关心他们的自身利益，而是在于他们并没有充分地关心他们真正的自身利益；并不在于他们太自私，而在于他们不爱自己。"② 毫无疑问，一个逆来顺受、卑躬屈膝、麻木不仁的人是不会有自己真正利益的，但是一个不顾人格尊严去追逐蚊蝇之利的人也不会有什么真正的自我利益。心驰于外物，终至于丧己。只是，人们常常受颠倒的利益导引，惬意地沉浸于这种追逐之中，缺乏认真的反思而不能觉解和觉悟，还以为是在争取和维护自身的利益，却丧失了属于自己的真正利益。同样，仅仅注重教学对自身生存的本体论意义，甚至把学生的学业成绩作为自己升迁晋职、捞取功名利益手段的教师。不仅损害了学生的身心健康，也掏空了教学的内核、个性及其独一无二的精神价值，贬黜了教学的神圣和崇高，放弃了教学之于自我的真正利益，心甘情愿地吮吸着精神的雾霾。

修己以安人，成人以为己。教师只有深刻把握了教学成人性与为己性之间的这种内在联系，才能成为真正意义上的教学主体，才有可能感受和体验到教学于己的内在价值和意义。

---

① 高兆明：《存在与自由：伦理学引论》，南京师范大学出版社，2004，第222页。
② 〔美〕弗洛姆：《为自己的人》，孙依依译，生活·读书·新知三联书店，1988，第136页。

第二章 教学价值的自觉

学校是相对独立的办学实体，不是政府的职能机构，与教育行政部门之间不存在直接的行政隶属关系。当前，教育行政部门要切实转变观念，明确权限，厘定职责，践行义务，尊重并保护学校办学自主权，为学校发展与改革尽可能营造宽松的环境，而学校也应该在国家政策法规的框架下，捍卫自己办学的主体地位，自觉地抵制各种干预和干扰学校办学的违规违纪行为，维护学校教育的尊严。作为办学的主体，学校应该确立核心价值观念，引导全校师生不断认同学校的价值追求和发展愿景，形成教育合力，提升教育境界，并通过对核心价值观念的传播和践行，引领和推动社会文化的发展。学校应该是民主社会的先导，因而学校首先应该是民主的学校。要确保学校的民主，校长必须有主体的意识和相应的生活方式，教师必须有意识地进行民主教学。教师不是任何教学价值的附属物，不是既定教学价值的分享者和发现者，而应是教学价值的创造者和实现者。当前，教学的价值自发主要表现为教学的价值游移、价值错位和价值虚无。多元教学价值的时代，教师需要明确教学的价值立场、增强教学价值的自信、积极推动教学的价值创造，从而铸造自己的人格，形成自由的个性，将教学提升到崇高的道德水准上，展现教师应有的德性之光。

一　学校的责任与使命

作为广泛存在的社会组织，学校在现代社会中的地位和作用似乎是无须多加说明的。也许，正因为学校在现代社会中地位和作用的日趋突显，人们在对学校日益关注的同时，也对学校存在的问题深深地忧虑着。作为学校中人，我们有充分的理由为学校辩护，学校当然不可能满足社会公众的所有期望，学校也承担不了太多的社会职责。但是，我们更应该反思和正视当下学校存在的问题，寻求可能的改革和改进方向以及思路，肩负起相应的社会责任和使命。

（一）捍卫学校主体地位，维护学校教育尊严

学校教育是国家公共事业的重要组成部分，对学校教育机构及其办学活动的组织和调控是政府的一项基本权力和职责。但是，学校毕竟是相对独立的办学实体，不是政府的职能机构，与教育行政部门之间不存在直接的行政隶属关系，因而学校不是教育行政部门的下级，更不是教育行政部门的附属机构。学校发展的历史和现实都已证明，如果政府不能明确和厘定自己的职责，处理不好政府与学校的关系，政府对学校的组织和调控就容易变成对学校的过度干预，而学校也就丧失了其应有的主体性，成为教育行政的附庸。学校一旦沦为教育行政的附庸，各种无视教育规律和师生尊严与权益的管理主义就会大行其道，背离了育人的最根本职责。"近十年来，世界各国不断进行对公立学校重构与放权的尝试。改革的关键是逐步分解集权化的教育管理机构，由一种分权体制取而代之。"① 实际上，自20世纪80年代开始，我国政府一直把简政放权，扩大学校办学自主权作为教育体制改革的重要内容和方向。1993年，中共中央、国务院印发的《中国教育改革和发展纲要》明确提出，要转变政府职能，建立政府宏观管理、学校面向社会依法自主办学的体制。进入21世纪以来，随着国家三级课程管理体制的确立，学校的办学自主权不断得以扩大和增强。如何调动教师乃至学生的积极性，形成自己学校的办学特色，展示自己学校的个性和风采，就成为学校必须审慎思考的重要课题。然而，学校在实际的办学过程中却常常受到各级教育行政部门的随意左右或干涉，主体地位受到严重侵蚀，就连《中华人民共和国教育法》明确规定的学校应享权利也往往得不到基本的保障，而且近些年来大有愈演愈烈的倾向。严格讲来，政府对学校应履行的职责和义务主要有三个基本方面：一是必要的财政支付；二是监督与检查；三是咨询与服务。这些年来，伴随着我国经济的发展和科教兴国战略的逐步落实，学校经费的政府支出得到了较好的解决，学校办学条件大为改善，教师的经济待遇有了基本的保障，但随之而来的是，政府对学校形式主义的监督与检查越来越多，各种达标验收与评比泛滥，不仅加重了学校

---

① 〔英〕杰夫·惠迪等：《教育中的放权与择校：学校、政府和市场》，马忠虎译，教育科学出版社，2003，第3页。

的负担，也扰乱了学校的办学秩序，威胁和侵占学校的办学主体地位，几乎谈不上对学校发展的咨询与服务。由于教育行政部门掌控着学校发展的一些必要资源，许多学校就逐渐放弃了自己的主体地位，甘心成为教育行政部门的附庸，仰人鼻息，以致互为因果。

毫无疑问，政府是学校教育发展的关键，然而政府又是人为学校教育衰退的根源。今天，我们需要的不是无谓的争论，而是宝贵的勇气，一种敢于直面献身于某种原则的勇气。如果我们的勇气应是明智的而不是盲目的，那么，除掉勇气外，我们还应当充分认识到问题的根源。"把上帝的还给上帝，把撒旦的还给撒旦"。对于各级教育行政部门来说，最重要的是要切实转变观念，明确自己的权限，厘定自己的职责，践行自己的义务，尊重并保护学校办学自主权，为学校发展与改革尽可能营造一个宽松的环境。美国联邦政府规定，在政府部门服务的任何人都应当做到以下十点。[①]（1）忠诚于最高道德原则和国家，这种忠诚要高于对人、政党和政府部门的忠诚。（2）拥护美国的宪法、法律和规章制度，拥护其中各级政府的法律和法规，绝不做规避法规的当事人。（3）从事全天工作以取得全天工资；对职责的履行做出最热诚的努力和最佳的筹谋。（4）试图找到并运用更有效和更经济的完成任务的方式。（5）不论是否出于酬劳的原因，对任何人决不给予特殊优惠或特权，不得另眼相看，有失公正；也决不在可能影响履行政府职责的情况下，接受给予他（或她）本人或其家庭成员的恩惠和好处。（6）不作任何对政府部门职责有约束力的私人承诺，这是因为一名政府雇员无须发表可能对公共职责有约束作用的私人谈话。（7）不得以直接或间接方式同政府发生商业关系。因为这种做法是同自觉履行政府职责不相符的。（8）决不利用在履行政府职责过程中所取得的内部信息，以之作为谋取私利的手段。（9）无论在哪里发现有腐败行为均须加以揭发。（10）坚持上述原则，始终意识到公共机关是负有公众的信赖的。美国联邦政府制定的政府公务人员必须遵守的这些准则值得我们借鉴。中国教育行政部门应该结合中国国情，针对中国学校教育现实存在的种种问题，制定相应的严格自律原则，严肃规范各级教育行政人员的行为。同时，学校也应该在国家

---

① 苏勇：《管理伦理学》，东方出版社，1998，第314~315页。

政策法规的框架下，坚定地捍卫办学的主体地位，自觉地抵制各种干预和干扰学校办学的各种违规违纪行为，维护学校教育的应有尊严。

学校办学要讲政治，但学校不是政治机关；学校办学需要资源，但学校不是企业；学校要有人道关爱的精神，但学校不是医院或慈善机构。斯宾诺莎认为，一个人只要受外在的影响，就是处于奴役状态。我们可以说，一个学校只要受外在的牵制，就没有了主体性。阿兰·图海纳指出："主体的学校将愈来愈远离那个把它设想为社会化的办事机构的模式。是的，学校当然是社会的一部分；它要讲授社会的语言，而历史和地理这两门课程则应特别着重讲解民族和地区的实际情况。这是必须做好的最根本的工作；但是，学校不是为社会而办的，它的主要任务不是培养公民或劳动者，而是提高个人成为主体的能力。它将愈来愈不把重点放在给学生传授一整套知识、道德准则和行为规范上；相反，它将愈来愈着重于一方面训练学生对工具的使用，另一方面关心他的个性的表现和培养。"[1] 由于受社会功利主义的牵引，以及越来越多的学生社会和情感问题的影响，学校的教育功能日趋衰弱，因此重新奠定学校教育的制度基础，建构学校教育的新秩序，确保学校办学的自主权，不仅是教育行政部门的职责，而且是学校改革与发展的方向，更是维系学校教育尊严的根本所在。

（二）确立核心价值观念，引领社会文化发展

学校教育从来都是价值高度涉入的事业，而不是单纯的技术工作。随着社会阶层的分化，社会公众的民主诉求和意识日趋增强，学校日益成为社会上各种冲突的价值观念中心，"教室并不是平静的、安宁的，并与社会、文化和政治生活这条大河相隔离的港湾，相反，课堂是块竞争之地——教室还是个漩涡，它包含着存在于外界的为了获取物质优势和理论合法性而进行斗争的逆流"。[2] 然而，学校又往往过分地以其课程与教学计划、传授给学生的知识以及学生的考试成绩来界定和确立自己的地位，从而把学校的教育教学活动降低为按庸俗意义理解的功利主义的

---

① 〔法〕阿兰·图海纳：《我们能否共同生存？》，狄玉明、李平沤译，商务印书馆，2003，第 379 页。

② 〔美〕Stephen D. Brookfield：《批判反思型教师 ABC》，张伟译，中国轻工业出版社，2002，第 10 页。

文化培训，也就是着重训练学生如何应付考试，并适应以社会大众文化作品为内容的某些团体文化。于是，学校就变成一个按泰勒的方法管理的车间，这就从根本上背离了学校肩负的育人职责。学校当然是社会的一部分，教师关上教室的门，并不能把学生的社会、文化和历史现实拒之门外，但这绝不能成为学校迎合社会趣味的理由。学校的产生及其性质决定了它从来都是文化传承、发展和创新的担当者。作为办学主体的学校应该确立核心价值观念，对于倡导什么、反对什么、发扬什么、批判什么都要有鲜明的立场和明确的善恶评判标准，这样才能引导全校师生不断认同学校的价值追求和发展愿景，形成教育合力，提升教育境界，并通过对核心价值观念的传播和践行，引领和推动社会文化的发展。

　　近些年来，许多学校意识到学校文化的重要性，开始注重学校文化的建设，这是值得肯定的。但是，透视学校这些年提出的名目繁多的办学理念，我们发现有许多大同小异，没有自己学校的个性和特色，更重要的是常常流于形式，限于文本，停留在口头宣讲上，没有转化为学校师生的信念，见之于学校师生的言行，真正成为指导学校教育教学行为和管理活动的价值准则。"文化的本质不是物质成就，而是个人思考人的完善的理想，个人思考民族和人类的社会和政治状况改善的理想，个人信念始终和有效地为这种理想所决定。只有具有精神力量的个人这样对待自己和社会，才可能解决由当今现实引起的问题，并形成在任何方面都富有价值的总体进步。某些东西是否或多或少地能够被列为物质进步，这对文化并不具有决定性。决定文化命运的是信念保持对事实的影响。航行的出路并不取决于船开得快慢，它的动力是风帆或蒸汽机，而是取决于它是否选择了正确的航道和对它的操纵是否正确。"① 学校文化包括很多方面，学校核心价值观念虽然也是学校文化的一部分，但却是学校文化的核心和基础，学校文化建设的根本在于学校核心价值观念的确立。没有核心价值观念的学校，师生就失去了价值判断的标准，无法进行价值选择，必然人心涣散，难以形成凝聚力。"任何一种社会目标，只有在作为社会生活共同目标，当然也就是共同本质的实现手段或表现形式时才具有价值及其意义。如果在现实中，在实践中，每个人类社会和各政

① 〔法〕阿尔贝特·施韦泽：《文化哲学》，陈泽环译，上海人民出版社，2008，第114页。

党像某些人那样单凭一时热情盲目行事，不清楚究竟为什么他们要渴望实现这一目标、目的何在，那是改变不了事物本质的；相反，正因为行动有盲目性，才更需要在实践中对社会生活进行彻底反思，培养真正的社会自我意识。"① 学校只有确立了核心价值观念，才能时刻保持对社会生活的反省意识，自觉警惕和抵制社会上各种实用主义、拜金主义和享乐主义的侵蚀，并通过崇高、神圣、优美的学校文化熏陶，养成师生的社会责任意识，促进师生的文化自觉和个性的充分发展。

　　学校核心价值观念是全校师生都需信奉的价值准则，更应是校长发自内心的肺腑之言，是校长在办学过程中必须身体力行并始终坚守的教育理念。诚然，任何个人对于它所属的社会或者他参与其中的文化的运作和生存很少有什么重大意义，而且不管他地位多么特殊，他意志力多么坚强，他才智多么敏锐，都很难逃避他进退都无法离开的人际关系网络；但是，个人的需求与潜能却是所有社会和文化现象的基础。因为社会是由个人组成的群体，文化说到底不过是社会成员有组织的反复的反应而已。所以，在学校核心价值观念的确立过程中，校长无疑肩负着不可推卸的责任。在价值多元的社会里，学校核心价值观念的确立并非易事。一方面，学校核心价值观念必须与国家占主导地位的意识形态相一致，体现国家意志，切合社会发展趋势，展现时代特征和精神；另一方面，学校核心价值观念又需要结合学校实际，承继学校文化传统，协调师生价值追求。这就需要校长首先要重视学校价值观念的建设问题，认识到学校价值观念建设的重要性和必要性；其次，在确立学校核心价值观念的过程中，要避免简单化的、非此即彼的思维方式，善于汲取、比较和判断各种学校价值观念，丰富核心价值观念的内涵，强化核心价值观念的包容性和统摄力；再次，学校核心价值观念的确立不是一蹴而就的，要充分认识其复杂性，而且学校核心价值观念也不是僵死的教条，也有一个不断发展完善的过程；最后，也是最重要的，校长需要以身作则，一以贯之地将学校确立的核心价值观念落实于学校办学的整个环节和过程之中，并能自觉地接受全校师生的监督。

---

① 〔俄〕C. 谢·弗兰克：《社会的精神基础》，王永译，生活·读书·新知三联书店，2003，第5页。

在当下，我们必须清醒地认识到，从事某种价值观念的宣教是容易的，但进行任何一种价值观念的确证是困难的，这对于当下的校长来说尤其如此。

（三）优化学校育人环境，推动社会民主实践

任何时候，我们都不能忽视学校以外塑造人的心灵和品格的强大力量，设想学校成为变革社会秩序所需要的理智的和道德的主要机构是不现实的，而因此否定学校的社会作用和功能也就等于推卸了学校应担负的社会责任。学校无法脱离社会环境而存在，并不意味着学校完全受社会大众趣味和利益所左右，从而没有任何影响社会生活的必要性和可能性。也就是说，社会与学校不是决定与被决定的关系，反之亦然。杜威认为，学校是形成维护一个真正改变了的社会秩序所需要的理解力和性情的必要条件，虽然不是一个充分条件。除非社会变动得到促成变动和受变动的影响的人们的维护，并且扎根于他们的态度之中，任何社会变动都是表面的。进一步说，除非社会变动具有一个心理的和道德的基础，这种变动是偶然的。在影响社会生活诸多力量中，学校尽管不是唯一的工具，但它是第一的工具，首要的工具，也是最审慎的工具。正是通过这种工具，任何社会团体所珍视的价值，其所欲实现的目标，才能被分配和提供给个人，让其思考、观察、判断和选择。所以，问题并不在于学校应不应该影响未来社会生活的进程，而在于它们应该朝什么方向去影响和怎样影响，不管怎样，学校都会以某种方式影响社会生活，而且，它能以不同的方法施加这种影响，以达到不同的目的。重要的是，我们要意识到这些不同的方法和目的，以便能做出明智的抉择，若是做出了相反的选择，在进一步的冲突中，至少可以了解什么东西处在危险之中，而不是茫然无知。① 如果我们期望不被奴役地生活，过上有尊严的生活，就必须珍视社会民主的价值；而倘若社会民主又被界定为主体的政治，那么其命运在很大程度上就取决于学校。因此，学校应该是民主社会的先导，学校应该首先是民主的学校。康茨认为，学校应该具有社会民主的远见，应该运用有力的手段自行着手重建社会秩序。如果年轻人在学校里被赋予这样一个目标，并致力于实现它，那么，当且仅当在这样的

---

① 吕达等主编《杜威教育文集》（第5卷），人民教育出版社，2008，第300～304页。

情况下，新的社会秩序才能建立起来。[①]

　　要确保学校的民主，校长不仅要有主体的意识，更要有主体的生活方式。主体不是个体的一种自我反思，也不是在内心深处或在社会存在的隐秘处自我描绘的一种理想形象，这是一种行为，一种工作。对于当下的校长来说，主体不是别的，实际上就是个人的奋力抗争，个人的意志磨炼，个人的幸福追求。当前，在市场经济不断冲击与教育行政不当干扰的情势下，学校已被嵌入一个悖论之中。"在市场力量的制约和压力之下，它们被赋予更大的自治权；为了更为迅速地做出反应，它们要善于灵活应变。地方民主和官僚制度的相对确定性将被基于入学人数的资助方式所代替。有关管理和市场的要点在于，就教育和政府的关系而言，它们是一种'没有手'（no hands）的控制形式。因此按照这种理解，向校本管理人员下放越来越多的管理权限成了中央政府可以利用的手段，通过它，中央政府能够一边对学校的事务有所控制，一边在出差错时推卸责任。校长逐渐陷入这样一个境地：他们不得不根据中央所规定的标准来证明他们的成绩，但他们对工作环境的控制权限往往越来越小。"[②]为了创造一个自由自主的办学空间，校长需要始终在反对市场的统治与专制的集体权威两面战斗中捍卫并坚持他的核心价值观念和个性。一般说来，校长主体的行为表现是在个性化中，而不是在同一化中。当然，校长的主体性不是任意的主观性和为我性，对于关系学校运作以及与学校生活有关的重大社会问题，校长首先应当采取主动、公开的讨论，并能做出及时相应的决定，而不能随波逐流或等待教育行政部门的指令。可以说，只有主体性的校长才能有主体性的学校，只有主体性的学校才能保证学校的民主，也只有民主的学校才有可能真正引领和推动社会的民主实践。阿兰·图海纳指出："一个学校如果把自己的使命定位为增强个人成为行动者的能力和意志，并教育每一个人都要承认他人也像他自己那样享有同样的自由，享有同样的个人化和保护社会利益与文化价值的权利，那么，这个学校就是民主的学校，因为它承认了个人主体的权

①　〔美〕约翰·杜威：《民主·经验·教育》，彭正梅译，上海人民出版社，2009，第34～35页。

②　〔英〕杰夫·惠迪等：《教育中的放权与择校：学校、政府和市场》，马忠虎译，教育科学出版社，2003，第80～81页。

利并承认各种文化间的关系只能通过民主进程才能取得制度的保证。"①
如果民主政治的含义，除了承认社会的和文化的差别以外，剩下的只是
人人都一律有公民的身份和在法律面前人人平等的话，"民主政治"就
是一句毫无意义的空话。"即便在教室里，在仅是教科书和教师才有发言
权的时候，那发展智慧和性格的学习便不会发生；不管学生的经验背景
在某一时期是如何贫乏和微薄，只有当他有机会从其经验中做出一点贡
献的时候，他才能真正受到教育；最后，启发是从授受关系中，从经验
和观念的交流中得来的。"② 真正的民主政治必须把社会权利和文化权利
作为主体权利的具体内容加以保护，这就是说，必须把个人的生活经验
和理性的行为有机地结合起来，使个人有创造性的空间和自由。也只有
在民主的学校里，学生道德与智力发展的过程，无论在实践上还是理论
上，才是自由、独立的主体从事探究的合作的相互作用的过程，他们才
有可能把过去的思想和继承的东西作为进一步丰富自己当下生活的手段
和方法，并运用已获得的良好成就来创造更美好的东西奉献于社会。

　　作为学校的教师，我们应该充分相信自己所做的一切将会影响世界，
这是我们的责任，也是我们存在的理由。因为，我们无法置身政治之外，
说自己的教学是非政治性的，这不是教师所应持有的立场和态度，至少
也应明白，教师对待学生的方式可以增长或者削弱学生的主体性感受。
我们相信，每一个献身教育事业的教师的任务是坚持学校是社会进步和
改革的基本的和有效的工具，从而唤醒社会认识到学校的重要性，而自
己则是履行这种责任的典范。"即使我们声称自己没有政治立场，只是关
注进一步探寻客观思想或实践的精确体系，我们所做的一切仍然很重要。
我们采取的方式是鼓励学生的质疑还是抑制学生的质疑，我们设立的报
偿系统，我们对学生想法的注重程度等，都在创造一种道德基调和政治
氛围。"③ 由于外部社会的结构和不平等不可避免地渗透和反映到学校中
来，要发挥学校在推动社会民主化进程中的作用，教师就必须有意识地

---

① 〔法〕阿兰·图海纳：《我们能否共同生存?》，狄玉明、李平沤译，商务印书馆，2003，
　　第393页。
② 吕达等主编《杜威教育文集》（第5卷），人民教育出版社，2008，第385页。
③ 〔美〕Stephen D. Brookfield：《批判反思型教师ABC》，张伟译，中国轻工业出版社，
　　2002，第31页。

进行民主教学。我们有必要明确，民主教学并不意味着否定教师有权威的讲话或假装与学生完全一样，也不是主张知识的完全相对主义，随意而行，各行其是，更不是让教师放弃作为教育者应有的导引和评判学生行为价值的责任和权力。民主教学是指我们努力去创造条件，在这些条件下，所有的人包括我们教师自己都可以发言，而所有的声音都会被人聆听，在这些条件下，教育过程对真实的交谈是开放的。① 这对于当下的教师来说，显然是一个巨大的挑战，可是，如果我们想通过学校教育来推动社会民主实践的话，这又是必要和必需的。

二 教学的价值追求

教学物质条件和环境的改善并不能为教师提供教学的意义，教师社会地位和工资待遇的提高未必带来教师教学价值信念的增强，教学的知识扩展也难以提升教师教学的价值自觉。因此，如何面对教学价值的自发，化解教学价值的危机，既是深化教学改革的现实课题，也是教学论学科需要澄明的理论问题。

（一）教学的价值本性

价值是人生力量的源泉，是人类美好生活的基础。我们每一个人都希望生命是明确的旅程而不是无目的的漂流。如果我们的生命仅仅是一些琐事的堆砌，那是难以接受的。教学是人类特有的社会实践，蕴含着人类对美好生活的期待，它本身就是人类美好生活不可或缺的构成，因而教学不是没有任何价值体系蕴含其中的运作，不可能是价值无涉的随意操作。然而，"价值绝不是现实，既不是物理的现实，也不是心理的现实。价值的实质在于有意义性，而不在于它的实际的事实性"②。虽然教学的价值无法脱离教学的事实，而且必须以教学的事实为基础，却又是对教学事实的超越。我们不能因为教学是客观存在而只讲教学的世界观，不论教学的价值观，只讲教学事实，不问教学价值；否则，我们就不能了解教学的价值取向、价值追求、价值创造和价值实现，就不能把握教

---

① 〔美〕Stephen D. Brookfield：《批判反思型教师 ABC》，张伟译，中国轻工业出版社，2002，第55页。
② 〔德〕H. 李凯尔特：《文化科学和自然科学》，涂纪亮译，商务印书馆，1986，第78页。

学的动力和规律，也就不可能理解复杂多样的教学现象。所以，从根本上说，教学是一个价值追求、价值创造和价值实现的过程。如果承认教师是教学的责任主体，那么教师就不是任何教学价值的附属物，不是某种既定教学价值的分享者和发现者，而应是教学价值的创造者和实现者。在这种意义上，教学就是教师追求教学价值的自觉活动，教师教学价值的理性自觉无疑是教学实践的首要前提。

在日常的学校生活中，由于教学通常被视为教育的实施途径，是教育目的达成的主要手段，因而对教学有效性的关注往往遮蔽了对教学价值本性的思考。于是，教学便成了失去价值和意义贯穿的劳作，常常被肢解为琐碎的活动，其价值仅仅体现为一种达成教育目的的工具价值。对于教师来说，"他的生活本身被分解成一连串孤立的状态，一连串支离破碎的感情和冲动——只是一种匆匆流逝的瞬间的连续发生，虽然这些经验可能带来愉悦，带来经常不断的欢乐，然而在这种快乐的流转中有一种不可能永远不被揭示的空虚"[1]。只要深入当下学校的实际，认真观察教师的日常生活，我们就不难发现，许多教师的教学没有明确的价值取向，也体验不到教学之于自己的价值和意义，他们在教学中不是肯定自己而是不断地否定自己，甚至感到悲哀和不幸。伽达默尔在《科学时代的理性》一书中，站在亚里士多德实践哲学的立场上指出，近两个世纪以来，人们对实践的最大误解就是把实践看作科学的技术应用，并认为这是对实践观念的最可怕的歪曲。因为亚里士多德所说的实践是目的，内在于自身的超功利的自由活动，本质上是一种终极的道德关怀，而把实践视为一种技术性的功利活动，则使实践概念泛化，消解了实践应有的超验维度。如果站在伽达默尔的立场上，今天人们对教学的最大误解则是将教学完全视为达成教育目的的手段，从而否定了教学的价值本性，剥夺了教师教学价值思考的基本权利。教师一旦失去了教学价值的思考，教学就会蜕变为单纯的技术性征服和重复性过程，接踵而来的庸俗主义便吞噬了教学的神圣和崇高。由此看来，教学价值不是一个纯理论的问题，它具有鲜明的实践特性，永远不是某种脱离教学实践而孤立的抽象

---

① 〔德〕鲁道夫·奥伊肯：《生活的意义与价值》，万以译，上海译文出版社，1997，第44页。

存在，而是在教师的教学过程中不断展开的一个生成性存在。教师只有充分感受和体验到自身教学的价值和意义，才能在自己的教学过程中不断丰富和完善作为教学主体的生命内容，创造和实现自己的人生价值。所以，现实的教学过程不仅是教师进行教学价值选择的过程，也应是教师不断创造和享受教学价值的过程。人是一种现实性存在，同时也是一种超越性存在。也就是说，人不仅要过现实的生活，还要超越现实生活，创造可能的生活。人虽然无时无刻不生活在现实中，但也需要生活在理想中，否则，现实生活将是庸庸碌碌的、失去人生价值和意义的生活。实际上，无论教师是否意识到这一点，教学价值都渗透于和制导着教学过程的始终。即使教师宣称没有教学价值选择，实质上也是一种教学价值选择。问题的关键常常不在于教学是否负荷价值，而在于负荷怎样的价值。

随着社会的急剧流变，一切固定的僵化的关系以及与之相适应的素被尊崇的观念和见解都被消除了，一切新形成的关系还没有等到固定下来就陈旧过时了，曾经神圣的一些东西也被亵渎了。于是，生活在现代社会的每一个人不得不承受着"判断的负担"，即由于每个生命个体所秉承的完备性学说和合理性观念互不相同，他们的价值取向、价值判断和价值定位也必然相互充满歧异，每个人必须接受和承担这种歧异性，并在这种歧异性中选择属于自己的价值立场，罗尔斯把这种歧异性和差异性称为"合乎理性的分歧"，并强调"这些判断的负担对于一种民主的宽容理念来说具有头等意义"。① 尽管如此，这种合乎理性的分歧毕竟给人们带来了价值上的纷乱和困扰。显然，教学不可能超越这种现实遭遇。如今，教学观念迭出，教学模式纷呈，展现了教学的不同价值取向。这些教学价值取向的差异，既有性质上的差异，又有阶位上的差异，前者属于根本性质上的不同甚至对立和冲突，后者虽属于同一性质的价值取向，却有层次和境界之别。换言之，不论什么样的教学价值取向都有其市场，教学似乎失去了自身的价值本性，被任意宰制或制作。多元开放的教学价值取向可以说是时代的必然，但这并不意味着可以使之无限地发展为主观任意性和空泛的教学自由，而应承认并努力寻求多元中的

---

① 〔美〕约翰·罗尔斯：《政治自由主义》，万俊人译，译林出版社，2000，第40页。

统一性和可通约性，从而避免"如果无法获得绝对，那么怎么都行"的无政府的教学样态。

近年来，我国教师队伍建设得到了前所未有的重视，各种促进教师专业成长和发展的不同层次的研修和培训越来越多，其中也不乏一定的针对性，取得了一定的成效，但的确存在着过于注重教学知识性的灌输和技能性的训练，忽视甚至无视教师的价值性引导和情感性激发的倾向。随着社会的快速发展，教师需要不断拓展知识领域，更新知识结构，也需要掌握数字化时代应具备的教学方法和技能。可是，如果教师感受不到自己作为教学主体的力量，体验不到自己教学的价值和意义，得不到心理和情感上的满足，就不会自觉地追求教学的深度和生命的厚度。教学是教师价值存在的依据，教师只有把教学变成主动自觉，从而把对它本身所发生的一切当作一个整体时，才能获得一种独特的内容和相应的价值判断。当教师的心灵忠实地拥护教学这一事业，反对那种异己的或至少不令人满意的矫揉造作时，教师的禀赋就会变成不只是一种被动的态度或单纯的劳作准备状态，而成为一种完整的行动，成为任何教学活动的真正灵魂。而以此为价值取向的教学，才能获得一种纯粹的内在性，一种无与伦比的高贵，一种卓越的品质，一种至善的境界，从而不仅确证教师自身的价值存在，也确保了教学在整个人类生活中的特殊地位和作用。在这种意义上，直面教学的价值危机，重建教学的价值秩序，就成为当下教学面临的重要课题。

（二）教学的价值自发

随着教学的科学研究，教学的事实问题不断得到澄明，但是无论多么澄明的教学事实，都无法清楚地告诉我们教学的价值所在。也许，当我们感到所有可能的教学事实问题都已被解决之时，教学的价值问题仍处于昏昧之中。

1. 价值游移

面对各种不同教学价值观念杂糅并存的局面，许多教师遭遇到教学价值的选择困惑，不知道应该如何选择，便委身于某种现成的教学价值权威，经常从一种教学价值关系游移到另一种教学价值关系。这种教学的价值游移虽然免除了必须自行解决教学价值问题的"不能承担之重"，但这种无着的价值追寻和纠结，始终无法理解和把握教学价值的安全性生存之所在，在无尽的多样中迷失了自己，作为教学价值主体的精神特质和品格如责任、独立人格等就被剥夺了，因而也就无法成为真正的教学价值载体和承担者了。在社会生活的现实性上，人格就是一个人所具有的内在同一性，能够在不断流变的境遇中、在处理复杂的各种关系和事件中，表现出某种始终如一的立场和原则。"只有具备独立人格的人，才有可能自觉地反省与选择。一个没有独立人格的人，是不可能反观自省去真切地追问生活的意义和价值的，相反，它有可能成为外在于他的抽象价值的容器，除了被动地接受和服从未经其反省的观念，不会对生活的价值和意义作审慎的思考和追问。一个只能充当外在价值原则和意义灌输接收器的人不能成为真正的价值信念的主体。"[1] 在现实的教学过程中，教师的人格丧失与教学的价值游移常常是互为因果的。

教学的价值游移最直接的后果是教学被抛入漂流不定的状态之中，其目标、内容、方式和方法不时地被改变，失去了连接过去与未来的历史连续性。这正如雅斯贝斯（又译雅斯贝尔斯）所描述的："一切事情都杂乱无章，朝令暮改，没能给孩子们真挚、伟大、高尚的教育，这些教育能以永远不会被遗忘的方式影响其个性。向青年人提出的是记取事实材料的巨大要求，结果是使不成熟的头脑高度紧张，而同时却并未对他们的真正存在发生任何影响。直率而明确的客观性不见了。这种建立在信念基础上的客观性原是能够有力地抵御由个人的能力差异所造成的主观性的。在发展个性方面所作的努力超出了需要的程度，但教师却仍未达到他努力要达到的目标，即人格的塑成。被弄得无所适从的孩子，实际上发现的是一种传统的支离破碎的内容，而不是一个他可以充满信心地步入其中的世界。"[2] 任何有目的的行动绝不是由一堆或一系列单个分离的意图、理由或动机组成的。长时间处于这种教学状态的教师会逐渐形成弗洛姆所归结的"权威性服从"的那种适应性反应，完全接受环境所提供给他的那种人格，成为与所有其他人一样的，并且也成为与他们所期望的一样的人。教师一旦失去主体性人格，也就谈不上教学价值

---

① 贺来：《寻求价值信念的真实主体——反思与克服价值虚无主义的基本前提》，《社会科学战线》2012年第1期。

② 〔德〕卡尔·雅斯贝斯：《时代的精神状况》，王德峰译，上海译文出版社，1997，第98~99页。

的追求和创造了。

2. 价值错位

教学是教师现实生活的重要构成，而生活本身就具有一种"依自不依他"的性质，借用亚里士多德的话叫作"自足"，即"无待而有"。这意味着教学有其内在价值，这种内在价值本身就是教学的目的，而无须假借外物。自古以来，教人为善既是教学的内容，也是教学的目的。因而，教学是一种德行、一种道德活动，或者说就是一种善的实现活动，甚至可以说善就是教学活动本身，它是自我规定、自蕴意义、自我圆满的。在康德看来，在世界之中甚至世界之外，善良意志是最具有价值的，具有自足性，本身就值得追求。"制作的目的是外在于制作活动的，而实践的目的就是活动本身——做得好自身就是一个目的。"① 所以，教学是不同于制作的；否则，教学的价值错位就不可避免。可是，由于整个社会卷入了现代性逻辑的洪流之中，教学的技术理性侵蚀了教学的德性之维，制作的功利主义逐渐取代了教学的道德主义。如此，教学不仅是现代性的内容，也成了现代性的工具。H. 阿伦特认为，现代性的特征就是以制作代替实践，以技艺人的眼光看待一切。她认为，"从现代开端至今，在这整个时代的突出特征中，我们都能发现技艺人的典型态度：他把世界工具化，对工具、生产力表现出高度的信任，他相信手段——目的范畴适用于所有范围，他认为每个问题都可以用功利原则来解决，每一种人类动机都可以还原为功利原则，最后，他毫无疑问地把制作等同于行动"。②

当教学成了一种制作，无论师生还是教学本身都成为一种实现其他目的的手段，成为从属并服务于其他行动的工具。如果承认教学有其自身的内在价值，那么对教学的理解、对教学价值的追寻，显然就不能游离于教学之外。无论何时，我们都不应先设定某种观念或价值，然后将其输入教学，因为这样理解的教学价值不是教学本身的价值，而是对教学自身价值的歪曲和否定，也是对师生人格的贬损和侮辱。如果人们把全部精力投入向外的追索，必然无力顾及内心世界的塑造。"一个人如果

① 〔古希腊〕亚里士多德：《尼各马可伦理学》，廖申白译，商务印书馆，2003，第173页。
② 丁立群等：《实践哲学：传统与超越》，北京师范大学出版社，2012，第33页。

力求使科学去适应不是从科学本身（不管这种科学如何错误），而是从外部引出的、与科学无关的、由外在利益支配的观点，我就说这种人'卑鄙'。"① 同样地，如果我们到教学之外去追寻教学的价值和意义，那么教学将不可避免地走向低俗，各种平庸之恶就会泛起，教学就会失去其应有的教化功能，不再是一项道德的事业了。教学的历史和现实都已证明，单靠教学的知识和技巧并不能使教师过上幸福和高尚的教学生活，我们有充分的理由将教学提升到崇高的道德水准上，展现教师应有的德性之光。

3. 价值虚无

教学是复杂的实践，其复杂性不仅源于人的本性，更来自人所构成的社会。人有善端，也有其恶的幽暗。随着社会的演进，社会结构日趋严密，教学的难度不断增加，教学的力量就显得越来越单薄和微弱。于是，很多教师便开始怀疑甚至否定教学的价值和意义，从而鄙视和抛弃关于我们如何教学的客观准则，走上了教学价值的虚无主义。所谓教学价值虚无，就是把教学价值"虚无化"，即否定、拆解和摧毁真实的教学价值。在现实的教学过程中，也的确存在诸多教师有心无力或力所不及的苦恼。譬如，不论教师多么努力，学生的学业成绩一般都呈正态分布的状态。于是，将教学置于习惯的运行轨道就成了这些教师的无奈之举，这似乎也无可厚非。教学习惯是教师有序地进行教学的基础，并且在某种程度上也保证了教师日常教学的流畅性和准确性。但是，这并不意味着教学习惯可以进行教学思维、观察或探究。大家知道，教学习惯一旦形成，就具有一种内在的方向性、组织性和持续性。这些特性一方面使教学能够流畅地进行，另一方面又会对教学思维形成约束和限制。因为"习惯自身太具有条理性了，太具有持续性和确定性了，以至于不需要探究或想象。同样习惯如此明显地适应于一种环境以至于不会去调查或分析它"。② 可以说，教学习惯和常规成了一块遮蔽教学的大幕布，只要这块大幕布的位置牢靠，教师就不需要考虑教学的意义是什么，教学的意义似乎已经自然嵌入日常教学的习惯中了。问题在于，一旦无意

---

① 《马克思恩格斯全集》（第26卷），人民出版社，1973，第126页。

② 丁立群等：《实践哲学：传统与超越》，北京师范大学出版社，2012，第287页。

识接纳的教学习惯和准则被打破，教学价值的空虚和贫困就会暴露无遗，因循守旧、得过且过态度的教学就会再次形成。

作为教师，我们当然是社会的产物，但我们并不只是产物。我们如何从所属的社会中构成自我，如何估量彼此的分量，如何对施加于我们自身的各种复杂影响做出新的归纳和综合，所有这一切，最终都取决于我们自己，取决于我们自己每时每刻的作为。社会的变化影响着我们，而我们的努力也会引发社会的变化，尽管这种变化可能是微妙而漫长的。毋庸置疑的是，"每个社会都设法建立一个意义系统，人们通过它们来显示自己与世界的联系。这些意义规定了一套目的，它们或像神话和仪式那样，解释了共同经验的特点，或通过人的魔法或技术力量来改造自然。这些意义体现在宗教、文化和工作中。在这些领域里丧失意义就造成一种茫然困惑的局面。这种局面令人无法忍受，因而也就迫使人们尽快地追求新的意义，以免剩下的一切都变成了一种虚无主义或空虚感"。① 如果教师否定了教学的价值和意义，就不仅瓦解了自己作为教师存在的根基，也割断了教师这个职业与整个社会的有机联系。所以，只要一日为师，我们就不能放弃我们的憧憬和努力，而应在永不停歇的教学创造中确证我们自身的价值和意义。

（三）教学的价值建构

价值多元的时代是教学充满困惑和冲突的时代，可它同时也为教师走出单一教学价值的束缚，获得教学自律精神空间和提升教学价值抉择能力提供了广阔的可能空间，对于任何一位想从教学中赢得价值和意义的教师来说，它无疑又是个充满希望和机会的时代。

1. 明确教学的价值立场

教学既然是一个价值追求、价值创造和价值实现的过程，那么明确教学的价值立场就成为教师开展教学的基本前提。在相对稳定的常态社会里，存在着某些基本的教学价值共识，从而为教师教学价值立场的确立奠定了牢固的基础。但是，在流变的现代社会，多元的价值观念相互激荡，新的教学价值诉求不断生成，新的教学价值问题不断

---

① 〔美〕丹尼尔·贝尔：《资本主义文化矛盾》，赵一凡等译，生活·读书·新知三联书店，1989，第197页。

涌现，教师教学价值立场的确立并非易事，而缺乏鲜明的教学价值立场又难以担负起立德树人的崇高责任。这就要求教师首先要敢于直面复杂的教学价值境遇，注意锤炼自己的教学意志，培养和发挥自己作为教学主体的能力。教师如果承认自己没有能力控制教学的境况，屈服于自认为是必然的和不可避免的一切，教学就会受到他者的制导和推动，像浮游生物一样漂泊游移而不是掌舵航行，等于放弃了决定航船航行路线的一切希望。同时，我们必须警惕的是，教学是一种公共领域，一种公共事业，关涉学生的切身利益和未来发展，教师又不能完全依凭自己的有限经验和一孔之见，唯主观任性，一意孤行，而应敞开胸怀面对他者的质疑，通过理性的对话，反思并确立起经得起时代和实践检验的教学价值立场。如同波普尔所言："你可能是正确的，我可能是错误的；即使我们的批评性讨论不能使我们明确决定谁是正确的，我们仍会希望在讨论后对事物看得更清楚。我们都可以互相学习，只要我们不要忘记真正重要的不是谁正确，而是我们更接近真理……我们需要别人，以便使我们的思想受到检验，弄清楚我们的哪些观念是正确的。"[1] 教学的深度来自教师对自身教学价值的反思。当教师不断地追问教学的价值和意义之时，他就踏上了通往教学的深度之路，教学的价值立场也会因此逐渐清晰起来。

可见，教学价值立场的确立不是一蹴而就的，而是一个过程。教师教学价值的选择过程，包含着一系列复杂的社会和心理因素的参与，这些因素在教学价值立场的形成和发挥作用的过程中起着极为重要的作用。而且，教学价值立场的形成也是教学价值的评价过程，即对各种因素的选择和弃取过程。重视这个过程的历史性，而不是把它压缩为生硬的结论——简单的教学价值结果，注重细节以及教学的经验和感受，是教师确立教学价值立场必须密切关注的问题。因为"价值观始终与形成和检验它们的经验相联系。对任何个体来说，价值观并不是一成不变的真理，因为它们是在一系列环境中锤炼成某种生活方式的结果。在充分锤炼之后，常常会形成某种评价和行为方式，某些事物被视为正确的、值得向

---

① 〔英〕卡尔·波普尔：《通过知识获得解放》，范景中、李本正译，中国美术学院出版社，1998，第242页。

往的抑或是有价值的。这些事物就成为人们的价值观"①。价值不可能从威逼利诱的选择中产生，唯有在以公共交往为基础建立的真实共同体中，人们才能决定何谓好或有价值的，或者应当做什么，或者应当赞同或者反对什么。所以，对于学校来说，应当在尊重教师教学价值选择自由的前提下，为教师提供多元的教学价值选项和商谈式的制度设计，保障教师以批判性的思维商谈各种教学价值之序列和优劣，建构教师以反思的态度选择教学价值之框架，促使教师以发展的视角追寻教学价值之崇高。

2. 增强教学的价值自信

教学价值观念不是某种抽象的说教，也不是一些固定的原则本身。无论教师秉持怎样的教学价值立场，都必须以对教学自身价值的高度信任和肯定为基础。如果没有充分的教学价值自信，教师的教学价值选择就会犹豫不决，教学价值判断就会优柔寡断，教学价值行为就很难始终不渝、一以贯之，教师就不可能达成自己的教学价值目标。在很多情况下，正是对教学内在价值的怀疑和否定，导致了教学价值的歪曲，使教学沦落为一种制作或达到某种目的的工具，从而解构了教师的生命价值。如果认为教师仅仅需要重视课程标准和教学技术，而不必去关注他们所处时代更大的社会问题和价值问题，实际上就贬低了教学和教师在日趋复杂的现代社会中的地位和作用。当前，各种基于标准和技术的教学改革固然有一定积极的意义，但同时也要注意防止其对教师教学可能带来的各种显在和潜在的消极影响。哈格里夫斯曾采访处于教学改革中的教师，他们对此深有感触。"有时，我感觉自己被州的规章制度、委员会的考试、州毕业考试的规定以及关于特殊教育学生的规定逼入了死胡同。这样让我们太过于关注满足外部的标准设定，而并没有或足够的时间去思考我们在课堂上真正要做什么，也就不可能对将要做的一切真正感兴趣。在教学中我再也找不到曾经拥有过的快乐，因为压力实在太大了。而且，我发现其他教师也一样。那种纸笔劳动所带来的压力随处可见……它剥夺了你对孩子所投入的一切，剥夺了你对课堂教学所投入的一切，也剥夺了你日复一日所投入的一切，因为你必须全神贯注于

① 〔美〕路易斯·拉思斯：《价值与教学》，谭松贤译，浙江教育出版社，2003，第24~25页。

标准，像其他同事所必须做的那样，我发现那……那真的很沮丧。"① 如此，教师不是被看作具有自主性的专业人员而得到发展，而是被视为应该顺从于标准化产品的生产者，成为某些旨在追求功名利禄的决策者的附庸和克隆者。

尽管人们也可以通过教学达成某种外在于教学的目的，但教学的自身价值是根本的，教学的外在价值或工具价值则是依附性的。真正良好的教学行为不是汲汲于教学外在价值或工具价值的实现，而是根植于教学自身价值的自觉行为。这就要求教师对教学价值存在及其价值创造有自知之明，对教学价值变迁及其未来发展有充分的认识，将外在的教学价值引导与自我的教学价值体验结合起来，通过自我体验而获得教学价值的认同。唯有在自觉认同的基础上，才能形成真正的教学价值感受和情感。"作为人们评判问题的内在尺度，价值观在个体精神生活中处于核心地位，它能够从总体上整合动机、情感、意志和态度等精神要素，协调各种观念之间的冲突，合理安排个体的内在精神秩序，为其行为选择提供明确的价值定向。无论人们行善还是作恶，归根到底都是某种价值观的现实需要，体现着个人行为选择中的自觉能动性。"② 教学价值自觉的实质，就是在复杂的社会环境和多样的教学思潮中表现出来的坚定的教学价值立场，它是在充分认识和把握教学各种内外部关系之后表现出来的一种自由状态。今天，"价值观念的多元化既可能是进步和发展的源泉，如果价值观念的多元化又是以某些基本的价值共识为基础的；也可能是混乱和毁灭的源薮，如果这些价值观念都拒绝和其他价值观念进行理性的对话，都把自己当作'绝对'和'神圣'"③。在标准化、统一考试、学业成绩等占绝对支配地位的教学世界里，如何将教学的价值理性根植于现实的教学实践中，重新找回和恢复教学作为一种神圣职业的理念，使教学超越生产考试机器的技术性任务，回归到塑造生命本体、改造现实世界的社会使命中，追寻教师的生活价值和意义，应该成为教学改革的基本共识。

---

① 〔美〕安迪·哈格里夫斯：《知识社会中的教学》，熊建辉等译，华东师范大学出版社，2007，第82~83页。
② 程立涛、曾繁敏：《社会公德探究》，河北人民出版社，2009，第147~148页。
③ 崔宜明：《道德哲学引论》，上海人民出版社，2006，第64页。

3. 推动教学的价值创造

教师不是某种外在于教学价值的附属物，而是教学价值创造的主体。人类教学的发展历程，就是教师不断展示自己的创造性才能，创造教学价值和实现教学价值增值的过程。"人的存在目的只能由目的论承诺来说明，通过比较可以发现，人的生活与其他生物的生存真正具有决定性的区别之处就在于人的生活是创造性的，只有创造性才能使人的生活具有不可还原的意义，才能标明人的存在身份。"① 需要注意的是，创造并非仅指思想上或艺术上的天才式的创造，它们只是创造性生活中极为有限的部分，人的创造性可以渗透生活的全部过程和每一个方面。教学是历史的，具有承继性；教学是现实的，具有时代性；教学是超越的，具有未来性。因此，教学不能长期地囿于成规定制。无论教学的思想或观念还是教学的内容与方法，无论教学的组织形式还是教学的评价标准，教师都可以在成规定制之外，积极进行教学的价值创造，有所建树。创造性的教学需要赋予教师一定的教学自主权，而教师也需要养成和珍视自由的个性。"自由的个性就不仅是类的分子，不仅是社会联系中的细胞，而且他有独特的一贯性、坚定性，这种独特的性质使他和同类的其他分子相区分，在纷繁的社会联系中间保持着其独立性。'我'在我所创造的价值领域里或所享受的精神境界中是一个主宰者。'我'主宰着这个领域，这些创造物、价值是我的精神的创造，是我的精神的表现。这样，'我'作为自由的个性具有本体论的意义。"② 如果说教师自由的个性是教学创造性的本体论依据，那么教师也只有通过创造性的教学才能建树和成就自由的个性。而通过教学或在教学中建树和成就教师自由的个性，并以教师的自由个性建树和成就学生的自由个性，正是教学的内在价值之所在，也是教学价值的最根本的体现。

教学的价值创造没有既定的程式可循，具有一定的不确定性，需要教师做出困难的选择，会经历痛苦、困惑和焦虑，而这只有通过教师存在的勇气去应对和克服。在保罗·蒂里希看来，存在的勇气是具有"不顾"性质的自我肯定，它不顾那些有可能妨碍自我肯定的东西。人的勇

---

① 赵汀阳：《论可能生活》，生读·读书·新知三联书店，1994，第85页。
② 《冯契文集》（第3卷），华东师范大学出版社，1996，第294页。

气是这样一种行为：人在其中肯定他自己的存在而不顾那些与他的本质性的自我肯定相冲突的存在因素。[①] 教师教学价值创造的勇气不仅来自教师教学价值立场的秉持，更来自教师教学价值的体认，因而它是自觉与自愿的融合。只有在这种意义上，教学才是真正的道德行为，是一项真正道德的事业。"真正自由的道德行为就是出于自觉自愿，具有自觉原则与自愿原则统一、意志和理智统一的特征。一方面，道德行为符合规范是根据理性认识来的，是自觉的；另一方面，道德行为合乎规范要出于意志的自由选择，是自愿的。只有自愿地选择和自觉地遵循道德规范，才是在道德上真正自由的行为。这样的德行，才是以自身为目的，自身具有内在价值。"[②] 教师只有将教学真正作为一项道德的事业，才能不断凝道成德，日新其德，铸造自己的人格，形成自由的个性，而这正是新时代教师的发展之路。

---

① 王珉：《爱的存在与勇气——保罗·蒂里希》，河北大学出版社，2005，第 80~81 页。
② 《冯契文集》（第 3 卷），华东师范大学出版社，1996，第 220 页。

第三章　教学视野的拓展

　　社会既作为学校确立发展目标、改进课程的资源，又作为对其有相当影响力的因素，是学校发展的基础。在一个开明的社会里，学校担负着从社会环境中精心挑选能最大限度地促进正在成长的一代人建设更美好社会素材的使命。如果我们不对社会这一课程改革的前提进行检验，将它们束之高阁，社会就会陷入僵化，信仰就会变成教条，想象就会变得呆滞，智慧就会陷入贫乏。同样地，课程改革方案如果躺在无人质疑的教条的温床上睡大觉，就有可能会渐渐烂掉。要激励想象，运用智慧防止精神生活陷入贫瘠，要使对真理的追求持之以恒，就必须对假设质疑，向前提挑战，至少应做到足以推动社会前进的水平，这就需要每一位参与课程改革的人奉献其智慧，投入其情感，并以其社会良知为基本规约。知识既作为学校确立发展目标、改进课程的资源，又作为对其有相当影响力的因素，是学校发展的重要基础。如果学校课程想要满足增强社会功能、增长青少年见识的需要，而不仅仅是培养专家，那么设计课程就不能局限于学科知识或专业化的学科内容，必须关注在更广泛多样情境中的知识应用及其相互关系。这就要求每一位专家，必须有超越个人知识的胸怀和勇气，探明自己的局限，以便掌握课程研究所需要的维度和方向，促进课程改革的顺利进行。我们头脑中的哲学及对美好生活的设想，决定了我们将学生作为课程资源及影响课程的重要因素的方式。认知分类学可以作为一种有价值的手段，帮助教师设计涉及更大范围的认知学习的教学活动，但需要区分资料（信息）与知识，也有必要在分类学中增加问题解决过程和创造活动。在现实生活中，人的兴趣、态度、价值观不可能从认知过程中分割开来，用情感过程作为重点取代狭窄的以认知为基础的课程潜伏着导致新的不平衡的危险。既然儿童的智力发展不会在任何条件下都是和谐的，我们就必须考虑儿童所处的发展阶段，从而在学校和家庭中为儿童提供适当的环境条件。道德教育不能被看作维持现存秩序的道德教化，民主社会的理想要求在批判社会不平等、不公正现象中发展起来的理性的力量充实我们正在成长的一代人，学校应该是给予正在成长的一代人理性的力量以最终引起社会转型的主要机构。

一　作为课程资源的社会

美国学者泰勒曾指出，学校必须采取某些方法对现代生活进行分析，从中选择和确定学生学习的恰当目标。这一原则似乎与一般生活常识一样易为人接受，但在具体方法、评价标准以及课程究竟在多大程度上来自现代生活这些问题上，人们争论不休。应该说，任何立足现实并想真正发挥作用的对作为课程资源的社会进行的分析都不能将影响学校教育目标和课程发展的社会排除在外。

1860年，斯宾塞首次提出了"什么知识最有价值"的问题。斯宾塞指出，由于学校的主要职能是为儿童和青少年的完满生活做准备，答案自然是作为相关学科内容的科学。斯宾塞认为，科学知识是完满生活的关键，因为身体的健康、基本生活的维持、良好的父母教养、公民权利和义务意识的形成、艺术的创作和欣赏，以及道德、智力的发展等，都要有赖于对科学知识的掌握。斯宾塞提出的学校应把注意力集中在有效生活与科学知识是成功的社会生活关键的观点，强有力地反击了古典文学的守护者。在此之前，古典文学和语言课程在学校已开设了很长的时间，其地位相当稳固。斯宾塞不仅批评了古典文学和语言的学习与现代生活的毫不相关，也对这样的学习可以训练人的思维的观念提出了挑战。他认为，科学可以更好地完成训练人类思维的任务。半个世纪之后，杜威对斯宾塞进行了批评。杜威认为，就方法论而言，斯宾塞没有想到，除非作为学科内容的科学知识用来满足人类生活的需要，解决生活中的问题，否则，科学知识仍是课程中另外的一堆毫无生命力的材料。无论如何，斯宾塞给学校目标和职能必须与现代生活密切联系，而不仅仅局限于文化遗产传承的观点注入了活力。20世纪的几十年中，美国进步主义者以此为指导，不遗余力地进行了教育改革。

然而，对作为教育目标和课程编制基础的现代生活的研究，在很大程度上以一种机械、僵化的方式进行。在20世纪前几十年里，由工业界掀起的科学管理运动对博比特和查特斯产生了极大的影响，他们一丝不苟地把工作分析法或活动分析法引入课程编制，而这种分析法的基本假设是现实生活中任一领域的活动都可以分解和细化为系列的部分和任务。这个假设忽略了这样一个事实：在迅速流变的环境里，我们所从事的社会生活中的任何一项活动都要求我们具有独立判断和自由思考的能力。在现代社会，人们不再仅仅期望学校为学生成为社会这台机器上的齿轮做准备，不论这台机器在某一特定时期是多么令人满意。20 世纪 70 年代中期，被片面理解的行为目标盛行，但把这种行为目标作为设计课程的根据时，人们同样忽略了这一事实：生活中的人的活动是生机勃勃、充满活力的，而不是静止僵化、凝固不变的，它要求从事活动的人具有自由思考的意识和能力，从而能够深刻洞察社会，找到解决问题的方法。应当说，进步主义者的辛勤劳动曾使课程转向社会问题解决的取向获得相当大的推动力。麦肯尼在评价美国 20 世纪 30 年代的高中课程时提出了这样的见解："当前美国民众关注的是所有美国人都面临的问题，他们必须在两难的解决社会问题的方案中做出选择，他们必须考虑他们的未来。师生调查研究社区问题，分析社区需要，制定行动方案……阅读这些问题的相关材料，事实上，还设计出问题解决方案。他们的父母也经常参与他们的活动，并帮助他们找到解决校外一直存在的问题的方案，把学生视野局限在校内的做法受到了师生一致的批评。"[①] 无论从课程组织、活动范围、参与活动的主体还是从学生获得的经验进行观察，都有确凿的证据表明，学生对社会发展目标及其承担的社会责任不仅有了认同，而且对民主生活所必需的个人全面发展的问题也给予了高度的关注。

　　当时的进步学校都设计了自己的课程，这些课程十分关注生活问题，如个人和公众健康、自然保护、多元文化关系、世界和平、消费权益、技术、住房、职业和就业、经济关系等。20 世纪中期"冷战"的压力曾将这些课程一度停止开设，在 20 世纪 60 年代后期 70 年代初期，课程与生活要密切联系的呼声日益高涨，一些人竭力使课程与普遍的社会问题联系起来，致力于课程的改造与综合化，其中核心课程应运而生。后来，他们又将一些新的、专业化的内容加到课程计划中，建立课程库，增加

---

① Gordon N. Mackenzie, "Emerging Curriculums" Chapter 3 in *General Education Committee of the North Central Association of Colleges and Secondary Schools. General Education in the High School* (Glenview Ill. : Foresman 1942), pp. 85 – 86.

了选修课，以表明他们考虑了学生关注现实的需要。这一时期，课程支离破碎的现象正是普遍分离的对立的社会现实的影像。

整个20世纪30年代，进步主义者努力促使学校与社会紧密联系起来，想方设法将社区学校的理念变成现实，学校为所在社区的所有居民服务，开设的课程也与社区需要联系起来。遗憾的是，社区学校这个概念后来逐渐与美国种族团体争夺学校控制权的政治冲突融为一体了。20世纪60年代末70年代初，许多中小学和大学对课程与生活联系的呼声做出了反应，开始为社区服务、社区调研等社会经验活动计算学分，相信这些经验活动是正规教育的理想替代物。而在此之前，这些学校一般只给由学校组织、指导并在学校或学校可直接监督的地区进行的经验活动计算学分。胡克对这一潮流以及由于将教育与经验等同起来导致的对杜威哲学曲解的做法和趋势提出了批评："将经验等同于教育，就可以得出经验具有教育性这样的结论，或者进一步说，任何经验——越直接、越有活力就越好——都可取代通常被当作经验赝品的学校教育。……有经验就意味着对经验的认知和理解。"① 实际上，这种荒唐等同并非出自杜威之手。我们知道，杜威曾严格地区分了有教育意义的经验和无教育意义的经验甚至误导教育的经验。他指出，有教育意义的经验能增强个体体力，促进个体成长，促使个体产生以知识为基础的信念、理解和同情，学会如何面对并最终控制未经验的情境，而不至于惊慌失措或去碰运气。没有教育意义甚至误导教育的经验或许能为之激动，但没有任何真正的见识，最终往往是用之进行机械的训练或操练，仅有这种经验的人面对不断变动的生活情境时，只能求助于所谓的"灵机一动"了。古德曼（Goodman）、弗里德伯格（E. Z. Friedberg）和伊利奇等人则走得更远，他们甚至倡导以直接的社会经验取代正规的学校教育。但在20世纪70年代中期，新的经济紧缩政策以及随之而来的回归基础教育、日益严格的学术标准和晋升规定、范围广泛的能力测试等运动给学校沉重的打击，学校再次陷入了仅对社会要求和压力做出回应的艰难困境，不再简单地对普遍存在的社会问题进行研究，提出解决方案。人们使用问题解

---

① Sidney Hook, *Education and the Taming of Power* (LaSalle, Ill. : Open Court, 1973), pp. 92 - 93.

决模式设计课程面临的最大问题是，社会问题并不是确定的，可以轻易解决的，人们事先准备的解决方案相对而言过于简单化和机械化了。

20 世纪 70 年代中期，美国许多委员会建议缩短正规学校教育的年限，促进青少年早日进入劳动力市场。高中教育改革全国委员会竭力推动将义务教育年龄定在 14 岁的计划的实施。总统科学顾问委员会下属的青年问题委员会提出了多个取代全日制学校教育的方案，其中包括以工人所在公司赞助下的劳动实习和劳动培训取代学校教育。受美国教育办公室支持的美国国家高中教育和青年教育研究委员会建议用每天 2 ~ 4 小时的学术日取代高中阶段的全日制学习。这些建议适用于下层出身的学生，有利于维持现存的社会秩序，但也引起了严重的社会和教育问题。在提出这样的建议时，那些委员会轻松地把社会及其工业机器的非教育甚至误导教育的影响放到了一边。他们没有对学校为正在成长的一代提供建设更美好的社会所必需的思想和技能，而不仅仅是维护现存秩序的特殊使命予以考虑。这意味着，学校有责任考虑到社会对青年人的负面影响，也有责任严格审查为校内青少年提供工作经验的计划，以确保这些计划是有教育意义的，而不是为剥削服务的。在谈到学校的特殊使命时，杜威指出："任何社会都受到一些琐碎问题的干扰……一些毫无疑问荒谬的东西也会妨碍其进步。学校有义务从它为学生提供的教育情境中剔除这些东西，并且尽最大可能去消除一般社会环境中产生的负面影响。在对教学材料选择时，要进行优化，尽最大可能强化所选材料这方面的影响力。一个走向开明的社会最终会认识到它的责任不仅仅是传递和保存现有的全部成就，还要为未来更美好社会的实现提供便利。学校正是促进这一目标得以实现的主要社会机构。"[①]

因此，社会既作为学校确立发展目标、改进课程的资源，又作为对其有相当影响力的因素，是学校发展的基础。在一个开明的社会里，学校担负着从社会环境中精心挑选能最大限度地促进正在成长的一代人建设更美好社会素材的使命。也许正是基于这样的考虑，以现代生活研究为依据决定教育目的、建构课程的努力受到了批判。贝斯特在《学习的回归》一书中，用整整一章的篇幅论述了"过分现代取向的危险"。他

---

① Dewey, *Democracy and Education* (New York: Macmillan, 1916), p. 24.

坚定地认为，对现代问题的研究偏离了学校最本质的智力训练的使命。他进一步指出，学校过多地谈论现代社会所面临的问题和困难，无疑会屈服于一些社会团体的压力并丧失其免疫力。然而，如果学校对当今社会问题不闻不问，视而不见，无疑放弃了贝斯特竭力呵护并视为最高原则的学术自由。对原则的回避仅仅意味着对它的废弃，而不是对它的呵护。更进一步说，如果学校远离当今社会所面临的问题及困难，也就自然放弃了其培养学生成为良好公民的责任。未来深深地根植于当代。正在成长的一代人代表着社会的未来。学校对现代社会问题的漠视实质上剥夺了学生建设更美好社会最需要的学习经验。哈钦斯曾经指出，任何教育机构都不可能脱离它所属的政治团体而自行其是，教育机构必须反映特定政治团体的意志。因为，教育机构要想使社会产生某些变革的设想，只有成为该政治团体确定的目标时才可能付诸实施。

现代社会把学校视为促进社会进步的核心组织，并认同了学术自由的必要性。然而，当国家处于危机时，狭隘地把学校当作实现国家意志的工具的趋势就势不可挡。20世纪中期冷战刚爆发时的教科书审查制度和1958年《国防教育法》影响下的课程设置都是明显的例证。从20世纪60年代中期开始，国家优先考虑的培养对象由学术上有天赋的青少年急剧地转向穷人的子女。在冷战及太空竞争时期，教育是国家争夺霸权的关键工具，当社会不满情绪日益高涨时，教育就自然成了对付贫穷、种族隔离及其他社会不平等现象的主要手段了。20世纪70年代后的五年中，减税风波又反过来导致了课程的缩减。我们很难预料新的改革将给教育带来什么，但是，如果教育工作者不能用批判的眼光建设性地审视来自校外的压力和要求，不考虑解决教育自身的问题，学校很可能仍在时代的浪潮中随波逐流，全盘接纳社会制定的肤浅方案。在特定时期，学校的职能及其课程模式是整个社会要求及期望的反映，处于变革中的社会政治势力也给学校提出了相应的变革要求。对学校而言，在不同的时代，往往呈现出对处于主导地位的势力做出反应的趋势。虽然人们希望在民主思想根深蒂固的多元社会里的学校对整个社会的要求和期望做出回应，但当国家处于危机时，学校一般表现出接纳失之偏颇的方案的倾向。人们在对学校的各种职责进行评价时，往往不是把它们视为相互作用、相互依存，从而探寻一条借助和谐统一的课程结构发挥学校各项作用的途径，而总是认为学校的这些职能是不可调和的，一种职能的发挥必须以舍弃其他职能为代价。课程是重视保存、传递文化遗产还是提高个体基本技能，是促进个体发展还是致力于社会进步，是提高学术水平还是进行社会改良，等等，这些问题常常使我们处于两难抉择的困境。我们仅以社会和学校对待"基本技能"的态度和价值取向的转变为例做进一步的阐明。

19 世纪早期，英国正处于上升阶段的工业主义潮流是，如何将为工人阶级子女提供的"三 R"教学变成必修课。新生的工人阶级必须掌握充分的"三 R"技能才能顺利地完成交给他们的工作。因而，资本家很不情愿地以尽可能少的成本去训练他们。但是，他们有更充分的理由保证对普通民众的教育不要走过了头，对他们不要传播可能引起社会不安定的思想。在美国，20 世纪前三十年兴起了移民潮，教育关注的焦点转向对读写能力的培养。对数以百万计的美国新公民而言，教育还担负着加速他们美国化进程的使命。可是，美国进步主义者担心的是，这样做会把学校拱手交给旧大陆的保守分子，学校会按照企业界仅仅给大批儿童教授"三 R"内容的要求去运作。进步主义者丰富课程内容的做法被讽刺为"绣花边"。但是，对他们自己的子女，那些有特权的人竭尽全力寻找内容更丰富、更和谐的课程。杜威对这种背离民主原则的行径进行了深刻的批判。杜威指出，那些对在大城市改进小学教学努力知之甚少的人并没有看到，对抗进步主义教育的极有可能主要是一些成功的商业界人物。他们吵吵嚷嚷，坚持说"三 R"是小学教育中最本质的唯一的内容时，他们自家孩子学习的正是他们在公众场所叫喊着要别人扔掉的东西。因此，他们将任何不以狭隘的经济利益为目的的丰富课程内容的努力统统斥为"赶时髦"或"绣花边"。我们不妨看一看他们追求的职业及其实质的东西。所谓职业，就是掌握程式化的文字和图表处理技能，只有五、六年级水平的少年就可能成为他们事业中有用的人，至于这些少年离开学校时，是否掌握了自身发展所必需的知识和技能，或者是否怀有使他们子女生活的社会和经济条件比他们更优越的抱负，就不是那些商业界人士所管的事了。美国的社会和学校都有过使用童工和盘剥儿童的经历，回归基础运动实际上是这一痛苦经历的恢复和重视。当人们仔细琢磨主张取消学校以及对学校百般责难的一些人的观点，还有倡导回归基础的这些人开出的简单化的处方时，禁不住感到迷茫：那些故意说学校毫无是处的人，潜意识里是否真正害怕的是丰富的课程内容会为正在成长的一代人提供太多不安分的想法？

今天，教育界的保守人士设计了一种基本技能模式，这在许多小学课程中都有体现，其基本依据是，学生对"三 R"的掌握对他们以后在学术领域的发展具有举足轻重的作用。玛迪莫尔·斯密斯（Mortimer Smith）宣称："在小学教育阶段，学校的任务是给学生提供对他们以后的学习和掌握知识特别重要的表征符号和事实。"进步主义者也认识到了基本技能掌握的重要性，但他们不仅认为这些技能可以为今后的学习做好准备，而且与儿童现在的生活密切相关。他们并不赞同小学教育的功能局限于学生基本的"三 R"技能的掌握上，他们认为小学课程应发挥更广泛的作用，从学生的认知发展到学生个体的社会化，整个过程都应发挥作用。在这样的联系中，学生并不是为了学习基本技能而学习，基本技能在更广阔的生活情境中才能得到提高。因此，进步主义者主张，通过更广泛的，包括社会研究、科学教育、艺术教育、工艺教育以及健康教育等在内的学习活动的课程，帮助学生获得相关的技能和知识。

20 世纪 70 年代，美国开始实施阅读权利方案，基本技能模式由于与穷人子女教育联系起来而重新受到重视。穷人子女教育通过美国教育办公室制定的《阅读权利方案》来实施，要求培养有责任感和具有公民意识的公民，教育结果用标准化的成就测验来评价。这期间，学校将它们得到的相当大一部分联邦基金用来购买程序化的教学材料和硬件、教学辅导书及以技能操练为导向的材料，但最终还是没有出现奇迹。设备、材料、技能操练并不能取代学生家庭、学校以及广阔的社会所提供的学习环境，实际上正是这样的环境激发学生有效地形成概念和发展认知技能。课程的基本技能模式周期性地受到重视，在教育批评的浪潮中起起落落。如在苏联人造卫星上天前几个月，《美国新闻与世界报道》的编辑在头版发表关于"教育发展新趋势"的文章，文中说："美国的公立学校现在重新重视'三 R'。"人造卫星上天三个月后，该报刊登一篇名为"美国的学校究竟怎么了"的文章，敦促仿效苏联的学校，将重点放在数学和科学课程上。十年后，该报发表了一篇文章，把犯罪、暴力和种族骚乱等国家性问题的根源，归结为美国的教育政策过分偏爱学术课程，忽视职业教育。1973 年，该报又一次提出学校是否应给予学术性课程以足够的重视这一问题。1976 年，该报载文呼吁删除课程中的"花边"，重新回到"三 R"，取消社会晋升中的有关条文，加强学校纪律，放弃学校雄心勃勃的社会目标。1978 年，在评价能力测验方案时，该报指出："能力运动的影响是如此之大，以至于一些教育家预言，有一天，全部课程都要以能力为基础。"①

可见，社会作为课程资源和影响课程的因素是值得认真分析的。但是，如果我们不对社会这一课程编制的前提进行检验，将它们束之高阁，社会就会陷入僵化，信仰就会变成教条，想象就会变得呆滞，智慧就会陷入贫乏。同样地，任何课程改革方案如果躺在无人质疑的教条的温床上睡大觉，就有可能会渐渐烂掉。要激励想象，运用智慧防止精神生活陷入贫瘠，要使对真理的追求（或者对社会公平和正义的追求，对自我实现乃至民族复兴的追求）持之以恒，就必须对既定假设质疑，向既有前提挑战，至少应做到足以推动社会前进的水平，而这需要每一位参与课程改革的人奉献其智慧，投入其情感，并以其社会良知为基本规约。

二　作为课程资源的知识

课程是知识的选择，但课程不等于某种确定的知识实体。人类掌握知识的目的是应用知识，也就是将知识应用于广阔的社会情境，这种情境远远超越了学科内容的狭隘界限和专业化的研究范围。在把系统的知识与社会生活联系起来的过程中，学校担负着十分重要的中介角色。因此，学校课程就不能仅仅局限于学科知识或专业化的学科内容上，必须关注在更广泛多样情境中的知识应用及相互关系。

虽然中小学和大学的课程深受各种知识领域的影响，但泰勒可能虑及知识系统化本身的重要性而将学科专家作为确定课程目标的关键资源。多少年来，源于专业化的大学学术领域的学科知识一直被当作解决一般性问题的最有效手段。"无论哪所大学，教学、招聘、提升、同行评议以及行政管理都是按学科组织的。学科在逐代传授知识中起了重大作用，

---

① U. S. News &World Report, "*Competency Tests: New Furor in Schools,*" Vol. 84（February 6, 1978）, p. 49.

因此会在大学里延续下去。它是正式的机构，单凭这一条它就有许多职业利益必须捍卫。每个学科都紧紧守护着自己的领土。有些学者仍然相信，如同奥古斯特·孔德在很久之前相信的那样，每一门科学都必须有它自己独特的研究内容。从教学的观点看，这种说法倒真能站得住。"①然而，从小学到大学，作为课程发展导向的学科课程理论，的确导致了美国20世纪60年代末课程改革的一场危机。人们日益深刻地认识到，要培养学生运用知识解决社会问题的能力，在课程发展中就必须拥有跨学科的意识和视野。尽管学科知识在专业化取向的现代教育中居于核心和决定性的地位，但是中小学甚至大学必须关注一般探究式的以及具有丰富多样内容的教育。

由于学科专家的影响，人们常常把课程当作在学科范围内设计的相互隔离的学科内容的简单相加，课程修订也不过是增加或减少学科门类或学科内容，而没有超越学科的界限。怀特海在谈到这一问题时，曾试图敦促教育工作者彻底根除这种致命的扼杀我们现代课程活力的学科割裂现象。虽然泰勒也已认识到学科分裂这一问题起源于知识的专门化，并呼吁学科专家思考一下"这门学科对不打算进一步深入学习这门课程的学生有什么价值"这一问题，但他设想学科专家能够独自解决这一问题。如果专家们也思考这一问题，并想一下他们的知识怎样才能对解决更广泛的社会问题做出贡献，也许他们愿意并能够找到跨学科的或多学科的解决方案。例如，生态问题中的资源保护并不限于某一学科范围，而要求经济学、政治学、地理学、化学、物理学、工程学和生物学等多学科知识的综合。我们知道，每门学科都挑选某种现象作为它的研究目标，并且都通过最充分的探索来取得初步进展。每门学科之所以能阐明一批变量，恰恰是因为它把其他因素都假设为外部的、边远的和均等的。可是，把一些变量假设为"学科外"而加以排除，未必能导致科学的发展。专业化按其定义便有自我局限性，研究人员有可能和他们本学科的、特别是和"外"学科的另一些相关分支领域失去接触。与此同时，居于主导地位的专家们则着手揭示他们本专业的问题，因为他们对自己的学科领域有较好的了解。由于越来越受到各分支领域之间遗留的一些空白

①　中国社会科学杂志社：《社会科学与公共政策》，社会科学文献出版社，2000，第181页。

的干扰，研究人员又把早先排除在外的那些因素审慎地重新引入。即使如此，客观世界本身之极其错综复杂，既要求把专业化置于首要地位，又要求上述因素的重新组合须以某个范围狭窄的课题为中心，这正是问题解决的棘手之处。如果课程想要满足增强社会功能、增长青少年见识的需要，而不仅仅是培养专家，设计课程就必须考虑同样的问题。坦率地说，没有通才的参与，专家几乎不可能涉猎并解决范围如此广泛的课程问题。

通常，在政府、教育和社会等领域都面临如何对待专家和通才角色的问题。美国参议院政府工作委员会下属的一个研究小组1968年出版了《专家和通才》，其中选用了怀特海的一篇论文写道："另一个不容争论的事实是训练专业人员方法的发现。这些专业人员研究某一特定领域的思想，逐渐地丰富他们各自学科范围内的知识。""但这种做法有潜在的危险，它只是在极其狭窄的范围内生产知识。各种职业都取得进步，但这只是他们圈子内的进步。现在，在思想上局限于某一领域意味着对一系列抽象符号的冥思苦想，这些抽象符号从没有人深切关注的东西中汲取营养。可是，目前还没有人开创出一个足以对人类生活进行全面理解的领域。在现代社会里，中古时期知识阶层的独身主义已为远离具体深入思考完整事实的智力上的独身主义所取代。""这种专业化所产生的危险是巨大的，特别是在我们民主社会里，推理的指导性力量被削弱了，主要的智力失去了平衡。他们往往只看到问题的一面，或仅仅看到另一面，但总不能同时关注两面。……简言之，社会专业化的功能实现得更好了，进展更快了，但是一般化的发展则前景暗淡。专业上的进步仅仅增加了由于协调无力而产生的危险性。""对现代生活的这种批评适应于从任何一个角度出发解释一个社区的含义，用之说明一个国家、一座城市、一个组织、一个家庭或者甚至一个个体的现状也是正确的。"

"智慧是协调发展的果实。正是个体的平衡发展才应作为我们值得为之捍卫的教育目标。""我对我们传统教育方式的意见是，它们几乎完全从事智力分析，沉醉于书面信息的掌握。我的意思是说，我们忽视了强化他们用完整地呈现出来的相互作用的价值观念去具体分析个体行为的习惯，我们仅仅强调抽象出完全忽视多种价值观念相互作用这一现象的公式。""每一个国家都在考虑普通教育和专业教育的平衡问题……我明白，从事实践的教育工作者中有许多人对现在的做法表示不满。而且，改革整个教育制度以满足民主社会需要的问题远远没有得到解决。在我看来，解决问题的秘密并不在于考虑专业知识的完善与不太重要的一般知识的对立，而在于为使专家的智力训练获得全面的充实并保持平衡而补充的内容应根本上与纯粹的分析型知识截然不同。"① 怀特海的这一呼吁对课程的发展有着深刻的含义。在实施这一任务时，普通教育——也就是使自由社会公民共享的发表演说、理解他人及使其明智的能力——不能理解为现有学科知识的混合物。一种新的为了跨学科的学习而关注社会问题解决的框架之建立极为必要，而且这种框架应以良好社会中过着优雅生活的优秀人物之观念为向导。可是，"很久以来，教育的任务就是为一种刻板的职能、固定的情境、一时的生存、一种特殊行业或特定的职位做好准备。教育灌输着属于古旧范畴的传统知识。这种见解至今仍然十分流行。然而，那种想在早年时期一劳永逸地获得终身有用的知识或技能的想法已经过时了。传统教育的这个根本准则正在崩溃。现在不是已经到了寻求完全不同的教育体系的时候了吗？我们要学会生活，学会如何去学习，这样便可以终身吸收新的知识；要学会自由地和批判地思考；学会热爱世界并使这个世界更有人情味；学会在创造过程中并通过创造性工作促进发展"。② 倘若我们认真反思当下的教育并寻求与我们现实生活的内在联系，我们完全可以将教育理解为实现人的优雅生活的基本途径，甚至教育本身就是人的优雅生活的重要内容。因为，倘若一个社会的每一个成员都能做到优雅地生活，这个社会就会真正成为自由、平等、公正、幸福、开放、多元、有序、人道的社会，成为真正个体自主而又整体和谐的社会，成为各尽所能、各得其所、各有所乐的社会。生活在这种社会里，每一个人都能心安理得，都能通过不同的途径实现自我，都能获得自己的幸福，这不恰恰是我们教育的永恒追求吗？

当就普通教育存在的问题发表意见时，教育工作者往往关心的是超

---

① Alfred North Whitehead, "Dangers of Specialization," in *U. S. Senate Committee on Government Operations*, *Specialists and Generalists* (Washington, D. C.: U. S. Government Printing Office, 1968), pp. 47 - 48; originally published in *Science and the Modern World* (New York: Free Press, 1925).

② 联合国教科文组织国际教育发展委员会：《学会生存——教育世界的今天和明天》，上海译文出版社，1979，第108页。

越具体学科范围的宏大课程问题,而与之相反的是,学科专家则常常关心微观课程问题,或者是一些他所研究的学科领域之内的问题。怀特海1925年提出的专业化带来的问题由于专业知识的巨大进展,并由于人们仍然忽视组织和利用这些知识去解决社会普遍问题而变得日趋严重。令人欣慰的是,一些教育工作者包括一些专家已经意识到并着手处理课程分割这一问题。但是,他们在设计与社会生活问题相贯通的课程时,发现这一任务确实需要通才参与才能解决。一位核物理学家指出,20世纪50年代和60年代的学科课程中心的改革,强调纯粹、抽象和割裂,漠视社会问题的解决,具有极大的危险:"一门专业知识在小学阶段的教育太重要了,以至于不能完全留给专业人士,特别是当专业人士本身的发展前景过于狭窄的时候。"他得出结论说:"如果只有学科专家才知道他在说什么,从这方面说,我们应为专业化'祈祷';然而,如果只有学科专家知道他在说什么,那么这时只有通才真正明白为什么他应该站出来说话。"①

　　究竟应该优先考虑哪一种学习?这些学习应该怎样才能相互联系起来?这些学习如何与学习者的生活及社会问题结合起来?课程如何设计才能尽最大可能地为个人成长和社会发展服务?一些教育工作者不愿意在这些问题上花费气力,除非他们受到通才所接受的指导并且能够领悟一些哲学问题的精髓。正如克莱明所指出的:"一些人必须看到课程的整体,并且能够经常专注课程应优先考虑的问题及这些问题的关系。教育不仅仅是一系列的单元、文本、程序的呈现,无论这些内容多么出色。而且,拒绝将课程作为一个整体看待,无疑会将课程降格为校内的政治决议,这些决议的实施无疑是对最基本的哲学原则的捉弄。"② 这些决议又常常引起了对其重要性远远超过专业化学科内容的哲学问题的游戏,因此,这些问题绝不能指望由管理者独自采取课程的组织安排的途径得到妥善的解决。这样说,并不是否定管理者的视野和能力以及对课程研究已有的尊重,但是现实的环境往往使他们或出于现实利益的考虑,或

① Alvin M. Weinberg, *Reflections on Big Science* (Cambridge, Mass.: M. I. T., 1967), pp. 154 – 155, 161.

② Lawrence A. Cremin, *The Genius of American Education* (New York: Random House-Vintage, 1966), p. 58.

迫于既定制度的压力，不得不消弭课程本身脆弱的理性。更何况，课程研究领域仍然处于发展的初期阶段，还有很多问题没有解决，甚至还有很多重要课题仍然是未经开垦的处女地。

曾任联合国教科文组织总干事的费德里科·马约尔曾指出："今天的世界比以往任何时候都需要革新的思想以及行之有效的制定与评估政策的方法。一切革新和假说都意味着某种程度的异端。进步与教条主义难以相容；傲慢无助于事物的转化。没有民主、自由，公众就没有地位，社会就难以维系。让我再重复一遍：有了自由，一切才能有生气，才会成为可能。自由照亮一切事物，首先照亮社会科学。新的思想、政策与评价标准应该建立在高质量的数据资料的基础上，应当以源于社会科学研究、分析与监控的知识为依据。"① 课程改革需要以坚实的课程研究为基础，然而我们在很多课程的根本问题上，目前甚至还没有得到哪怕是稍微可靠一点的结论，甚至连"课程的改进能够提高教育质量"这个很为人们接受的命题，至今为止也没有一个人能够科学地加以证明。如此，管理者对课程理性的鄙视便有了一个可以言明的理由了。所以，我们必须申明的是，课程研究者的社会地位对于决定课程政策和政治影响力是至关重要的。为了创造出对课程理性知识的需要，仅靠课程学科内部组织和学术机构的承认是不够的，课程研究者还需要同政治利益集团以及追求领导权或改造社会的运动结成同盟，至于课程研究者是否以课程理性的丧失或以其社会良知的缺失为代价则需另当别论了。但是，无论如何，一个社会中的任何个体都是社会性的个体，因而具有与公共生活相关并受其影响的需要、习惯和欲望。因此，个体自由地、积极地参与公共生活——既参与社会管理，又保护和实现他的个人自由——与他没有机会参与自我和社会的管理相比，可以使他的经验和自我变得更为丰富、豁达和更有趣味。如果社会提供了更好的机会给更多的课程研究者自由平等地参与课程管理和决策，它就可以向他们提供更为丰富的生活，因而具有更高的优越性。对此，杜威曾直言不讳地指出："只有通过参与共同的智慧，分享共同的目的，为共同的利益而努力，人类个体才能实现他们真正的个性"，"由忠实于与他人关系的行为所形成的自我，与在隔

① 中国社会科学杂志社：《社会科学与公共政策》，社会科学文献出版社，2000，第58页。

离中培育的自我相比，是一种更为完善和广大的自我。"①

一些教育工作者在谈及学校以及社会机构的教育性影响时，建议将学校课程限制在学术研究的圈子里。美国国家高中教育和青年教育研究委员会曾建议，强制性地将全日制学习改为每天 2~4 小时的"学术日"，主要进行"智力教育"，其根据是学校不可能控制校外环境对学生的影响，比如电视对学生的影响。该委员会相信，如果学校放弃参与校外的活动及承担外在强加给学校的责任，高中学校的资源就能够集中在促进学生智能成熟的教育上，因为"基本技能"的获得最适宜直接受"学校训练"。这又如何可能呢？难道儿童及青少年来到学校时只带来了智力，其他的东西统统扔到校外了？

人们期望学校发挥中介作用，将其他社会机构对儿童和青少年的影响联系起来，尽管这样的影响通常是非教育性的、鼓动性的，就如电视上播出的广告一样，更不用说犯罪行为、暴力活动及各种录像带宣传的逃避现实等的影响了。但是，学校课程之所以能够促使人们思考，是因为它来自对学生的校外生活经验的反思与提升，学校教育的效果取决于学校这种中介作用的发挥，这正是学校作为专门的教育机构理应承担的职责。当然，其他的社会机构如博物馆、美术馆、音乐厅也能提供其他的机构不能提供的教育性经验。可是，事实上很大一部分儿童及青少年从来没有去过博物馆、美术馆和音乐厅，这一事实学校绝不可忽视。即使所有的青少年都经常光顾这些地方，学校在把校外的知识资源同校内的课程联系起来这一方面，也应发挥必不可少的中介作用，反之亦然。如果学校想有效地完成其担负的使命，就不能不考虑青少年闲暇时间的利用方式，例如，成功的阅读教学就与学习者在校外为消遣而进行的闲暇阅读有很大关系。

在这里，我们非常赞同赫尔巴特在其《普通教育学》中提出的"思想范围"概念。所谓"思想范围"，就是一个人对自然和社会的认识，以及他内在的思想感情的范围。一个人知道什么，如何去思想，如何去感受，在总体上就决定了这个人是什么样子。赫尔巴特说，青年人的

---

① 〔美〕理查德·舒斯特曼：《哲学实践——实用主义和哲学生活》，彭锋等译，北京大学出版社，2002，第 109、145 页。

"思想范围如何形成，这对于教育者来说就是一切，因为从思维中将产生感受，而从感受中又会产生行动的原则与方式。利用这种连锁反应联想出可以授予学生什么样的一切，在他的心灵中播种下什么样的一切，以及考察如何使它们相互补充，即如何使它们一个接一个地相互衔接起来，如何使它们能够各成为其未来出现的部分支柱，而这一切就为教育者提出了如何处理各种事物的无穷无尽的任务，并给教育者提供了取之不竭的材料"。① 可是，长期以来，人们将课程局限在"知识要素"或者传统的学科范围内，极大地限制和缩小了学生的思想范围，这实质上等于简单化了学校的角色，放弃了学校所担负的职责。不管怎样，学生都会将他们校外的生活经验带到学校里来，这是学校教育的前提和基础。重要的是，如果我们期望学生将校内经验拓展到校外生活中去，就必须重视学校中介作用的发挥。

泰勒将心理学视为教育目标和课程发展的保障，他指出，每一位教师及课程发展者都必须依据某一学习理论去采取行动。问题在于，究竟该用哪一种学习理论？很显然，最容易应用于课程目标、内容结构等课程问题的是行为主义学习理论。因为，这种理论将人类行为简化为条件反射，用相当简单的操作术语就可以对世间万物进行解释和描述。其程序化教学模式利用了所有过时的操作手段带来的便利，采用的系列练习和正确答案的反馈实际上并没有多大效果。发展心理学关于学习者的观点并不精妙，有诸多的不证自明的常识，其在课程发展中的应用并没有多么深厚的基础。为了操作方便而选择一种学习理论是不够的，因为它很可能与人们的学习及社会美好生活的观念相对立。因此，我们应当采用哲学作为分析和判断的基本标准。我们知道，每一心理学流派都可拿出大量的证据证明它们的正确性，在将这些证据应用到学校教育中时就必须仔细鉴别，看其是否与学校的职能相冲突。例如，如果教育工作者将学习的主要功能视为促进学生的全面成长，那么机械心理学的理论显然与学校这种功能的发挥相冲突。

毫无疑问，将心理学作为解决问题的唯一途径必然导致教育过程因

---

① 〔德〕赫尔巴特：《普通教育学·教育学讲授纲要》，李其龙译，人民教育出版社，1989，第 12 页。

迎合心理学的模式而扭曲。虽然心理学是课程发展中必要的知识领域，但是其他的行为科学——如社会学和人类学——同样也很重要。社会学知识和生物学知识可以使我们对社会环境及人体组织有更全面的了解——这些与教育过程不无关系。目前，课程研究领域正吸引着越来越多的研究者，研究者的范围也在不断扩大，除教育理论家和心理学家，哲学家、各学科专家、计算机专家等都卷入课程的研究中来了。他们的参与，使课程理论的建设突破了教育界的狭小圈子，从而为跨学科的合作提供了可能。值得注意的是，专家本身的角色也许就是个矛盾。因为，"知识只会作为个人的知识而存在。所谓整个社会的知识，只是一种比喻而已。"① 所有个人的知识（the knowledge of all the individuals）的确存在，但是以分散的、不完全的，有时甚至是彼此冲突的信念的形式存在个人之间，因此，如何能够做到人人都从此种知识中获益，便成了一个我们必须正视的大问题。实际上，倘若我们从诸学科出发来看，没有一个领域对另一个领域具有优先地位，自然并不比历史优先，反过来，历史也不比自然优先。没有一种对对象的处理方式高于另一种方式。数学认识并不比语文学、历史学的认识更严格。数学认识只具有"精确性"之特征，而这种"精确性"并不就是严格性。向历史学提出精确的要求，就会与精神科学的特殊严格性之观念相抵牾。这就要求每一位专家，在基于个人的知识的前提下必须有超越个人知识的胸怀，探明自己的局限，以便掌握课程研究所需要的维度和方向。正如维特根斯坦所倡导的，"如果因为这太痛苦，一个人不愿意沉思冥想，那么他就愿意保持肤浅"。② 我们不得不承认，一旦超出了专业化的小圈子，专家的思想也很一般，而且常常是最空泛、最没有内容的。

　　今天，面对复杂的课程改革，我们需要的不是一般的课程思想，而是具有概括意义的课程思想。只有具有概括意义的课程思想才能启迪我们建立认识现实课程的战略和艺术。也就是说，具有概括意义的课程思想才可以昭示我们一种方法，在出现不能确定的课程问题和矛盾时，这

---

① 〔英〕哈耶克：《自由秩序原理》（上），邓正来译，生活·读书·新知三联书店，1997，第 22 页。

② 〔美〕理查德·舒斯特曼：《哲学实践——实用主义和哲学生活》，彭锋等译，北京大学出版社，2002，第 45 页。

种方法能与复杂的课程现实联系起来，而不是否认课程现实，停滞不前。可怕的是，我们缺乏真正可以称为课程专家的专家，我们更缺乏探明自我不完美和局限的勇气。

三 作为课程资源的学生

美国学者泰勒认为，教育是改变人的行为方式的过程。这种理解不仅难以将教育过程与一般的宣传或鼓动过程区别开来，更含有教育即机械训练的意味——学生是由他人控制的，按他人构想被塑造的，学生的命运不是掌握在自己手中。虽然泰勒并没有采用行为主义的教育模式，并且极力呼吁应从更广阔的视野来塑造人的行为的观念，但是他对教育的狭隘界定本身就使其与行为主义者的教育观念没有什么明显的分野。斯金纳说："从学生被'教'这一意义上说，学生被引导着从事新的行为，从事在特定情境中的特定活动"，"教仅仅是不可靠的强化活动的一种安排。"① 在杜威看来，教育是经验的改造或重组，教育赋予了经验的意义，也增强了指导经验活动的能力。因此，杜威认为，学生应自由地决定自己的命运而不是服从于不可靠的控制和塑造。这种将学生视为自主思考、有社会责任感的人的认识很接近理想的民主社会的公民模式。显然，教育者对学生性质的认识、关于在理想化的完美社会中过着优雅生活的优秀公民的观念，与确定教育目标、构建课程有着直接的关系。心理学的知识固然重要，但由此并不能推导出我们的哲学及对美好生活的设想，而恰恰是我们头脑中的哲学及对美好生活的设想决定着心理学知识在教育中应用的方向，也决定了我们将学生作为课程资源及影响课程的重要因素的方式。

学生是自主思考、有社会责任感并能够控制其命运的个体，还是受到控制并对外在控制做出控制者预想的反应的有机体？这是两种根本对立的观点。前者以生物学、格式塔和场学习理论以及民主社会的理论为基础；后者来源于行为主义理论。行为主义理论源于对低等生物的实验，也就是说，来自对老鼠、鸽子等动物的实验。斯金纳说："对鸽子行为的成功塑造依赖于适时的强化，而在决定特定时间强化什么行为时，最基

---

① B. F. Skinner, *The Technology of Teaching* (New York: Appleton, 1968), pp. 5, 33, 158.

本的规则是不要让鸽子飞了。"① 行为主义理论在应用于人类学习时，更关注较低级的认知过程，动机受奖惩条件的约束，以此为基础设计的课程是由系列单元组成的程序，关注的主要是可观察可测量的学习结果。杜威指出，那些为人类学习理论寻找支持的人是心理学泛化的牺牲品，他们之所以这么做是因为他们认为低等生物的行为是固定的、可确定的。"他们是流行的对鸟、蜜蜂和海狸研究的牺牲品，这些研究在很大程度上是为伟大的上帝的荣耀而设计的。"② 杜威认为，民主国家的教育目的应当由能使学生对活动结果产生远见的学习活动所决定，而不应由教师决定的一套强加于学生身上的任务所组成，并经由这种任务的实现而达成。"如果学生的每一个行动大概都由教师命令，他的许多行动的唯一顺序来自功课指定和由别人给予指示，要谈什么教育目的，就是废话。在自发的自我表现的名义下，允许学生任性的或不连贯的活动，对教育目的也是致命伤。目的所包含的意思，是指有秩序的、安排好的活动，在这个活动中秩序就是循序地完成一个过程。如果一个活动须经一段时间，在这段时间内，活动逐渐发展，这个活动的目的就是预见终点或可能的结局的能力。如果蜜蜂预见到它们活动的结果，如果它们在想象的预见中看到它们的终点，它们就有了目的的主要成分。因此，那里情况不允许预见结果，不能使人事前注意特定活动的结局，谈什么教育的目的，或者任何其他事业的目的，都是废话。"③ 外部强加的目的限制人的智力，"它们并不表现心智的预见、观察和在几个可能性中选优的过程。这种目的所以限制智力，因为它们是现成的，必须由智力以外的某种权威强加的，留给智力做的事不过是机械地选择手段而已"。④ 而行为主义者则倾向于对学生的控制，选择的是控制性的教育文化，就如斯金纳所说："需要的是更多的，而不是更少的控制，这本身就是一个最重要的设计问题。"⑤ 行为主义教育理论及其实践的直接影响就是日益增加的对教育工程这一术语的使用，以及表现出的基于片面理解的外部强加的行为目标

---

① B. F. Skinner, *The Technology of Teaching* (New York: Appleton, 1968), pp. 5, 33, 158.

② John Dewey, *Human Nature and Conduct* (New York: Holt, 1922), p. 107.

③ 〔美〕约翰·杜威：《民主主义与教育》，王承绪译，人民教育出版社，2001，第112~113页。

④ 〔美〕约翰·杜威：《民主主义与教育》，王承绪译，人民教育出版社，2001，第115页。

⑤ B. F. Skinner, *Beyond Freedom and Dignity* (New York: Knopf, 1971), p. 177.

来设计与控制课程和学生的意图。

与前两种对学生相互冲突的理解不同的第三种观点，是把学生作为一种思维去训练，如认为某些学习如拉丁语、数学和其他古典文科最适合训练人们的思维，而且这样的训练能够迁移到学生可能遇到的任何智力活动中去。这种观点来自精神科学和官能心理学，尽管由于桑代克在20世纪初的研究，已没有太大的影响，但依然有其支持者，特别是在要素主义和永恒主义者那里。霍夫斯坦德（Richard Hofstader）批评倡导进步教育的人是"反智力主义者"，因为实验得到的证据没有证明思维训练和学习迁移不存在。因此，他认为，布鲁纳提出的经常出现的大量的迁移在学生学会如何学习的情况下能够实现的论点并没有过时①。事实上，如果将布鲁纳的"探究发现过程"与杜威的"深入思考过程"进行对比，我们就会发现，布鲁纳的学习局限在成熟的处于学科发展前沿的专家学者的学习方式上，而杜威将深入思考看作超越学科界限的个体—社会问题解决的一个过程。不仅如此，布鲁纳的"智力活动各处都一样"的观点本身就预设了学生不过是成年学生的一个复制品而已。杜威则坚定地相信，儿童就是儿童，儿童的认知风格、兴趣和需要与成年人截然不同。作为指导美国20世纪60年代学科中心课程改革的理论基础，布鲁纳的观点实质上认同了课程发展者以学者和专家为偶像去塑造正在成长的一代人，而完全不顾作为课程目标资源及课程重要影响因素的学生的本质属性的做法。

为了评价学习结果，布鲁纳及其同事付出巨大的努力去研究认知过程，设计了一种系统的评价方法，将认知过程由简单到复杂分为知识、理解、应用、分析、综合和评价，形成了一个"认知分类学"。然而，从真正科学意义上来说，这种分类学并不是一门科学，即使布鲁纳本人和其同事都承认认知水平的确定有些随意，而且在实际的学习情境中逐级实施的可行性也令人怀疑。例如，对学生来说，在对知识进行系统深入分析之前就应用知识，这并不罕见。一个年轻人在决定对电磁学的原理分析之前，就可利用电磁铁做一些事情；一个学生在深入分析蒸汽动力船的工作原理之前，就可以设计一般蒸汽动力模型船。在这两个例子

---

① Richard Hofstadter, *Anti-intellectualism in American Life* (New York: Knopf, 1963), p. 350.

中，原理在被分析之前就付诸了实践。再如，运用语言交流某些独特的思想（关于一首诗的看法），学生可能先进行综合的认知过程，随后才分析其组成部分的结构及其相互关系。当然，分类学可以作为一种有价值的手段，帮助教师设计涉及更大范围的认知学习的教学活动。课堂背诵、学生作业及教师设计的考试应注意的细节及其处理的方法和使用的工具等，在分类学中处于最低层次的认知水平。教师之所以倾向于对较低层次的认知进行教学和测试，是因为他们发现这样的学习材料最容易评价。

在认知分类学中，信息的储存被视为知识的掌握，但学生们经常发现，他们已经背下了一些信息并可复述出来而没有理解它们，也不具备把这些信息应用到具体情境中的能力。杜威发现了这种将信息储存等同于知识掌握的错误。他指出："在今天大多数人看来，知识一词的最显著含义不过是指别人所确定的许多事实和真理；就是在图书馆书架上一排排地图、百科全书、历史、传记、游记、科学论文里面的材料。""这些给人深刻印象的、卷帙浩繁的材料，不知不觉地影响了人们对于知识本身的性质的观念。书中所载的叙述、命题，储藏着积极地对付各种问题所获得的知识，他们把这些叙述和命题自身看作知识。知识的记录本是探索的结果和进一步探索的资源，但是人们不顾知识记录所处的这种地位，把它看作就是知识。人们的心灵成为它先前战胜环境的战利品的俘虏；他们不把这些战利品作为战胜未知事物的武器，却用来固定知识、事实和真理的意义。""把知识和记述信息的命题混为一谈，如果逻辑学家和哲学家们也免不了这种看法，那么，这同一理想几乎已经统治着教学领域，就不足为怪了。"[①]

认知分类学中的各个要素对深思熟虑的问题解决活动至关重要，但是学生从事某种切合分类学中特定类别的活动，并不意味着他正在从事问题解决的活动。因此，在分类学中需要为问题解决增加一些杜威称之为完整的思维活动的项目。当学生进行综合和评价时，创造性活动的贡献是显而易见的；更重要的是，创造性活动并不总是偶然发生的，人类进步也离不开创造，创造应包括在认知分类学之中。概言之，我们需要

① 〔美〕约翰·杜威：《民主主义与教育》，王承绪译，人民教育出版社，2001，第 204 页。

区分资料（信息）与知识，也有必要在分类学中增加问题解决过程和创造性活动。这样，分类学的主要类别可以相应地调整为信息、理解、应用、分析、综合、评价、问题解决和创造。

在现实生活中，情感过程——兴趣、态度、价值观——不可能从认知过程中分割开来。我们知道，科学家的想象力和动机常常给他的研究工作以无穷的力量和明确的指导。科学不同于艺术，而具有献身精神的科学家并不比全心投入艺术的艺术家少，他们大多满腔热忱地从事他们的研究。学生无论解决社会的问题还是解决科学的问题，都不可能说他对收集到的相关资料全部接纳，或者说能发现这些资料赖以形成和选择的偏见，或者说能够凭借直觉就形成假说并对可能的结果进行测试，更不可能说在这一过程中不受他自身兴趣、爱好、判断及价值观的影响。

毫无疑问，我们的思维方式由认知过程和情感过程的有机交互作用决定，而人们常常错误地把这两个过程当作完全分离的活动领域。一位前任美国教育专员曾做如下令人怀疑的区分："教学的认知功能指向获得知识及交流知识，这些知识中既有科学的事实性知识，也有逻辑和数学的严谨关系，既包括具体的资料，也含有一般化了的结构。它也涉及求知、感觉、归纳、演绎、直觉过程所采用的方式及分析问题和一般化的技巧。它还涉及感官瞬间感知物体的过程及智力借以形成和更新思想的抽象过程。""教学的情感功能属于现实生活——属于情感、激情、气质、动机、道德感、得到别人的关心、友谊或公正、同情、移情及判断。"① 这无疑对学生进行了双重人格的描述，现代行为科学并没有发现学生身上这种分割的证据。与其说是情感功能而不是认知功能从属于现实的生活，还不如说现实生活的唯一统治者就是我们的求知方式。试想，如果我们面对的是没有求知方式的现实生活，人类的进步何以可能？正如杜威所指出的："用来培养抽象思维能力而弱化对实际及具体问题进行思考的方法，与不计实际后果地培养计划、发明、安排、预测能力从而使人不能从思考中获得乐趣的方法，同样地离我们的教育目的越走越远。"② 而且，一个人可以知道各种不同的思想并不能保证他成为一名

---

① Sterling M. McMurrin, "What Tasks for Schools?" *Saturday Review*, Vol. 49（January14, 1967）, p. 41.

② John Dewey, *How We Think*（Lexington, Mass.：Heath, 1933）, p. 228.

杰出的思想家，深刻的思想取决于个体的态度、价值观以及自我完善的动机。

克拉斯沃尔、布卢姆和玛西亚为了评价学习结果，确认了情感过程并对之进行分类。起初，他们认识到，学生进行思考时并不能排除情感影响，并且"每一个人是作为一个'完整的有机体'或'整体'做出反应的"。① 克拉斯沃尔、布卢姆、玛西亚在研究中发现，虽然阐述教育目标的文本都包括情感和认知目标，但是教师在评价情感方面所做出的努力与他们对认知目标的关注相去甚远。情感目标分类学的创立者小心翼翼地指出，他们的努力"只是触及毫无疑问相当复杂的认知和情感关系的表层"。"每一情感行为都伴随着认知行为，反之亦然。"② 因此，无论一名教师在培养学生对古典文学作品或科学现象的分析能力方面取得多大的成功，如果教学结束后，学生一点也不喜欢这些内容，那么整个教育过程就不能说是成功的；同样，一名学生由于他或她的经验活动，可能最终形成某种价值观，但是如果在实践这种价值观的过程中，这名学生有意回避与他或她的看法不一致的人的观点，那么他或她的实践无论怎样"正义"，都是教条而不是理性的产物。

在确定教育目标、评价学习结果时，过分地具体化会导致不适当地注重较低水平的认知，同时也隐含着这样一种假象，即学生只能获得教师为他们确定为目标的那些东西。可是，某些意料之外的附属学习的重要性远远超过我们所设定的目标。杜威认为，我们设想学生在校内已掌握并据以评价学生的大部分知识和技术性的内容，最终会被学生遗忘，如果他或她想发展智力，就不得不再学习一遍。附属学习或许对个人的未来发展能提供更有说服力的解释，因为这样的学习包含指向学习内容和学习本身的态度，决定一个人是否愿意继续从事某种学习活动。遗憾的是，程序化的教学和狭隘的行为目标使附属学习产生的可能性很小，对量化目标的唯一追求也为重要的多质的学习结果产生设立了屏障。教师可以发现，学生对他们感兴趣的内容追求的广深度远远超过了对计划

---

① David R. Krathwohl, Benjamin S. Bloom, and Bertram B. Masia, *Taxonomy of Educational Objectives*, *Handbook II*：*Affective Domain*（New York：McKay 1964），p. 7.

② David R. Krathwohl, Benjamin S. Bloom, and Bertram B. Masia, *Taxonomy of Educational Objectives*, *Handbook II*：*Affective Domain*（New York：McKay 1964），p. 62.

好之后呈现给他们的特定的材料，除非教师为这种附属学习的深入探究提供帮助，否则他们自我学习的动力就会消失。与狭隘的具体行为目标和结果相联系的另一个问题是人们常常忽视这样一个事实，即生活中最有意义的学习是通过富有成效的错误来进行的。可是，在现实的学校情境中，学生作业出错常常就意味着受到惩罚，而不是被视为学生进行有效学习的机遇。记忆正确答案，在考试中再写出来，这种做法几乎不可能使学生产生继续学习的愿望和培养他们的能力。反之，如果我们允许学生出错，通过错误学习，鼓励他们探索有意义的问题，就有可能使他们胜任解决未来工作面临的问题和任务。

作为冷战期间国家安全危机状况的反应，追求学术优秀曾成为美国压倒一切的教育目标。国家学科中心的课程规划倾向于重视认知学习，忽视情感过程。片面的反应往往为对立的反应所取代，最终对立的反应同样片面地要求课程与生活的相关及学校的人性化。具有讽刺意味的是，积极倡导进行学术性活动的人又转而建议设计以情感过程为主线的人文主义课程。如福特基金会提交的报告《走向人文主义教育：情感课程》，建议彻底地扭转流行的以认知为重点的方向。[①] 物极必反，用情感过程作为重点取代狭窄的以认知为基础的课程，这种办法潜伏着导致新的不平衡的危险，这与传统的课程把知识当作僵化的准备好的学科内容强加到学生身上一样，片面地强调情感过程同样会使学生丧失学习能力。

除了神经病学家、心理学家、生理学家，几乎没有人进行系统调查，以确定各种教育计划怎样设计才能有效地促进儿童、青少年心理过程的有效发展。在这方面，最系统进行研究的领域是体育、卫生和舞蹈，随之产生了人体运动学或者说开始了对人类运动的研究。近些年来，涉及复杂操作技能学习的工业教育界日益关注心理运动过程。

我们知道，皮亚杰的工作指向婴幼儿抓握物体的经验与概念和智力发展的关系。虽然大多数心理运动过程在人的机体内展开，并在自然条件下自然地发展，但仍有必要在自然发展的基础上，形成更为复杂的技能以有效地完成生活中从游泳到诸如打字、操作机器的任务，这无法脱

---

① Gerald Weinstein and Mario D. Fantini, eds., *Toward Humanistic Education: A Curriculum of Affect* (New York: Praeger, 1970), p. 31.

离认知和情感过程而独自进行。例如，一个人关注书法学习，学习摩尔斯代码的发送和接收，提高游泳水平，愿意学习一种新的艺术技巧，进行工业领域中的某些操作活动，在现代舞蹈中改进表达性及解释性运动，或者学习外科手术等，这些都与认知和情感过程交融在一起。皮亚杰力图探明儿童和成人在认知过程中有质的差异，将儿童的智力经由与儿童成熟相联系的质的发展的变化过程理论化。在这种联系中，皮亚杰确认了四个发展阶段，前一阶段是后一阶段智力发展的必要条件，这些阶段之间虽有一些重叠，但并不能超越某一阶段，也不能缩短某一阶段。皮亚杰指出，传统教育之所以失败是由于把儿童像小成年人一样对待，似乎他们和我们成年人一样地感受和推理，只不过缺少我们的知识和经验而已，并且这种目光中的孩子不过是一个无知的成人而已，教育工作者的任务与其说是帮助他们学会思想，还不如说是往学生头里塞东西，来自外界的学科内容当作练习本身就足够了。皮亚杰常被人们引用的一句话是："我永远不会搞清布鲁纳的理论，我想他也不理解我的想法。"[1]早在1899年，杜威警告说，儿童不能从事技术性的科学探究："对可爱的儿童来说，实验科学和在木工房里做木活没有什么区别。""他们做物理和化学实验，并不是为了推广技术，或者获得抽象的真理。儿童仅仅只想做，并通过观察去看看会发生什么事。"后来，杜威提出了儿童智力发展三阶段的看法。第一阶段在儿童早期，儿童表现出好奇，在这一阶段，他们的好奇心引导他们认知万物，使用某些物体，直到它们对儿童来说没有什么新鲜的地方，但这时的好奇心与深入思考并不是一回事。第二阶段在儿童与社会相互作用中发生，儿童明白他们能从别人那里学到东西，但在这一阶段，儿童纯真的"为什么"并不要求得到技术的或科学的阐述，主要想得到更多、更充分的事实或看法，当然也不是信息或不相干事实的简单堆积。在第三阶段，儿童已不仅仅满足于获得自己提出的问题的简单、直接的答案，而是通过深入思考，探索更深入的内在关系。这时，"一个遥远的目的控制了一系列的探究和观察并且像手段和目的一样紧紧联系在一起"。

　　既然儿童的智力发展不会在任何条件下都是和谐的，我们就必须考

---

[1]　*The New York Times*（October19，1972），p. 49.

虑儿童所处的发展阶段，从而在学校和家庭中为儿童提供适当的环境条件。学校和家庭环境的差别将导致儿童每一发展阶段及后继阶段行为的质的不同。不激发青少年进行大胆的假想思考所犯的错误并不比把这种思考方式强加到儿童头上所犯的错误轻微。对儿童来说，一些涉及制作的小组活动对概念的形成、激发尝试的冲动以及培养社会合作的能力是相当有价值的。皮亚杰注意到了这种合作在学生智力发展及为其深入思考奠定基础方面所扮演的至关重要的角色。他指出，"正是这种合作能最大限度地鼓励学生真正地交流思想，讨论问题，形成批判性的思维能力，促使发散性思维能力得到提高，取代了'对外部约束的服从'"。这些活动中的合作和自律是"行为中的道德，恰如'积极的'工作在智力中的作用一样"。① 因此，各个发展阶段的儿童和青少年都需要一位敏感的教师巧妙地为他们设计和组织适宜的学习环境，并挑选和安排合适的课程内容。

在一般教育著述中，学生的"需要"常被当作课程目标，如20世纪中期，美国教育政策委员会提出"青年人的十大基本需要"，指出在选择学科内容及学习经验时要考虑这些"需要"。但是，在使用"需要"这个术语以及课程在多大程度上以学生的需要为基础这个问题上，一直存在着极大的混乱和争议。多少年来，教育心理学家就"需要"进行了很多不同的论述，大致可以分为以下几类：生理需要——身体健康，社会需要——归属感、安全感、权力和地位，自我整合的需要——自尊、自主、自我实现及整个的人格整合。赫尔维斯特（Robert J. Havighurst）试图把"需要"转变为生活的发展性任务即生物—社会—心理的任务，他将发展性任务定义为"在个体生活特定阶段产生的或关于个体生活特定阶段的任务，该任务的成功完成可使个体幸福并可在随后的任务中获得成功；反之，该任务的失败使个体不能得到幸福，不为社会认同，而且在随后的任务中面临困难"。② 这种努力是有积极意义的。例如，在许多穷人家庭里，没有充分地为儿童完成早期的"形成概念，学习语言以描述社会、身体实际状况"及"为阅读做好准备"的任务提供条件，结

---

① Jean Piaget, *Science of Education and the Psychology of the Child* (New York: Orion, 1970), p. 180.

② Robert J. Havighurst, *Developmental Tasks and Education* (New York: McKay, 1972), p. 2.

果给学生和教师造成许多特别的麻烦。一个不能得到为职业做准备的有效指导的青年人常常不能找到有报酬的工作，而且在完成其他的发展性任务时也会陷入困境，如情感上独立于父母及其他成年人，与同龄两性伙伴建立更成熟的关系，获得男性或女性角色认同，为婚姻家庭生活做好准备，形成指引行为的一系列价值观和道德系统，成为社会上负责任的行为主体等。康南特在1961年调查主要城市中大部分高中职业课程开设不足及中途退学的大部分男孩子的失业情况时，将这一情况称为"社会的炸药"①。1968年，美国国内骚乱调查委员会对一些传染性的城市暴乱造成的混乱进行了调查，之后在发表的报告中指出，大部分的暴徒是青少年，建议将高中只有一小部分青少年接受的职业培训大力扩展和加强。在随后发表的报告中，反复强调了用实际的工作经历将教育与工作联系起来对青少年发展的重要性。然而，这些报告对于确保这些工作经验在最完全的意义上具有教育性的原则给予了较少的关注②。当青少年不能得到形成对社会负责的行为的有效指导时，就容易产生社会不愿看到的他们的不负责任的行为。今天，人们逐渐认识到大学在为大学生生活中发展性任务的实现里发挥的社会化及职业教育的作用。可是，对青少年中的大多数人来说，他们进不了大学，高中就成了为这些青少年生活任务的实现奠定基础的关键社会组织，必须进行更系统的工作去设计高中课程以促使他们完成为生活的成功奠定基础的生物—社会—心理的任务。

　　我们一直坚持各种认知的、情感的及生物的和社会的发展过程十分必要且相互依存。创新活动事实上是认知、情感和其他生物—社会—心理的过程的总汇。相应地，价值系统不仅有机地与道德发展联系在一起，而且该系统必须经由对知识和经验的不断评价才能发展完善起来，如果说这个系统不是以偏见和一时的冲动为基础，而是以理性为基础建立的话。因而，人类有机体不能被视作一套机械装置，而是通过经验的重构不断成长的。研究发现，情感和成长之间的联系不是紧密的，这为情感和认知过程有机联系的观点提供了支持。在大多数学校的环境中，认知行为

① James B. Conant, *Slums and Suburbs* (New York: McGraw-Hill, 1961), p. 2.
② *Report of National Commission on Civil Disorder* (Washington, D. C.: U. S. Government Printing Office, 1968), p. 74.

和情感特征相对紧密的联系说明，教学中必须考虑哪些材料对获得满意的认知结果和积极的情感特征是必需的。学校要发挥促进学生成长的功能，就必须考虑各个任务和过程中的有机依存关系。如果年龄较大的儿童和青少年不能获得对社会问题进行假设性思考的真正实践经验，又不能在行动中测试他们的思想，那么他们的认知发展还有情感以及其他生物—社会—心理发展都会受到阻碍。不考虑道德问题单纯进行的生物、文学、历史、社会、作文或戏剧学习，无疑剥夺了自由社会中教育的真正使命。

　　长期以来，人们总是企图用道德说教和强迫命令给儿童和青少年注入美德，涉及的范围从服从任命的权威到游戏中的诚实和公正。就美德和恶行而言，这种文字上的道德教化对儿童道德品行几乎没有什么影响，而且把道德看作离开知识和成熟而存在的东西，从而在道德与智力之间制造了二元对立。难道真正有智慧的人没有审美意识吗？难道他们以封闭的心态处世或对他人的感情、思想迟钝吗？如果我们仅仅把智力理解为掌握很多的技术性知识或者显示突出的智力测验成绩，那么我们就很容易将道德看作超越智力的东西。倘若我们将智力和知识有机地与行为联系在一起的话，那么智力和知识就会把个人成长与社会进步联系起来。我们坚信，没有知识指引和塑造的道德最终会沦为一句口号。杜威指出："道德知识常常被认为是与意识不相干的东西，良心则是和意识根本不相同的。这种区分如果正确，对教育就有特殊意义。如果我们把发展性格作为最高目的，同时又把必然占学校主要时间的获得知识和发展理解力看作和性格无关，那么学校的道德教育就没有希望。在这样的基础上，道德教育不可避免地成为一种教义问答的教学，或者成为'关于道德'的课。所谓'关于道德'的课当然就是别人有关德行和义务的想法的课。"① 如果把学校里的科目仅仅看作局限于学校范围内的科目，掌握这些知识就只有专门的价值。在认识这些科目的社会意义的条件下掌握这些知识，它们就会增加道德兴趣和发展道德卓识。杜威进一步指出，"威胁着学校工作的巨大的危险，是缺乏养成渗透一切的社会精神的条件；这是有效的道德训练的大敌。因为只有具备一定的条件，这种精神才能

---

　　① 〔美〕约翰·杜威：《民主主义与教育》，王承绪译，人民教育出版社，2001，第372页。

主动地出现"。① 他坚持说："一切能发展有效地参与社会生活的能力的教育，都是道德的教育。这种教育塑造一种性格，不但能从事社会所必需的特定的行为，而且对生长所必需的继续不断的重新适应感到兴趣。对于从生活的一切接触中学习感到兴趣，就是根本的道德兴趣。"②

人们付出巨大的努力系统地审视作为发展的或成长过程的道德行为。科尔伯格发展了一个系统的规划，确认了道德发展的三个水平六个阶段。科尔伯格认为"有一个与认知任务中的智力因素很相似的一般的道德判断成熟这一因素"。③ 在前习俗水平，儿童服从权威要么是为了避免惩罚或得到奖励，要么是为了使他或她自己感到满意。在习俗水平，个体的行动符合规范主要是为了得到别人的赞许或者避免别人的不赞许，并且去"做自己该做的事"以维持现存的社会秩序。在后习俗水平，个体的道德导向从道德公约（其中包括尊重别人的权利）转向选择和良知，他们以一般的道德原则为基础，如正义、互惠、人权平等、尊重别人等。科尔伯格报告说，他在初中学生中进行的实验研究表明，处于各个道德阶段的学生如果由教师设置道德冲突的情境进行检查的话，那么有相当一部分学生的道德发展水平将超出他的道德发展规划中所列出的那个水平。然而，科尔伯格承认，这样的发展过程并不是用一些特别设计的课文就可以实现，而是要求正义弥漫和充盈着整个学校。

从世界范围看，当今社会混乱、道德沦丧、官僚腐败等问题的日益严重，使道德教育再次成为关注的焦点。但是，除非道德教育与行动联系起来并且以理性的原则为指导，否则道德教育将不可避免地沦为长篇说教和道德灌输。传统上，道德教育都与维持稳定的社会秩序联系在一起，但是，如果教育要关注机会平等、人权平等及人的尊严等民主理想的话，就必须抓住当前社会现存的不平等、不公平的问题，以普通人的受苦和人权丧失来维持的特权行为就必须受到质疑和审查，社会的理想就必须受到社会现实的考验。只有理性的力量无处不在，才有可能的社会进步，学校是给予正在成长的一代人以理性力量的最主要机构。

① 〔美〕约翰·杜威：《民主主义与教育》，王承绪译，人民教育出版社，2001，第376页。

② 〔美〕约翰·杜威：《民主主义与教育》，王承绪译，人民教育出版社，2001，第379页。

③ Lawrence Kohlberg, "Education for Justice," in *Moral Education* (Cambridge, Mass.: Harvard U. P., 1970), pp. 71 - 72.

第四章　师生关系的建设

新中国成立七十多年来，我国的师生关系研究经历了从民主平等型师生关系、师生客体关系、师生矛盾冲突关系到和谐师生关系的主题变迁，学者对师生关系的研究呈现经验分析、理论演绎与理性建构等不同范式。综合分析师生关系的研究可以发现，理论的繁荣背后暗含着文化的杂糅，而文化的杂糅又引发了实践中的多元取向与莫衷一是。未来的师生关系研究需要弥补宏大理论与抽象经验主义的不足，开启社会环境和空间结构中师生关系研究的序幕，为此，需要加强对师生关系变迁的历史考察，开展对师生关系发展的生态学分析，重视对师生关系多样性的质性研究。走出师生关系研究的迷误，直面现实的教学世界，我们发现不是师生关系决定着教学活动，恰恰相反，是教学活动决定着师生关系，尽管师生关系影响着教学活动的质量和水平。因此，我们不能期望以某种通过学科比附得来的关系模式去指导和规范教学活动，教师也不是以预定的师生关系模式来开展教学活动的。如果我们想改变师生关系的不尽如人意之处，建立良好的师生关系，首先就应该从反思和改造我们自身当下的教学活动及其方式开始。如果承认教师应当在教学活动中起主导作用，那么教学活动良好与否，包括师生关系良好与否的关键就是教师是否在教学活动中真正做到真诚、真实与正当。真诚、真实与正当是教师的精神状态和境界，也是教师的修习过程。教师的修习不应超越教学活动，而应通过或在教学活动过程中进行。教师的修习必然受到教学制度的影响和制约，超越教学制度的教师修习是不现实的。当前，我们迫切需要强化教学制度的规约，使教师的教学活动及因之产生的师生关系得到教学制度的伦理关怀。

一　师生关系研究的透视

新中国成立七十多年来的教学发展史也是教学中主体关系变革的历史，因为教学改革不仅意味着教学模式与制度的变迁，而且关涉教学世界中的人的关系的变革，当然，主要是师生关系的变革。教学中的师生关系问题吸引了众多学者的关注和讨论，取得了许多重要研究成果。这些研究围绕着不同的研究主题，采取了不同的研究范式，既深刻反映了教学实践中师生关系的现实状况，也以理论思维的超前性发挥着对教学现实的反思和导向功能。

（一）　师生关系研究的主题变迁

师生关系的研究是我国教育学者持续关注的重要领域。同一时代的学者由于生活环境和社会背景的相似，在研究过程中往往选择基本接近的研究主题，从而使不同时代的研究表现出相对明显的差异。新中国成立七十多年来的师生关系研究随着历史的推进表现出主题的分层与变迁。通过师生关系研究主题的历时性考察，可以反映不同时代学者的思想脉络。

1. 民主平等型师生关系的探究

新中国成立之初的社会结构和经济体制是在吸收旧的社会传统并借鉴苏联模式的基础上建立的。彼时的社会意识层面还缺少社会民主与个人主体观念，从旧社会沿袭下来的人性观还发挥着一定的影响，人更多地被看作政治化和组织化的劳动者。教师被看作旧社会中服务于统治阶级的阶级斗争工具，他们的思想和观念都不同程度地表现出旧社会的印记；而社会主义新中国迫切需要"又红又专的人民教师"来完成培养全面发展的劳动者的历史使命。因此，新中国成立之初的师生关系研究着力批判传统的封建性的师道尊严观念，认为那是维护和巩固封建统治的手段。甚至在"文化大革命"期间将师道尊严看作专制型、等级制、不平等师生关系的典型代表，引发了学校环境中师生地位的倒转甚至师生之间的批斗。而为了破除师道尊严观念，学者认为，教师需要不断改造自己，青年学生也应该帮助教师批判资产阶级学术思想和个人主义思想。① 也有学者对新中国成立后师生关系的发展进行了肯定，认为经过十年左右的不懈努力，"旧的封建的资产阶级的师生关系基本破除，而新的民主平等的师生关系正在建立"，倡导在巩固和发展新的师生关系的过

---

① 王威宣：《建立民主平等的师生关系》，《理论与实践》1959 年第 4 期。

程中继续破除旧的师生关系。① 学者普遍倡导师生关系的发展应该从等级森严走向民主平等。在"文化大革命"结束以后，出现了一系列为"师道尊严"正名的学术研究，认为"师道尊严"只是反映了教师和学生等级上的差异，这种差异不应该被当成阶级差异，被用作制造阶级对立的借口，师生关系应该被看作革命的同志式的关系，应该建立民主平等、尊师爱生的社会氛围。

为了实现师生关系领域破旧立新的目标，使新型师生关系在教育领域真正建立起来，学者提出了一系列可操作的策略和建议。新型师生关系是建立在老解放区民主传统的基础上的，要避免"教师中心论"和"儿童中心论"等极端思想，也要批判地继承历史上师生关系方面的优秀遗产。于是，为了防止师生关系中"左"或右的倾向，有学者认为应该坚持政治上的平等、管理上的民主以及教学工作中的群众路线，对教师进行党的知识分子政策的教育，总结推广教学、科学研究、生产劳动等师生合作的先进经验。② 师生之间可以为了追求真理而互相争鸣，实现教学相长；教师应该热爱学生、关心学生，激发他们"为攻克文化堡垒而孜孜不倦的进取精神"；学生也应该尊敬老师，尊重老师又红又专的品格和诲人不倦的辛勤劳动。③

总之，新中国成立初期的师生关系研究具有极强的政治色彩，研究者很难逃脱用阶级的观点、历史的观点来看待师生关系的思维方式。民主平等型师生关系的提出是为了肃清旧社会遗留的封建主义以及资本主义的思想，是我党争取一切爱国知识分子为人民服务政策的体现。

2. 师生主客体关系研究的深入

经过新中国成立之初的师生关系建设，教育领域在改革开放前后基本肃清了陈旧落后的师生观念，进一步确立了教师作为"人类灵魂的工程师"的社会地位，教师开始成为促进社会主义教育事业发展的中坚力量，积极地开展教育教学工作。改革开放后的政治与经济关系调整，带

---

① 宋兰舟：《建立民主平等的师生关系》，《上海师范学院学报》（哲学社会科学版）1959年第1期。

② 宋兰舟：《建立民主平等的师生关系》，《上海师范学院学报》（哲学社会科学版）1959年第1期。

③ 上海师范学院教育学教研室：《关于人民教师问题的研究》，《上海师范学院学报》（哲学社会科学版）1959年第5期。

来了人的思想的解放，人们长期被压抑的主体性要求被充分释放，自主
意识大为增强，教师和学生作为教育主体的价值追求也开始不断彰显。
因此，这一阶段的师生关系研究主要集中于如何进一步发挥教师的主导
作用，促进学生知识与能力的全面发展，而马克思主义认识论关于主客
体之间相互作用的阐释，对师生关系的研究产生了重要影响。

　　教师和学生之间的主客体关系之争起源于于光远对"教育科学体
系"的探究。他认为，教育是发生于教育者、受教育者和客观环境三种
因素之间的认识现象，三者之中，教育者是第一主体，受教育者既是认
识论上的主体，又是教育者施加影响的对象。① 其后，作者明确地提出
《教育认识现象学中的"三体"问题》，认为教育是一种特殊的认识现
象，教育者和受教育者相对于环境都是认识的主体，而教育者和受教育
者在特定的认识环节中又互为主客体，因此，对教育过程来说，需要突
破一般认识论的框架，将"二体"关系转化为教育者、受教育者与环境
之间的"三体"关系。② 此文可谓掀起了师生主客体关系研究的热潮，
此后，一系列观点不一、各有侧重的学术成果纷纷登场。

　　顾明远先生提出了"学生主体论"，他认为学生不是被动接受教育，
而是具有主观能动性，一切教育影响都要通过学生自身的活动才能被接
受；教师的职责就在于激发学生的主观能动性，使他们更好地接受教师
施加的教育影响。③ 后来，他又从哲学的角度驳斥了"三体说"，认为教
育过程如同所有的认识过程一样，只存在主客二体，对于客观世界而言，
师生同为主体，而对于师生个体而言，则互为主客体。④ 以邓士喆、马
健生为代表的一批学者则坚持"教师主体论"观点，认为教师在教学活
动中可以按照自己的意见、意识开展活动，而学生是教学的对象，是教
育的客体，教学实践被看作教师主体和学生客体之间的双向对象化过程，

---

①　于光远：《关于教育科学体系问题——在全国教育科学规划会议上的讲话》，《教育研
　　究》1979 年第 3 期。

②　于光远：《教育认识现象学中的"三体问题"》，《中国社会科学》1980 年第 3 期。

③　顾明远：《学生既是教育的客体，又是教育的主体》，《江苏教育》（小学版）1981 年第
　　10 期。

④　顾明远：《再论教师的主导作用和学生的主体作用的辩证关系》，《华东师范大学学报》
　　（教育科学版）1991 年第 2 期。

也就是客体主体化和主体客体化的辩证统一过程。① 以冯向东、庞学光等为代表的学者提出了"双主体论"，认为教学过程中师生同为主体，合作并存。② 此外，还有和学新教授从教学的不同层次对师生主客体地位的论证③，陈佑清教授从教育本体活动的角度对师生主客体双向对象化的探讨④，都有重要的理论价值。

师生主客体关系研究的热潮自改革开放开始，一直延续到今天，最集中的争论发生在 1980 ~ 2000 年。学者们以马列哲学为指导，在师生孰为主体孰为客体的问题上极尽理论思辨之能事，从不同的角度、不同的深度上拓展了师生关系研究的范畴，取得了重要的研究成果。然而，教育理论的研究最终是为了指导实践的，在现实的教学过程中，如何真正地激发各方主体的作用，促使教学过程积极主动地进行，应该是该领域持续关注的重要论题。

3. 师生交往中矛盾冲突的反思

师生主客体关系的探讨有效推进了教育的民主化进程，改变了我国传统的以教师为中心的教学方式，使得学生的个性与主体性在教育领域日益受到重视。而 20 世纪 90 年代前后，后现代文化在教育领域的渗透更直接地引发了师生观的变革，教师作为"平等中的首席"的观念已经深入人心，学生在思想观念上变得更加自主而自由。如此一来，现实的教学世界已经不仅仅是一个教书育人、传递知识与思想的世界，还是一个主体之间对话与交流、探究与成长的开放空间。在师生的交往中，互动与对话并存，矛盾与冲突共生，这样的现象引起了教育研究者的关注。叶澜教授提出了教育的交往起源说，直接引发了师生交往研究的热潮，全国教学论专业委员会于 1998 年 5 月围绕教学交往问题进行了专门的学术讨论。

---

① 参见邓士喆《对于教学主体的思考——兼评〈论教学过程中教与学的矛盾运动〉》，《教育理论与实践》1987 年第 3 期；马健生等《论教学实践观：兼评"主导主体说"》，《教育科学》1995 年第 3 期。

② 参见冯向东《论教师在教学中的主体地位》，《高等教育研究》1987 年第 1 期；庞学光《对"教为主导 学为主体"论的哲学思考》，《高等教育研究》1988 年第 4 期。

③ 和学新：《教学主客体关系的层次分析》，《上海教育科研》1998 年第 1 期。

④ 陈佑清：《论教育活动的交往—对象性活动结构——兼与教育"交往论"者商榷》，《教育研究与实验》2001 年第 3 期。

　　教学交往是师生交往的最重要组成部分，大部分对师生交往的研究是以教学交往为切入点。张广君直接将教学的本质落脚于师生交往层面，认为教学就是专门组织的、以特定文化价值体系为中介，以人与文化的双重建构为核心，以完成预定任务为目的的师生交往活动。① 陈旭远等人也将教学交往确定为以有意义的语言为中介的教师和学生之间的相互影响和相互促进活动。② 基于交往在教学中的价值和意义的重视，有学者借鉴德国的 K. 沙勒与 K. H. 舍费尔提出的交往教学思想，开展了本土化的交往教学论探究。交往教学论把教学活动看作师生的多种形式的交往活动，是教学过程、交往过程和师生的整体生命活动的统一，是教师和学生现实生命的具体展开与创造的时间、空间和过程。③ 还有学者研究了交往模式、交往风格对教学或学生的影响，开展了交往教学模式与学生主体性发展关系的研究④，对教师教学交往风格与交往有效性的关系进行了论证⑤。

　　师生交往是发生于学校文化场域中的，教师和学生都带着自身的文化特征参与学校教学生活，在主体意识的呈现与个性化观念的表达中，冲突必然发生。很多学者从文化哲学或文化社会学的视角，开展了对师生交往与冲突的研究。吴康宁教授将师生课堂冲突归结为一种文化冲突，认为其存在原因是教师规范文化和学生非规范文化的差异，冲突的消除可以从课堂文化的选择入手，经历以教师为主导的价值性文化整合，实现课堂文化的生成。⑥ 肖川教授在研究师生行为模式的基础上，提出建立理想的师生关系的原则和现实途径，主张用对话、交往的内在精神来改造、重建师生关系；⑦ 他还对高质量师生交往的特征做了分析，将主体

① 张广君：《本体论视野中的教学与交往》，《教育研究》2000 年第 8 期。
② 刘冬岩、陈旭远：《对话与理解：师生交往语言意义的追寻》，《东北师大学报》2003年第 2 期。
③ 田汉族：《交往教学论》，湖南师范大学出版社，2002，第 18 页。
④ 辛继湘：《论交往教学模式与学生主体性发展》，《湖南师范大学社会科学学报》1999年第 6 期。
⑤ 陈旭远、张捷：《教师教学交往风格与教学交往的有效性》，《东北师大学报》2000 年第 1 期。
⑥ 吴康宁：《课堂教学社会学》，南京师范大学出版社，1999，第 129～156 页。
⑦ 肖川：《文化生态视域中的师生关系》，《高等师范教育研究》1999 年第 4 期。

活动、理解差异、接纳他人、敞开自我看作保证交往质量的必要条件。①

师生冲突在现代教学中具有非常广泛的存在性，甚至有愈演愈烈的趋势。这一方面是由于现代社会价值多元对师生思想观念的冲击，另一方面也来源于师生思维表达、行为方式等方面的个性差异。学者致力于从文化哲学、伦理学、社会学等领域寻找解决师生冲突的理论工具，或者将师生交往看作一种文化现象，将基于文化的批判与反思看作建构良好师生关系的途径，②或者从伦理学的视角切入，认为全球化、信息化时代影响了人的价值观的变化，促使教学的伦理关系也发生了质的改变，教师和学生从传统社会的"类血缘型"关系变成了现代社会的"路人偶遇型"伦理关系；为了有效化解冲突，师生在交往过程中就需要达成底线伦理共识，确保在尊重、人道、自由和法治等人伦原则下开展教学活动。③还有学者站在功能论社会学的视角，将教育共识的断裂看作师生冲突的诱导因素，认为师生的教育共识是在日常互动中形成的，为促进教育共识的形成，需要公共领域的存在，需要师生以平等的身份和理性的精神参与教育共识的讨论。④

教学交往必然以教师和学生之间的主体间关系为基础，只有尊重其他主体的主动性和自主性，教学交往才能实现理解对话、观念碰撞、视域融合的目标，而师生冲突造成的影响在日常教学中随处可见，我们所能达成的理想目标就是有效提升其正面作用，杜绝其负面影响。如此，我们就需要研究如何在保障双方主体自由的前提下，提升交往的理性程度。我们必须确保师生的交往自由是一种理性自由，而不是依从自我感情的任性自由，这样才能有效地降低师生冲突的危害，杜绝其不良影响。

4. 新时代和谐师生关系的建构

理想师生关系的建构一直是教学论工作者追求的目标。王本陆教授曾经从业务关系、伦理关系、情感关系等不同层面指明师生关系建设的理想方向，认为新型师生情感关系应该是一种和谐、真诚和温馨的心理

---

① 肖川:《论教学与交往》,《教育研究》1999 年第 2 期。

② 陈旭远、杨宏丽:《文化哲学视野下的师生交往》,《现代教育论丛》2005 年第 3 期。

③ 李森、兰珍莉:《全球化背景下师生冲突及其调适》,《教育研究与实验》2017 年第 2 期。

④ 李长伟:《共识断裂与师生冲突——基于功能论的视角》,《北京社会科学》2017 年第 3 期。

氛围，是真善美的统一体。①　与之相似的很多师生关系的研究虽然没有明确提出和谐师生关系的建设目标，但已经展示出师生和谐、知情交融的理想取向。

2004 年 9 月，中国共产党十六届四中全会提出了"构建社会主义和谐社会"的目标，2006 年 10 月，中国共产党十六届六中全会审议通过了《中共中央关于构建社会主义和谐社会若干重大问题的决定》，全面深刻地阐明了中国特色社会主义和谐社会的性质和定位、目标和任务、工作原则和重大部署，"和谐社会"成为各行各业激发活力，开展工作的重要指导思想，"和谐校园建设"也引起教育学者的关注。在教学论研究领域，和谐师生关系的建构成为理论与实践层面关注的焦点问题，产生了一系列以建构和谐师生关系为目标的重要成果。

和谐师生关系的研究是对师生交往研究的深化，也是发挥师生主体性，解决师生冲突的最终落脚点，其发展还与频发的恶性校园冲突及教师伤害事件有关。《中国教师》2005 年第 7 期发表了石中英等人撰写的一组文章，论证了在新课程的理念下，如何建立一种和谐的师生关系，实现师生关系发展的理想目标。此后，和谐师生关系的探究成为热点。在中国期刊网（CNKI）以和谐师生关系为主题进行检索，可以发现 2005 ~ 2006 年和谐师生关系的主题研究有很大的发展。有学者将 21 世纪师生关系的理想状态确定为和谐的主体间性关系，认为和谐师生关系是从人性的一般特点出发，在教师良好修养和社会正确引导的内外因素作用下，实现的民主、平等、情感交融的主体间性的关系。②　有学者基于教师伤害事件的严重危害，强调和谐友好型师生关系建设的必要性，认为师生应该通过"常态化"的友好互动，形成"友好"共同体，进而逐步建立起心理契约。③

和谐师生关系以其切合时代需求的研究主题、系统的建构策略吸引

① 王本陆：《关于教学工作中师生关系改革的思考》，《课程·教材·教法》2000 年第 5 期。
② 邵晓枫、廖其发：《论和谐师生关系的内涵》，《西南大学学报》（社会科学版）2008 年第 3 期；邵晓枫、廖其发：《我们究竟需要什么样的师生关系——对我国当代师生关系理论构建的思考》，《教育理论与实践》2007 年第 10 期。
③ 陆道坤、杏永辉：《论人文型师生生态建设——基于教师伤害事件的反思》，《教育理论与实践》2018 年第 10 期。

了众多中小学教师的兴趣，他们根据自身的实践经验提出和谐师生关系的建设路径和推进措施，丰富了师生关系的研究成果。如今，和谐师生关系的研究依然在路上，然而，如果要具体地检验理论成果的实践效应，验证和谐师生关系的建设成绩，我们的研究就不能停留在一般的理论阐释和策略讲解的层面，而需要以严谨的实验检测和翔实的数据标准对师生关系的和谐程度做出实证分析，基于证据的建设措施将对实践具有更大的影响作用。

以上是根据研究主题的时代变迁对师生关系研究脉络的粗略分析。研究主题的划分虽然表达了前后相继的关系，但并不具有严格的学术分期，大部分研究主题或多或少在时间上有交叉，反映了一个成熟的研究领域的继承性与稳定性。

（二）师生关系研究的范式

回溯新中国成立后的教育学术史可以发现，学者对师生关系的现实层面与理想层面都有不同程度的关注，而各个层次的研究又受到主客观因素的影响。各个时代的学者都从自身的学术立场出发，在师生关系的研究中选择了特定的研究范式，表达了对师生关系的独特理解。

1. 经验分析范式

现实的教学生活是教学思想产生的温床，最有价值的学术研究往往是来源于实践并服务于实践的。很多宏大的理论叙事都是在原初经验的基础上不断科学化、系统化，最终上升到理论和思想的层面。因此，在教学论研究的一些主要命题上，学者都有自己思想萌发的场域，但该场域不是书斋或象牙塔，而是具有鲜活教学经验的课堂或学校。许多对师生关系的经典研究是从课堂教学的现实问题出发，在师生矛盾冲突解决的基础上进行反思归纳，形成理想的问题解决方案。

很多师生关系的研究来源于学者自身的教育经验，我们将这样的研究称为主体在场的经验归纳。著名教育家顾明远先生的很多远见卓识都是在反思我国教育现实，总结自身从教经验的基础上提出的。顾先生从教70年，对教师专业性和师生关系的认识有着深刻的现实经验基础。顾先生认为，教师要爱护、信任和理解学生，要善于与学生沟通。他认为这一点很重要，因为他在北师大二附中任教时，"因为不懂得如何与学生沟通，每次与学生谈话总是不欢而散,因此学生送了他一个'凶主任'的绰号"。①
他的教师主导、学生主体思想的表达也与实践的操作策略紧密联系。还
有很多优秀的研究者在反思自身经验的基础上,概括出当前师生关系的
类型、特征与问题表现,有的甚至直接从师生关系的主观体验入手进行
问卷调查,以实际的统计数据来验证自身对师生关系的理论假设,提出
改善师生关系的策略。

也有一些师生关系的研究来源于对客观现实的反思,而这样的现实
情境是由中小学教师演绎的,研究者在观察和反思他人行为的基础上提
出自己的理论观点,我们把这样的师生关系研究称为客体在场的经验归
纳。有学者反思了社会文化影响下的师生关系特征,认为我国几千年等
级森严的传统社会奠定了为师者尊、师道尊严的文化特征,于是,在现
实的课堂环境中,接受式教学以及支配—从属的师生关系大行其道。吴
康宁教授在《教育社会学》一书中提到,从根本上来说,教师与学生是
专门化和制度化教育活动中具有相对"社会属性"的组织成员,作为
"社会代表者","教师不仅必须向学生示明何谓符合社会要求的文化
(包括信念、价值观、态度及行为方式等),而且其自身首先就必须成为
这些特定文化的范型,以保证对学生进行有效的文化引导与文化熏
陶"②,因此,教师在与学生交往时总会摆出权威的架势,亮出楷模的姿
态,带着长辈的口气,师生交往时更多奉行的是不平等原则。在《课堂
教学社会学》中,他进一步重申了这种"控制式"师生关系的普遍存
在,并从社会组织性质的角度为其寻找根源。③ 丛立新教授也对师生关
系的不平等性进行了深刻反思。她认为:"没有以不平等为基础的教与学
两个方面,就没有师生关系,一旦抽出了以不平等为基础的教与学,师
生关系在实际上也就被解构而不存在了。"④ 她将教师的主导看作合理而
必需的,因为处于发展中的儿童青少年无法凭借自身完成所需的教育;如
果放弃教师主导,教学活动的正常进行就失去了保证,就可能降低到日常

---

①　滕珺:《教师的专业性与学生的主体性——顾明远"现代学校师生关系"思想述评》,
　　《教师教育研究》2018 年第 5 期。
②　吴康宁:《教育社会学》,人民教育出版社,1998,第 204 页。
③　吴康宁:《课堂教学社会学》,南京师范大学出版社,1999,第 58 页。
④　丛立新:《平等与主导:师生关系的两个视角》,《教育学报》2005 年第 1 期。

生活水平。还有学者沿袭师生关系的不平等思路进一步追究教师权威的类型、表现，分析教师权威对师生关系的影响以及师生冲突的原因，等等。教师与学生之间特殊的交往关系的存在，促使我们高度认同基于主体经验的师生关系研究，教师应该认真反思自身当下的教学活动，应该从现实的教学活动中去把握师生关系的性质，寻求良好师生关系建设的依据，教师在教学活动中的关键作用应归结为教师真正做到真诚、真实与正当。①

　　2. 理论演绎范式

　　师生关系研究在寻找实践问题解决方略的同时，也对理论基础孜孜以求。尤其在整体教育研究不断科学化的趋势下，学者越来越注重从教育学的基础学科中寻找自己的思想根源，哲学、社会学和心理学理论都被不同程度地运用到师生关系的研究中。

　　哲学认识论中的主客体关系模式是被运用到师生关系研究中最成功的理论。学者以主体和客体这一对范畴为基点，轮番上演谁为主体、谁为客体的理论大战，出现了"教师唯一主体论""学生唯一主体论""双主体论""主导主体说""三体论""主客体转化说""复合主客体论""过程主客体说""层次主客体说""主客体否定说"等观点，展现了师生关系研究的多元交锋。② 哲学认识论成功将师生关系的研究推向了高潮，具有扎实的社会学和心理学知识的理论工作者也不甘示弱，他们深入分析了师生关系"支配—从属"特征的社会根源以及通过师生互动的社会实践再生产的事实，认为学生和教师存在"双向社会化"的关系，并以此为基础，论证了"共生互学"的师生关系的合理性。③ 也有学者借助社会学空间分析的研究方法，转换视角理解课堂教学生活，认为可以通过加强学生的课堂空间反馈来达到民主、平等的师生关系的建构。④ 心理学方法也在师生关系研究中得到了不同程度的应用。林崇德教授团队通过访谈和问卷调查等形式，考察了师生关系与小学生自我概念的关系，以翔实的数据验证了师生关系的冲突性、亲密性和反应性与小学生

---

①　徐继存：《面向现实教学活动的师生关系建设》，《教育研究》2005 年第 1 期。
②　李定仁、徐继存：《教学论研究二十年》，人民教育出版社，2001，第 99~109 页。
③　郭华：《师生关系的社会学探讨》，《教育科学》2006 年第 3 期。
④　徐冰鸥：《社会学视域下的课堂空间意蕴及其价值再审视》，《教育研究》2012 年第 7 期。

自我概念发展的相关性，对建构新型的平等、尊重、理解、信任的师生关系提出了指导策略。① 还有学者对师生关系与学生的学校适应性、心理健康状况的相关性进行了考察，认为师生关系的主动性、亲密性与合作性影响学生的学校适应性②，认为师生关系在学生人格特点、智能发展、学业动机、社会适应等方面显现出心理教育价值。③

　　理论演绎的范式显著地推进了师生关系研究的科学化、理性化进程，但也出现了明显的弊端，很多研究在学科概念移植的过程中遗忘了现实教学活动的特性，理论工作者在思想层面构筑的宏大叙述不能很好地指导实践。其原因在于，"我们不是从现实的教学活动中去把握师生关系的性质，寻求良好师生关系建设的依据，而是满足于从其他学科特别是哲学和心理学关涉的人的相互关系的一般结论推演至师生关系上。正是在这种亦步亦趋的比附过程中，我们失去了师生关系的真实，也不知道该去如何进行师生关系的建设"。④

　　3. 理性建构范式

　　在师生关系的研究中，无论是实践经验的提炼还是理论基础的追寻，最终都需要落实在现实问题的解决层面，而问题的解决需要有明确的方向。对师生关系建设的理想方向的探寻，是师生关系研究的根本落脚点，很多学者以理想师生关系的建构为目标，阐释了师生关系建设的原则和路径。

　　在对当前师生关系问题达成基本共识的基础上，研究者基于自己的理论基础和理想认知，建构了师生关系的不同范型，并期望以此为目标，去引领教学改革与学生发展。成熟的师生关系范式当以吴康宁教授的"共生互学"型为代表。这种类型的师生关系以学生的超越性为基础，引导教师和学生互相学习，从而形成"共生、共存、共命运的共同体"。⑤ 沿

---

① 林崇德等：《师生关系与小学生自我概念的关系研究》，《心理发展与教育》2001 年第4 期。

② 刘万伦、沃建中：《师生关系与中小学生学校适应性的关系》，《心理发展与教育》2005 年第 1 期。

③ 张彦君：《论师生关系的心理教育价值及其实现》，《首都师范大学学报》（社会科学版）2016 年第 4 期。

④ 徐继存：《面向现实教学活动的师生关系建设》，《教育研究》2005 年第 1 期。

⑤ 吴康宁：《学生仅仅是"受教育者"吗？——兼谈师生关系观的转换》，《教育研究》2003 年第 4 期。

着这样的思路，有学者借鉴马丁·布伯的"我与你"关系阐释师生关系发展的理想趋势，认为信息技术所造成的信息对称环境带来了教师权威的消解，学生开始成为知识的建构者和学习环境的营造者，教师和学生之间的关系变成了主体间的和谐共生关系，理应从观念的转变、环境的创设、方法的建构及活动的开展等方面进行新型师生关系的建构。① 还有学者以哈贝马斯的交往理论为依据，论证了"交往型"师生关系的建构。交往型师生关系的实现需要在师生之间形成精神交往，实现师生的人格魅力的互相影响，达到教师和学生双方的和谐发展。② 另外，从古典目的论视角对理想师生关系的建构以及借鉴自组织理论而建构的"自组织形态"师生关系③，也应该属于此种类型。

教育学科本身就具有综合性，任何教育学知识都具有理论与应用的双重性质，师生关系的研究更应该以理性地理解师生角色，解决师生交往问题、引领师生关系发展趋势为目标，因此，学术研究必须重视师生关系的理想描摹或应然建构。但是，理想与现实的距离也是此类研究不得不慎重对待的问题。理想一旦走得太远，所建构的师生关系的大厦就容易失去现实根基。学者从人性的发展、社会的变革、文化的传承等角度为我们建构的生恭师爱、其乐融融的"理想国"固然令人向往，但现实的师生关系问题依然棘手，怎样从现实的师生冲突、关系冷漠或敌对的状态发展到和谐共生、互敬互爱的理想状态，这种实践路径的探究应该更具指导意义。

（三）师生关系研究的评析

新中国成立七十多年来的师生关系研究取得了丰富的成果，有效地发挥了理论阐释与方向引领的作用。但是，在对研究范式与研究主题进行深入考察的过程中，我们不难发现，理论的丰富暗含着文化的杂糅，而文化的杂糅又引发了实践中的多元取向与莫衷一是。

---

① 罗刚、佘雅斌：《"我和你"师生关系及其建构——信息对称环境下的新型师生关系探究》，《电化教育研究》2010 年第 8 期。

② 杜建军：《论新型师生关系的构建——基于哈贝马斯交往行为理论的研究》，《河南大学学报》（社会科学版）2018 年第 4 期。

③ 参见李长伟《师生关系的古今之变》，《教育研究》2012 年第 8 期；王霞等《自组织理论下的师生关系重构》，《教学与管理》2018 年第 18 期。

1. 理论丰富与文化杂糅

明确的理论基础是一个研究领域走向成熟的重要标志。新中国成立之初，我国教育理论界对师生关系的研究还处于一种破旧立新的状态，政治意识形态还发挥着主导作用，我们还在教师的阶级观念的改造中进行着艰苦卓绝的思想斗争。而随着新中国教育学科的发展，我们在师生关系的研究中，不仅引入了马克思主义哲学和认识论方法，有效地指导了师生主客体地位的建构，还成功地引入了文化学、伦理学、社会学、心理学理论，明晰了师生关系建构的文化基础、人伦基础、社会基础、心理基础。在现当代社会，师生关系的研究在成功借鉴各学科理论的前提下，走向深度探究的状态。多学科视角的联合促进了观念的碰撞与思想的繁荣，但是，当缺乏本质联系甚至相互冲突的理论都成为师生关系的跑马场的时候，师生关系的研究就会出现文化杂糅的状态。一方面，各种基础学科纷纷入驻师生关系研究，希望在理论与实践层面发挥自己的学科影响力；另一方面，本土思想与西方观念、现代意识与后现代文化也在师生关系领域中争夺地盘。现代社会崇尚理性与确定性的思想促使我们去确立师生关系中谁是唯一主体，教师与学生各自具有怎样的权利与责任；而后现代社会崇尚多元与对话的思想又引导我们否定唯一主体而走向主体间性，研究怎样发挥"平等中的首席"的教育作用。

理论的丰富是教育学科发展的必要条件，它反映了在逐层透视研究对象的过程中人们思想意识的变迁。但是，如果众多的理论研究深陷西方哲学、社会学和伦理学思想的泥潭无法自拔，在解决中国本土师生关系问题时"言必称希腊"，那么现实师生关系的建设就会迷失方向。我们不知道这是不是一种"时间差"效应，西方在经济与社会发展中的即时优势导致了我们在思想观念上的追捧，我们也不否认借鉴西方的理论观点确实有利于纠正我们传统认识上的偏差，但是，师生关系的建设终归属于文化建设领域，在文化建设的过程中，我们如果抛弃传统文化的优势，漠视中国师生观念的特殊性，而一味借用西方的观点来指导中国的师生关系建设，就会导致一种观念的错位。它会在一定程度上引发理论功能的失调，导致我们在师生关系建设上缺乏传承和根基。

2. 逻辑周延与社会脱嵌

师生关系的研究一方面致力于寻找上位理论作为研究基础，另一方面也对概念内涵与外延进行了详尽的考察。学者不仅对师生关系的本质和性质进行了探究，对师生之间的认识关系、实践关系和价值关系进行了分析，而且对师生关系的表现进行了层次性和过程性考察，研究了在宏观整体层次、中观教学耦合层次、微观教学内容层次师生之间的作用方式，厘定了在教与学的不同阶段师生的主客体地位。当前师生关系研究既涉及中小学领域，又涉及高等教育领域；既涉及普通学校，又涉及职业学校。师生关系的研究可谓达到了理论上的自恰与逻辑上的周延，形成了一个复杂的知识结构体系。

然而，逻辑上的周延只能代表师生关系研究所覆盖的领域和层次，至于各个领域和层次的师生关系有什么具体问题，受到哪些主客观因素的影响，则很少有深入细致的理论研究。很多学者所探究的师生关系悬置于社会空间之上，所提出的问题与措施屏蔽了各种社会影响因素。事实上，任何科学而合理的教育理论都不是放之四海而皆准的，师生关系尽管生发于校园围墙之内，但不是在真空中运行，而是与整体的社会环境有千丝万缕的联系，师生关系问题的阐释和解决也需要嵌入社会背景之中，根据师生的文化地位、家庭状况、社会心理和群体文化等因素进行生态学的综合考察。

如此，师生关系的研究在完成理论上的逻辑建构后，应该发展社会嵌入的研究取向。毕竟教师和学生都不是密闭空间中的抽象存在，而是受到社会结构和社会文化制约的具体存在。处于不同社会空间的教师和学生，由于社会文化的影响而具有不同的社会心理，从而形成一种"基本人格结构"，基本人格结构又决定了他们对周围事物和人的反应，从而形成了交往的不同类型。因此，师生关系的古今之变与社会的文化场域密切相关，文化场域的嬗变影响人际心理从而导致交往方式的改变。当文化积淀、融入并内化于人的观念之中时，就形成了社会心理，社会心理达到稳定状态便转化为社会性格。教师和学生的活动选择和价值取向都受社会文化及社会性格因素的双重影响，师生关系不能回避对此类影响因素的研究。

3. 措施系统与实践困窘

很多师生关系的研究热衷于建构一个美好的未来，却不深入考察我们所立足的现在。在未来理想师生关系的构建上，我们除了进行建构主义哲学、社会心理学、教育伦理学机制的探究之外，还从社会环境、学校管理、教师、学生乃至家长的角度提出了各种问题的解决措施。围绕师生关系的建设，我们发表了数量可观的学术成果，覆盖了所有的基础学科和相关主体。在我们的想象中，按照这样的机制和措施开展师生关系建设，现实的教学领域必将一片祥和。然而，当我们走出思想的洞穴，反转身体面对现实的时候，从网络媒体和各种报刊上刊登的师生冲突及校园恶性事件中，我们真切地感受到丰满的理想与骨感的现实之间的矛盾。这样的矛盾或许会让我们充满挫败感，为什么我们的研究不能作用于现实？这当然与实践者的思想保守与改革滞后密切相关，但也与我们理论研究者的身份位移不无关系。社会科学的研究者经常从自己信仰的东西里推导出他人应当如何行动，而不管这样的信仰与应当是否为其他群体所共享。

　　师生关系建构者以"局内人"的身份提出师生关系的问题，却以"陌生人"或"局外人"的身份开出解决问题的处方，我们研究的问题往往来源于个体经验，对问题的解答却停留在武断认识的层面。我们认为问题的解决与教师、学生、国家、社会、家庭等都有相关性，但唯独与研究者没有关系。事不关己的问题解决措施往往是一些孤立的原则和教条，缺乏针对性和可操作性，形式上做得再完善也只能流于空谈。借用米尔斯的概念体系，我们对师生关系的问题意识来源于"环境中的个人困扰"，而解决该问题的处方却是"社会结构中的公众论题"。个人困扰是私人事务，与研究者自身相关，也与他个人所直接了解的社会生活范围有关；但社会结构中的公众论题是公共事务，超越了个人的局部环境和内心世界，涉及许多处于类似境地中的组织，这些组织进入整体历史社会的各种制度中，涉及不同的环境重合及相互渗透的方式。① 公共论题包含了制度安排中的矛盾冲突与社会危机。因此，要使师生关系的理论建构真正发挥作用，我们需要在各种制度安排中建立共享的价值标准，这样的标准应该是基于主体的经验和体验，具有伦理的底蕴和价值观依据。"我们迫切需要强化教学制度的规约，使教师的教学活动及因之

---

① 〔美〕赖特·米尔斯：《社会学的想象力》，陈强、张永强译，生活·读书·新知三联书店，2005，第6~7页。

产生的师生关系得到教学制度的伦理关怀。"① 因为，只有共享的伦理和价值标准才能避免制度安排中的矛盾对立，也才能真正发挥制度的目标导向、凝聚方向以及规范行为的作用。

二　基于现实的师生关系

教学是教师与学生共同参与的一种活动。师生关系如何，常常被认为直接关系到教学的质量与水平。因此，确立怎样的师生关系一直是教学论学科研究的重要问题。经过多年的讨论，人们在师生关系上似乎已经取得了共识，这就是师生之间应该建立民主、平等的关系。但是，置身于现实教学活动的教师究竟应该怎么做才能与学生建立起民主、平等的关系？我们现行的教学制度是否已经为民主、平等的师生关系的建立提供了良好的环境？如果我们对这些问题不予理睬或不能做出清晰的回答，对于师生关系的探讨就只能是一种不切实际的抽象议论。

（一）教学活动与师生关系

马克思指出："凡是有某种关系存在的地方，这种关系都是为我而存在的；动物不对什么东西发生'关系'，而且根本没有'关系'；对于动物来说，它对他物的关系不是作为关系存在的。"② 关系的存在使人成为对象性的存在，"没有对象性的关系，它的存在就不是对象性的存在"，而"非对象性的存在物，是一种非现实的、非感性的、只是思想上的即只是虚构出来的存在物，是抽象的东西"。③ 在这种意义上，我们可以说任何社会实践活动都必须在一定的社会关系中进行，社会关系的性质和特点规定着实践活动以及人的本质的具体特点。只有从这一前提和条件出发，才可能有现实的人的现实的活动。但是，如果我们真正重视人和人的作用，就不能从人自身出发，而必须研究人的世界、人的社会，因为如果我们从人自身出发，表面上似乎抬高了人的作用，可它不能说明任何实际问题，因而人的作用也就等于零。一般说来，人是通过自己的活动来表现自己的存在和生活的，而人怎样表现自己的存在和生活，人

---

① 徐继存：《面向现实教学活动的师生关系建设》，《教育研究》2005 年第 1 期。

② 《马克思恩格斯选集》（第 1 卷），人民出版社，1972，第 35 页。

③ 《马克思恩格斯全集》（第 42 卷），人民出版社，1979，第 168、169 页。

就是怎样的。人存在和生活于通过自己的活动所创造的人的世界中。正是人存在和生活的人的世界使人成为现在这种样子。"个人怎样表现自己的生活，他们自己也就怎样。因此，他们是什么样的，这同他们的生产是一致的——既和他们生产什么一致，又和他们怎样生产一致。"① 因此，要考察人的社会关系，我们就必须重视人的社会关系赖以产生和存在的世界，这个世界就是人的社会活动的现实世界。

然而，在师生关系问题的研究上，我们恰恰背离了这一辩证唯物主义的基本原则，从而使我们陷入一种主观随意、抽象空泛的论说境地。我们不是从现实的教学活动中去把握师生关系的性质，寻求良好师生关系建设的依据，而是满足于将其他学科特别是哲学和心理学关涉的人的相互关系的一般结论推演至师生关系上。正是在这种亦步亦趋的比附过程中，我们失去了师生关系的真实，也不知道该如何进行师生关系的建设。我们借用了哲学上的主体与客体的关系模式，不断地进行着谁为主体、谁为客体的争论，出现了众多的相互抵牾的观点，同时又面临着共同的诘难，不仅有纸上谈兵之嫌，而且找不到安心立论的家园。到后来，竟以所谓"超越主客体"来消解，这实在是教学理论界的非理性的悲哀。幸运的是，哲学上的主体间性问题的探讨给我们带来了新的启发。有了主体间性，我们似乎就不再为双主体论的确立感到迷茫了。原来，教师和学生都是人，都应该是主体，我们终于发现了"真理"。几经周折，我们回到了原点，并没有促成现实师生关系的改变，包括自己与学生关系的处理，最多不过晋升了一些关在小房间里，有着稳定收入却没有兴趣与课堂打交道的教育学教授而已。心理学向来被认为是教育学的基础，心理学上的相关研究自然也就被我们拿来了。在一个团体中，领导的领导方式被分为专制的、自由放任的和民主的三种，经过简单的比较，民主的方式最好。在教学活动中，教师不就是学生的领导吗？毫无疑问，师生之间应该建立民主的关系，最好是将之确立为教学的基本原则。至于如何去实际地贯彻这一原则，那就只能由教师自己去把握了。当然，我不是反对从哲学和心理学的角度去研究师生关系，其实在今天也没有必要再费笔墨去论证哲学和心理学对教育学包括教学论的价值，

---

① 《马克思恩格斯全集》（第3卷），人民出版社，1972，第24页。

否则便显得过于迂腐，我反对的只是这种学科比附的研究方式。

　　走出师生关系研究的迷误，直面现实的教学世界，我们发现不是师生关系决定着教学活动，恰恰相反，是教学活动决定着师生关系，尽管师生关系影响着教学活动的质量和水平。当代美国人本主义教育家罗杰斯充分认识到师生关系能够影响教师的教和学生的学，因而希望创建一种积极的充满人性味的师生关系和校园教学氛围，让学生在这种氛围中展露个性，发展个性，但是他并没有停留在师生关系建设的抽象议论上，而是通过不遗余力地推动教学方法的改革——侧重学生情意的发展、创造力的培养、经验的学习以及感受性的训练不断趋向师生关系和谐圆融的理想境界。苏霍姆林斯基则基于他长期的教学经验深刻地指出："一个只会向学生灌输现成的知识，要求背熟、背熟、再背熟的教师，定会激起孩子们的伤心感，而然后便是内心的愤懑。"[1] "凡是笼罩着死记硬背的地方，就不会去重视智能；凡是不重视智能的地方，就不会把脑力劳动当作最艰难的事来敬重；凡是不敬重脑力劳动的地方，教师就不会深入了解学生的精神世界，也就不会作为一个鲜明的、有主导作用的号召力的人物在学生身上打下深深的烙印。"[2] 可见，师生关系不是抽象的人与人之间的关系，它生动地显现在教学活动的过程之中，也是在其中得以生成，并因之提升和升华或者僵化甚至恶化的。实际上，人们正是通过对具体教学活动及其方式的考察来确定和评判师生关系的性质的。因此，我们不能期望以某种通过学科比附得来的关系模式去指导和规范教学活动，教师也不是以预定的师生关系模式来开展教学活动的。清楚了这一点，我们就可以明确师生关系与教学活动决然不是蛋生鸡或鸡生蛋的发生学上的悖论。如果我们想改变师生关系的不尽如人意之处，建设良好的师生关系，首先就应该从反思和改造我们当下的教学活动以及方式开始，路就在我们脚下。

（二）真诚、真实与正当

　　作为一个教学理论研究者，同时又是一名从事实际教学活动的教师，

---

① 〔苏〕苏霍姆林斯基：《怎样培养真正的人》，蔡汀译，教育科学出版社，1992，第143页。

② 〔苏〕苏霍姆林斯基：《怎样培养真正的人》，蔡汀译，教育科学出版社，1992，第144页。

我当然渴望与我的学生建立良好的关系，相互理解，相互尊重。这不仅是因为良好的师生关系有助于我的教学，而且是因为良好的师生关系本身就是我作为人的内在本性的召唤。同时，我也相信，我的学生也是如此。正如哈贝马斯所揭示的，人渴求与别人交往，达至真诚的相互理解本身就是目的，也是人的另外一个重要的本质。① 尽管如此，我更清楚地意识到我作为一名教师的职责所在，也是这种职责使我逐渐清醒地认识到，能否与学生建立良好的关系，在很大程度上取决于我自身的素养，更取决于我的素养在我的教学活动过程中的渗透与显现。而且，我还认为，良好的师生关系不应当是我教学活动的主旨所在，而应当是我良好教学活动的应有内容和必然结果。如果我们承认教师应当在教学活动中起主导作用，那么教学活动良好与否，包括师生关系良好与否的关键是教师，而不是学生。认真反思自身当下的教学活动，仔细体味我与学生的关系，我越来越确信，教师在教学活动中的这种关键作用在于教师真正做到真诚、真实与正当。

真诚是有良好教养的人的应备品质，更是教师的应有美德。真诚不是一种知识，而是一种态度，一种情感，一种体验，一种信念。因而，真诚不是通过简单的模仿，也不是通过理论的学习所能获致的。人的真诚意味着其生命的体证，而不是他律方式的谆谆说教。真诚地对待他人，自己才能获致真诚，也才能赢得他人的真诚。即使是一些道德训诫的话语，如果是发自你内心的精神世界，是充满你的信念的崇高精神，那么，这些话语也会像磁石一样，对于那些不信赖的人产生吸引力，而你也就会成为他们的支柱和指路灯。《中庸》说："唯天下至诚，为能尽其性；能尽其性，则能尽人之性；能尽人之性，则能尽物之性；能尽物之性，则可以赞天地之化育；可以赞天地之化育，则可以与天地参矣。"有至诚的境界，自我便高度统一，自我的天然性能就能最大限度地发挥出来，最终达到赞助天地化育的神奇境界。真诚需要的首先是勇敢地面对自己，没有任何虚伪与造作。不诚则无物。如果一名教师在道德上的自我是虚伪，是两面派，那么他不仅会丧失权威，而且会使学生变成不可教的人，这是师生的共同不幸，教学的灾难莫过如此。

---

① 阮新邦等：《批判诠释论与社会研究》，上海人民出版社，1998，第34~35页。

人生活在现实的世界中，是靠对现实世界真实的而非虚假、虚幻的认识来维系的。教师引导学生获得现实世界的真知是一切教育的基础。教学上任何唯心的词句、有意识的幻想和有目的的虚伪都有可能导致学生对现实世界产生颠倒的、歪曲的认识。这就要求教师必须时刻警惕自己，反省自己。从教师所应担当的社会角色看，教师无疑是文明的使者，但从教师也是现实世界的认识者看，教师绝不是"真理"的先知者，他们同样真实地感受和体验到困惑和迷茫，而且不断地经验和承受着尝试和错误。因此，在教学过程中，教师不应把自己视为某种"真理"的代言人和宣讲者，把学生看作接受、接受、再接受的被动接受者。要知道，只有从学生的内在精神力量与其所认识的世界的融合中产生出来时，知识才能成为学生的一种福利；只有被学生体验和感受到是智力创造的结果、探索的结果和心灵劳动的结果，知识才能成为学生快乐的源泉。当我们认识和理解到这一点，我们就会真实地出现在教学活动中，愿意使我们的学生在了解知识后成为我们的志同道合者，使其在了解和感受知识的同时，形成和确立自己的思想观点。罗杰斯曾不厌其烦地描述"真实"意味着什么。他说："当我如实地表现我自己时，当我不必戴上盔甲去比试，而是无所顾忌地出现时——当我能接受这个事实：我有许多缺点和错误，做过许多错事同时又对自己的知识长于何处茫然无所知时，当我应该坦诚相见又常常持有成见、常常具有不为周围环境公正地证明的感情时——，这时，我就能更为真实。"①

教师的真诚和真实并不是绝对的，作为基础性的为人为师的"底线"，需要以正当原则来统率。真诚地对待学生，展示真实的自我，绝不意味着教师放弃其作为教育者的神圣职责。尊重并不是放任自流。要尊重学生，就要对他严格要求。苏霍姆林斯基在其教育实践中，制定了关于九种侮辱人格是不体面的道德准则，并且指出在这些关系道德准则的问题上，不可能有什么圣徒式的宽恕一切，也不可能有普遍的抽象的爱的那种甜蜜的安慰。② 因而，他常常与学生一起体味高尔基的一段意味

---

① 转引自方展画《罗杰斯"学生为中心"教学理论述评》，教育科学出版社，1990，第131～132页。

② 〔苏〕苏霍姆林斯基：《怎样培养真正的人》，蔡汀译，教育科学出版社，1992，第242～251页。

深长的话："我不会宽恕任何有害的东西，尽管它没有伤害着我。我不是一个人生活在大地上！如果今天我允许有人欺侮自己，还有可能这种欺侮没有刺伤我，只是自我解嘲一番，那么，到了明天，欺侮者在我身上试验了自己的力量之后，就会从别人身上剥下一层皮。"① 不仅如此，教师的正当本身就是强有力的教育力量，这种力量会渗透在学生的善恶冲突之中，最终体现在学生战胜恶的经验和感受中。

应当说，真诚、真实与正当，是教师的一种精神的状态和境界，同时也是教师的一个修习的过程。教师境界不是反映在教师的自我标榜上，而是反映在教师自身的教学活动上；或者说，是教学活动的性质和层次、质量和水平决定着教师的境界。所以，教师的修习不应在教学活动之外，而应在教学活动过程中进行，那种游离于教学活动的所谓"修习"，很可能是故弄玄虚的自我粉饰，直接亵渎了教师应负的历史使命和社会职责。今天，当我们为冷漠、敌对甚至悲凉的师生关系不断地抱怨和哀叹的时候，我们应该躬身自问：我们是否付出了我们的真情，是否奉献了我们的真知，是否展现了我们对善的追求和对恶的憎恨。如果不是，教学活动对于教师来说就只不过是一种纯粹谋生的手段或捞取名利的工具而已。在我看来，正是这种极端功利的取向和做法，消解了教学活动求真、向善和立美的当然理想，异化了教学活动属人为人的人文和人道本性，降低了教学活动的质量和水平，从而导致了师生关系的扭曲和恶化。教师无疑是教学活动的主体，但是我们常常身陷其中而没有觉察到，我们的教学活动恰恰塑造和成就着我们，真诚、真实与正当地展开教学活动就等于真诚、真实与正当地面对自己。在这个意义上，我们可以说，教师的修习与教学活动是同一的。

要修习，就要正心诚意，这是一个高度自律的行为。如朱熹《集注》说："诚其意者，自修之首也。……言欲自修者知为善以去其善，则当实用其力，而禁止其自欺。使其恶恶则如恶恶臭，好善则如好好色，皆务决去而求必得之，以自快足于己，不可徒苟且以徇外而为人也。然其实与不实，盖有他人所不及知而己独知之者，故必谨之于此以审其几

---

① 〔苏〕苏霍姆林斯基：《怎样培养真正的人》，蔡汀译，教育科学出版社，1992，第258页。

焉。"教师如果坚持己见，恪守自己的操行，排除外界干扰和诱惑，不为外物所役，不被名利所困，真正做到"一念之非即遏之，一动之妄即改之"，便有了"梨虽无主，我心有主"的超然境界。这时，真诚、真实与正当就成了教师的思维，融入了教师的生活。也许，有人会认为，这未免过于理想化。可是，谁不承认真诚的礼让者令人敬佩和感动呢？一个社会没有这样的人，就会没有了希望，没有了感人的东西，没有了个人努力的鼓舞和激励。教育者自当先受教育。

（三）教学制度的伦理关怀

虽然教学活动不是一种自在的存在，而是一种自为的存在，但是教学活动的自为绝不是任意妄为，特别在教学活动越来越制度化的今天，更是如此。所以，教师在教学活动中的或通过教学活动的修习必然受到教学制度的影响和制约，超越教学制度的教师修习是不现实的。由于教学制度本身就是一个价值实体，包含关于人的本性及人与人之间相互关系的价值观，无论教师还是学生，一般只能按照教学制度指示的方向和限定的范围做出自己的取舍。因此，教学制度对师生关系具有前提性的作用。如果我们要改进教学活动，改善师生关系，就必须强化教学制度的规约，使教师的教学活动及因之产生的师生关系得到教学制度的伦理关怀。

所谓教学制度的伦理关怀，就是为师生关系提供一种制度安排的伦理环境，使师生关系得到教学制度力量的支撑、调整和关怀。这是因为，一方面，教学制度本身就是对教学活动的规范，其中包含对师生角色及其相互关系的规定性要求；另一方面，也是最重要的，如果教师的修习得不到教学制度的支持，与现实教学活动的秩序是不协调的，甚至存在严重的冲突，那么原本崇高的教学理想、信念和价值追求就可能在屈从或附庸现实教学活动的过程中消解。正如罗尔斯所说，离开制度的正当性来谈个人的道德修养和完善，甚至对个人提出各种严格的道德要求，那只是充当一个牧师的角色，即使个人真诚地相信和努力遵奉这些要求，也可能只是一个好牧师而已[1]。同样，没有教学制度的伦理关怀和范导，师生向善弃恶的自律自觉很难养成。著名心理学家皮亚杰的研究认为，

---

① 〔美〕约翰·罗尔斯：《正义论》，何怀宏等译，中国社会科学出版社，1988，第22页。

儿童是出于对"制定"道德律令的成人权威的敬畏才遵守道德规范的，而成人权威的确立又是以责罚为前提——即信守道德才能避免各种不愉快的责罚。如果我们把成人的权威看作教学制度权威，把成人的责罚看作教学制度责罚，那么皮亚杰的研究就使我们不难理解教学制度的伦理关怀对师生关系建设的意义。

　　既然如此，我认为当前迫切需要的是对我们的现行教学制度进行深入的检讨，看我们的教学制度是否有伦理底蕴和价值观的依据。邓小平同志说："制度好可以使坏人无法任意横行，制度不好可以使好人无法充分做好事，甚至会走向反面。"① 制度的"好"与"不好"，其实就是对制度的正当性评价，也就是伦理评价。教学是教人求真向善立美的活动，用以规范教学活动的教学制度本身就应该蕴含伦理价值和精神。问题在于，教学制度也有一个逐步发展完善的过程，它既是具体的、历史的，又总是有缺陷的、需要不断改进的，并且有时好的教学制度也可能因种种原因遭受抵制和破坏。所以，检讨现行教学制度的伦理底蕴和价值观依据，加强教学制度的伦理建设，使教学制度成为一种伦理的制度就具有客观性和必然性。教学制度只有真正成为一种伦理的制度，才能够充分发挥其应有的凝聚、演示、调节和规范的功能。在这里，凝聚功能是指通过教学制度的设计和安排，使教学制度中所内含的伦理精神对师生产生感召力，从而使教学制度产生一种向心力和凝聚力；演示功能是指教学制度的具体运作过程实际上是某种教学伦理观念的演示过程，如民主、平等、人道等观念都可能在教学制度的运行中具体体现出来，从而对师生起到倡导这些观念的作用；调节功能是指按教学制度所遵循的伦理精神来调节师生关系，使之达到默契与和谐；规范功能是指将教学制度所要达到的伦理目标用规范明示出来，使师生具有教学制度所认可的行为方式和思想境界。然而，长期以来，对于师生关系种种问题的分析，我们往往只停留在问题的表层，简单地怪罪教师的素质低下或对学生道德教育的重视不够，没有深入师生关系赖以产生的教学活动中，探寻这些问题在教学制度上的根源，这有失偏颇，也是我们师生关系建设措施不力的重要原因之一。

① 《邓小平文选》（第2卷），人民出版社，1994，第333页。

反观现实，我认为现行教学制度对教学活动的伦理关怀不够，还没有为师生关系建设真正营造一个良好的制度化伦理环境，这具体表现在如下几个方面。

首先，教学制度的伦理缺位。所谓教学制度的伦理缺位，是指教学制度中内涵的伦理精神没有充分在教学制度的设计与安排中体现出来，导致教学制度的某些伦理要求没有到位，形成教学制度的伦理盲区。例如，尊师重教这一全社会都应确立的基本价值观念，如何通过具体的教学制度设计与安排，真正纳入制度体系，并具有切实可靠的制度保障，目前还难尽如人意。苏霍姆林斯基指出："学校里不该有一个人把教师的劳动看成是受苦受累的。如果教师把自己的劳动看作是一种负担，那么从他嘴里发出的任何道德教诲，在学生们听来都是对真理的一种嘲笑，也会摧残少年的心灵。如果说这种话的人没有这个道德权利的话，即使他的言词最正确、最漂亮，也会成为道德败坏的工具。"① 可是，就在我们学校的日常生活中，依然存在种种道德上的邪恶现象，不仅贬损了教师劳动的价值和意义，也贬低了师生关系的纯正、庄严和高贵的品格，这实在令人心酸！再如，我们多少年来倡导的师生关系的民主、自由和平等，这些既体现社会主义特征又体现时代精神的价值观念，更多的还只是停留在形而上的意识观念领域，还没有真正成为教学制度要素，形成有效的教学制度导向和约束。

其次，教学制度的伦理虚设。所谓教学制度的伦理虚设，是指由于许多教学制度的确立无视师生的主体参与和价值介入，导致缺乏师生精神品质的支持而流于形式，严重影响了教学制度的规范和价值导向的功能，甚至会造成教学制度与师生价值观念的冲突与对立。美国学者多尔认为："教师不仅仅是'国家职员'，他还有着某种程度的自主性，并且这种自主性将不一定用来强化国家机构中已经申明了的目的。他们更会使自己符合学校组织机构的需要，并且学校组织机构自身也具有众多不同的重要方式，来考虑雇佣者的利益，并使自己符合这些雇佣者的需要。与此同时，由于学校教育系统具有稳定不变的惰性，教师会因某些更为

---

① 〔苏〕苏霍姆林斯基：《怎样培养真正的人》，蔡汀译，教育科学出版社，1992，第140页。

即时的利益结成不同的群体，而不是去追求学校组织的目标。"① 多尔针对的是美国学校教育，事实上，这是一种很普遍的情况。我们的教学制度明示的也许是民主和平等的价值观念，默示的可能恰恰是集权和专制，这样的教学制度不仅会引起教师的反感和厌恶，也会影响教师教学活动的方式和方法，反映在教师与学生关系的处理上。从某种意义上说，教学制度的默示是比明示更起作用的方式。明示可能会使师生"免而无耻"，默示则能使师生做到"有耻且格"。

最后，教学制度的伦理功能不协调。在我们现实的教学活动中，教学制度的凝聚功能、演示功能、调节功能和规范功能常常不能做到协调一致。教学制度的伦理缺位，使教学制度的凝聚功能和演示功能不能充分体现出来；教学制度规范功能本身不规范，更是严重影响了凝聚、演示和调节功能的正常发挥。这种不规范主要有教学制度本身的不规范和教学制度执行的不规范。前者表现在无视教师劳动的性质和特点，不尊重学生的学习规律性和个体差异性，教学制度成了某些教学管理者的随意安排，甚至成为他们牟取私利的护身符；后者则表现在，即使教学制度是合理的、正当的，但是又常常因各种人为"例外"被无原则地歪曲、篡改和打破。这种现象不仅使教学制度的明示作用大打折扣，而且严重削弱了教学制度的默示作用，对于教学活动的进行和师生关系的建设产生消极的影响。

今天，我们应该勇敢地承认，在教学伦理精神向教学制度结构的转化方面还存在诸多问题，也许正是这些问题干扰着教师的修习，影响着师生关系的建设，阻碍着教学改革的推进。

---

① R. Dale, *The State and Politics of Education* (Milton Keynes: Open University Press, 1981), p. 13.

第五章　教学的方法与技术

　　教学方法实际上就是教师指导和帮助学生学习的方法，它不是教师教的方法与学生学的方法的简单相加。教学方法具有个体性、过程性、伦理性和文化制约性的特点。当前，教学理论研究者应努力的不是对已有教学方法进行不断的分类，不是根据教学方法分类去制定什么选择程序，而是进行思想创新，并以创新的教学思想去不断启迪教师的教学智慧；教师应当自觉地克服教学方法上的实用工具主义倾向，将教学方法的改革与教学思想、观念和思维方式的变革有机结合起来。技术越来越深刻地影响教学的事实及其存在的问题，迫使我们不能忽视或者无视技术对教学的无限扩展。嵌入教学的技术可以分为作为教学辅助的技术、作为教学要素的技术和作为教学场域的技术，而与之相对应的教学，便可以称为技术辅助的教学、技术融入的教学和基于技术的教学。当前，我们所要探讨的不是去评定哪一种技术嵌入方式的教学最佳，而是哪一种技术嵌入方式的教学，针对什么教学目的可以解决什么问题和取得怎样的效果。教学的技术嵌入是否取得预期的效果，并不在于其嵌入的方式，也不在于技术本身的新旧或先进与否，关键在于是否有正确的教学观念的指导。既然任何技术都潜藏着一定的教学风险，也潜藏着违背教学伦理道德的某种可能性，这就决定了对教学的技术嵌入进行伦理规约的必要性。

一　教学方法辩证

　　教学方法是教学论学科领域的一个重要范畴，长期引起人们的广泛重视。改革开放四十多年来，参与教学方法研究的人数之多，著述之丰，有目共睹。可是，透视教学方法的众多研究，我们发现，人们在教学方法上依然存在诸多模糊的认识，正是这些认识妨碍着教学方法研究的深入，直接影响着现实教学方法改革的发展。

（一）教学方法的含义

教学作为人类特有的一种社会实践活动，总是有既定的为人的目的。教学要达到既定目的，完成所肩负的任务，显然离不开方法。所以，不管人们对教学方法有多么重视，都不足为过。问题是，对于教学方法的理解，很长时期以来见仁见智，各种不同的教学方法概念纷呈于教学论界，造成了彼此无法有效沟通的混乱局面。鉴于此，20世纪90年代初，有人曾试图用教学模式一词来取代教学方法，这足以说明当时人们对教学方法使用混乱又似乎无法摆脱的无奈。事实上，直到今天，教学模式也没有取代教学方法，人们还是交替地使用着教学方法和教学模式。尽管新的教学方法概念已很少出现，但这并不说明问题已经解决。最近一些年来，教学方法包括教的方法和学的方法的观点似乎很为教学论界所认可，颇为盛行，更有传统教学论是"教"论，现代教学论应是"学"论的观点泛滥。在我看来，教学论就是教学论，教学论是无法分为教论或学论的，无论传统教学论还是现代教学论都是如此，绝不是所谓的传统教学论重教，而现代教学论重学，因为教与学本来就是一体的。如果现代教学论以研究学习为主要任务，是否有侵占学习论领域之嫌呢？我们又如何区分教学论与学习论呢？相应地，教学方法也不是教法和学法的简单组合或相加，在教学活动中，教法和学法也无法分割，它们不是彼此孤立存在，而是一个有机整体。

对教学方法的割裂分解，在很多情况下，是由于人们对教学的割裂分解所致。在最通常的意义上，人们把教学简单地理解为教师的教和学生的学，这就很容易想当然地将教学方法区分为教的方法和学的方法。于是，教师的教和学生的学似乎是没有多少必然联系的，而这恰恰符合了对实际教学中出现的无视学生学的教的现象的表层认识。既然教师的教法和学生的学法分离了，自然就有必要强调教法与学法的统一。当年陶行知先生所呼吁的"教的法子"要跟着"学的法子"，不正是力图使教师的教与学生的学统一起来吗？这样看来，将教学理解为教师的教和学生的学，似也无可厚非。问题在于，这种理解本身就预先把整体的教学肢解了。

教学是什么？教学就是教师教学生学习的过程，也就是教师指导和帮助学生学习的过程。这是一种最直观的认识，我认为恰恰是这种最直观的认识真实地解答了教学是什么这个最抽象的问题。教师的教不能也无法取代学生的学，教师的任务就是指导和帮助学生学习。没有教师，学生同样可以学习，这是人所共知的事实。人们之所以把学校的产生视为人类教育史上的一大进步，是因为学校变成了有效的制度化的学习机构，是因为人类改进了自身的学习方式，它体现了人类自身学习的高度自觉和自为。所谓教学方法，实际上就是教师教学生学习的方法，也就是教师指导和帮助学生学习的方法。因此，我们通常不把学生单纯的学习称为教学，也不把教师的一切行为都视为教学，而只把教师指导和帮助学生学习这种行为称为教学，不管这种指导和帮助是否有效。显然，教师要有效地指导和帮助学生学习，就必须研究学生的学习及其方式和方法，所谓"教的法子"要跟着"学的法子"，其本真意义即在于此。所以，教学作为人类的一种社会实践活动，是不可分为教的活动和学的活动的，教学方法是不可分为教的方法和学的方法的，教学论同样也是不可分为教论和学论的。只有在这种视野里，教学才是统一的，教学方法才是一体的，教学论才是完整的。

　　将教学方法理解为教师指导和帮助学生学习的方法，不仅有教学历史存在依据的支持，而且符合现代社会对教学的基本要求。教学不是教"书"，也不仅是传授学生知识，还是教学生学习知识以及学习知识的方法。由于学生不是静态的物，而是具有生命活力的人，故教师的指导和帮助就只有在与学生相互交流和沟通中进行。只有在相互交流和沟通的过程中，教师和学生才能彼此将对方以及自身视为真正的主体；反过来，只有教师和学生保持主体间的交流和沟通，才能真正做到相互启发，教学相长。

（二）教学方法的特点

　　教学方法既然是教师指导和帮助学生学习的方法，那么它就不像人们通常所说的那样具有"双边性"。如果说学习方法是针对学生而言的，那么教学方法就是针对教师而言的，是从属于教师的，因此其首要特点是个体性。教学方法不是以独立于教师主体的实体形态存在的，而是教师主体内在素质在教学活动过程中的一种外化。当人们谈及某种教学方法时，根本不可能不谈及使用该种教学方法的教师。离开了使用教学方法的教师，教学方法充其量是一种僵死的物态工具，而教学方法一旦成为僵死的物态工具，似乎任何人都可以借此达到既定的教学目的，这恰恰误解了教学方法，也是教学方法改革达不到预期目的的重要原因之一。在教学论界，人们一般把教学方法当作一个独立于教师主体的因素，继而把教学方法当作与教师主体并列的一个教学要素加以确立①，从而不仅割裂了教学方法与教师的内在联系，而且过分夸大了教学方法的作用。在教学实践活动中，教学方法可以视为衡量教师主体素质的重要标准之一，但教师主体素质的提高则是教学方法改革的首要前提。

教学方法如果不是教学活动的一个实体因素，那么它就只能存在于教学活动过程中，因而过程性是教学方法的一个重要特点。在教学活动过程展开之前，是无所谓教学方法的，绝不是先有人规定好教学方法，然后才进行教学活动。任何教学方法都是教师在实际的教学活动过程中不断摸索和探索出来的。尽管人们可以总结出许多优秀的教学方法，但是要想掌握这些教学方法，就必须深入相应的教学活动过程中，这样教学方法才有可能逐渐内化于教师的主体素质，真正成为教师教学活动的灵魂。教学方法存在于教学活动过程中，教学活动过程又是有一定教学阶段和程序的，因而在实际的教学活动过程中，许多人认为只要掌握了一定的教学阶段和教学程序，就相应地把握了一定的教学方法，也因此常常自觉或不自觉地把教学阶段和教学程序所具有的可模仿性和可操作性看作教学方法的基本特点，这就从根本上混淆了教学方法与教学阶段和教学程序之间的主要差别。教学方法的过程性本身是与教学方法的可模仿性和可操作性相抵牾的，过分强调教学方法的可模仿性和可操作性不仅误解了教学方法，而且会使教学方法的改革走向机械主义和形式主义。

教学方法是作为教师主体的一种内在素质作用于学生的，因此我们也可以说教学方法是教师与学生联系的中介。教学方法的这种中介性质又必然使教学方法具有极其明显的伦理性特点。人是教学活动的出发点，也是教学活动的旨归所在。人的发展是教学活动的最终目标，教学方法应该永远从属于人的发展目标，这是教学方法伦理性特点的必然要求。可是，由于人们把教学方法仅仅看成是达到教学目标的工具，从而认为教学方法是价值无涉的，所以常常忽视了教学方法的伦理性。我们在这

---

① 李秉德：《教学论》，人民教育出版社，1991，第17页。

里暂且不谈人们所确立的教学目标是否合理，即使是合理的教学目标，达成这种教学目标的教学方法依然存在伦理性上的问题。为了达成教学目标，人们就必然采用一定的教学方法，因而教学方法的伦理性就贯穿教学活动的始终。在实际教学活动中，人们可能为了合理的教学目标，抱着善良的愿望和动机，来展开教学活动。结果很可能是，有效地达成了这种教学目标，却直接损害了学生的发展，甚至是以损害学生的发展为代价，善良的愿望变成了严酷的现实。我认为，教学方法毕竟是为教学目标服务，强调教学方法的有效性是必要的，但是教学方法的有效性乃是以教学方法的伦理性为前提和基础的。无视教学方法的伦理性，过度强调教学方法的有效性，就会使教学活动"异化"，背离人的发展的最终目标，走向我们良好愿望的反面。

教学方法内在于教师的主体素质之中，不是某种实体的工具，这种属人的性质决定了它必然带有文化制约性的特点。人是文化的存在，任何人都不可能超越自己所处的文化传统和文化环境。所以，内在于教师主体素质之中的教学方法就不可能不从属于教师所处的文化传统和文化环境。具体地讲，在一种文化传统和文化环境中可行的教学方法，在另一种文化传统和文化环境中未必可行；在一种文化传统和文化环境中有效的教学方法，在另一种文化传统和文化环境中未必有效。国内借鉴"暗示教学法"进行的实验，其效果远远低于洛扎诺夫实验的效果，其中一个重要原因是，作为暗示手段之一的欧洲巴洛克音乐适宜于西方人，未必适宜于东方人。改革开放以来，我们引进了许多西方所谓"先进"的教学方法，但是，真正应用于我国实际教学活动的并不多，其重要原因之一在于我们缺乏对这些教学方法赖以存在的文化背景和文化环境的前提性分析和批判，没有考察我们是否具备应用这些教学方法的文化背景和环境。从某种意义上讲，教学方法的文化制约性，是教学方法个体性的自然延伸，正如我们不能随意照搬他人的教学方法一样，我们也不能随意跨越文化背景和文化环境而照搬其他文化背景和文化环境的教学方法。

（三）教学方法的分类

人类在长期的教学实践中，创造和积累了许多教学方法。早在20世纪70年代，巴班斯基就列出了40多种教学方法，在我国近年出版的一部教学法全书中，列出的国内"新教学法"就达 200 多种。面对如此多的教学方法，我们既需要按照某些共同特点，把它们归属到一起；又需要按照某些不同特点，把它们区分开来，以便更好地分析、认识它们，掌握它们各自的特点、它们起作用的范围和条件以及它们发展运动的规律。这就是教学方法分类。

教学方法的分类显然随着教学方法的发展而日趋复杂。最初，人们只是采取简单的二分法，把教学方法分为启发式和注入式两类。后来，苏联凯洛夫主编的《教育学》把教学方法分为启发式、注入式、研究式和传授现成知识式四类。达尼洛夫又从新的角度把教学方法分为学生最初掌握知识的方法、提高学生技能的方法、检查和评定学生知识的方法三类。20 世纪 70 年代，巴班斯基在《中学教学方法的选择》一书中，把 40 多种教学方法分为三个大组九个亚组，每个亚组又分若干类别。[1] 这些年来，教学方法的分类也引起了中国教学论界的广泛关注，各种不同的分类层出不穷，令人眼花缭乱，如按照知识的来源分类、依据学生认识积极性和独立性的程度分类、按照教学活动的过程分类，等等。如此多的分类，反映了教学方法分类研究的深入，可同时也向我们提出了问题，我们是否需要这么多的分类？怎样的分类才是科学的？

苏联教学论专家斯卡特金认为，教学方法分类的最大困难是弄清分类的基础[2]。教学方法分类的基础实际上也就是教学方法分类的依据和标准，对于教学方法人们当然可以从不同的角度和标准进行分类。从这个意义上说，各种不同教学方法分类的出现当然都有其一定的合理性，教学方法分类也因此难以统一。既然如此，有学者就主张教学方法的分类最好从多角度进行分析或进行综合分析，包括信息媒体是什么，师生是怎样相互作用的，认识的性质和水平如何，它有何种性能或功能，它适用的范围怎样，它的运用需要哪些条件。对于每一种教学方法，都应从这六个方面去进行具体的分析，才能较好地认识和运用它。[3] 表面看

---

[1]　参见袁金华《课堂教学论》，江苏教育出版社，1996，第 172～173 页。

[2]　〔苏〕斯卡特金：《中学教学论——当代教学论的几个问题》，赵维贤等译，人民教育出版社，1985，第 217 页。

[3]　王策三：《教学论稿》，人民教育出版社，1985，第 252 页。

来，对教学方法的这种综合分类同时解决了基于不同角度或标准进行教学方法分类的局限性，又兼具了各自的优点，但是在我看来，这种所谓综合的教学方法分类只能是一种理想或愿望，至少目前我还想不出究竟该如何对教学方法进行综合分类，也没有见到教学方法综合分类的哪怕是不算完善的范例。

从最一般意义上讲，教学方法分类在既定的时空条件下只能采取一个标准，而采取一个标准就必然有其局限性，所谓教学方法综合分类，实质上也只能逐一逐次进行。对教学方法同时进行多角度多标准的分类，我们是难以想象的。因此，我们只能对从某一角度或标准进行的教学方法分类是否科学做出判断。一种分类是否科学，一要看区分度，二要看包容性。在这里，区分度指类与类之间的区分程度，包容性是指类与类之和等于被分类对象的全体。如果一种分类同时达到了这两条标准，那么这种分类就是科学的。这样，我们就没有必要不断推翻已有的种种分类及其标准，对教学方法进行无止境的标新立异的分类，事实上，在一定时期内不需要过多的分类。不仅如此，分类本身不是目的，为分类而进行的分类是没有多大意义的。

（四）教学方法的选择

教学方法分类的目的就是选择。要选择，自然就要寻求选择的依据和标准，这似乎是非常自然的逻辑。循此逻辑，人们很快发现，选择教学方法的依据和标准有许多，诸如教学目标、课程内容、学生的年龄特征、教师自身的特点以及教学物质条件等。同时，人们还发现，依据其中的任何一个因素选择教学方法都有其片面性。

教学目标不同，所采用的教学方法理应不同，要选择那些有利于更好地完成教学目标的教学方法。教学方法总是相对于某种课程内容而存在，不同的学科或相同学科的不同内容，应该选择不同的教学方法。不同的教学方法对学生的知识、智力水平等要求不同，最好选择那些适合学生年龄特征、适合学生身心发展水平的教学方法。教学方法的运用总是通过具体的教师来实现，每个教师在选择教学方法时都要考虑自身的学识、能力、性格及身体等方面条件，尽量扬长避短，选择那种最能表现自己才华、施展自己聪明才智的教学方法。教学的物质条件包括学校所能提供的仪器、图书、设备、设施等，超越现有的教学物质条件，选择运用一种不适应的教学方法，往往会加重师生负担，降低教学方法原来的价值。我们逐一进行分析，就会发现，其中任何之一都直接关涉教学方法的选择，都是不可或缺的依据或标准。正因如此，教师在实际教学活动中，就必须综合考虑这些依据或标准，才能决定教学方法的取舍。可是，教师在实际教学活动中怎样才能综合考虑这些依据或标准做出明智的抉择呢？似乎没有多少人关心这一问题，也鲜有这方面的探讨。我认为，如果我们不能清楚地回答这一问题，那么我们关于教学方法选择的研究就是失败的，至少是脱离了教师现实的教学生活。熊掌与鱼的取舍即使困难，也毕竟是二元困境，而教学方法的取舍要综合考虑如此多的依据或标准，其艰难程度可想而知！

巴班斯基或许虑及教学方法选择问题的复杂性，便试图通过探讨教学方法选择的程序来解决。他提出了选择教学方法时的 7 个步骤：（1）决定是选择由学生独立地学习该课题的方法，还是选择在教师指导下学习教材的方法；（2）决定是选择再现法，还是选择探索教学法；（3）决定是选择归纳的教学法，还是选择演绎的教学法；（4）决定关于选定口述法、直观法和实际操作法的如何结合问题；（5）决定关于选择激发学习活动的方法问题；（6）决定关于选择检查和自我检查的方法问题；（7）认真考虑所积储的各种方法相结合的不同方案，以防由于完成家庭作业和复习已学过的教材的结果而发现学生学业程度上的可能有的偏差。巴班斯基的努力可能会使人们认识到，根据教学方法分类体系制定选择程序是教学方法理论发展的一个重要方向，[1] 但是，我认为，巴班斯基的教学方法选择程序毕竟是为其教学最优化思想服务的，是建基于其教学方法分类体系之上的，而教学方法分类体系又是在其教学最优化思想指导下建构起来的。没有一定的教学思想指导，仅仅根据教学方法分类体系来制定选择程序，即使制定出来，也是没有任何价值指向性的。事实上，在实际教学活动中，几乎没有一位教师真正从教学方法分类中选择过什么东西，也从来没有一位教师先求助于教学方法分类再走上讲台[2]。

---

① 唐文中：《教学论》，黑龙江教育出版社，1990，第 225～226 页。
② 李定仁、徐继存：《教学论研究二十年》，人民教育出版社，2001，第 219 页。

　　教学方法不是一种实体工具，它蕴含于教师的主体素质之中。因此，教学方法是价值负荷、思想负荷的。也就是说，选择了一种教学方法，就意味着认同了该教学方法所负荷的教学思想；反过来，只有在某种教学思想的指导下，才能对教学方法做出明智的选择。在错误的教学思想干扰下，教学无论选择什么样的方法，都不能达到最佳的效果。如果我们仍然以强制灌输为教学的指导思想，即使采用以自学为主的教学方法，也往往会导致学生的呆读死记，由"教师灌"变成"书本灌"，背离采用以自学为主的教学方法的初衷。正如苏联教育家阿莫纳什维利所指出的，如果我们要认真进行教学改革，就必须从改造教师本身的观念开始，如果教师本身的观念不改变，即不改变自己的学生观，那么就算教师的工资再提高，他还是会改头换面地使任何一种新的教科书去适应自己的旧观念，这恰恰证明了教学思想在教学方法选择中的决定性作用。教学倘若是创造性的，那么它就不是某种教学方法的机械运用，也不是某种教学方法的重复表演，正所谓"教学有法，教无定法"。从这一意义上，我们与其说教学方法是一种教学知识，毋宁说教学方法是一种教学智慧[①]。我们应该清醒地认识到，我们可以教人以知识，但我们无法授人以智慧！所以，教学理论研究者应努力的不是对已有的教学方法进行分类，不是根据教学方法分类去制定选择程序，而是进行思想创新，并以创新的教学思想去启迪教师的教学智慧。

　　长期以来，由于我国实行高度集权的课程管理体制，教师无权干预课程和教学评价制度，只能在既定的规范钳制下忠实地向学生传递既定的课程内容，充其量在教学方法上作些文章。所以，从总体上看，自改革开放以来，教学改革大多局限于教学方法的改革，而单纯重视教学方法的教学改革并没有真正改变教学的机械、被动性质，也没有使教学充满生命活力。

　　"当课程由'专制'走向民主，由封闭走向开放，由专家走向教师，由学科走向学生的时候，课程就不只是'文本课程'（教学计划、教学大纲、教科书等文件），而更是'体验课程'（被教师与学生实实在在地

---

　　① 徐继存：《论教学智慧及其养成》，《西北师大学报》（社会科学版）2001 年第 1 期。

体验到的课程)。"① 不断推进的基础教育课程改革不断改变着教师的角色,教师逐渐成了课程的主体,拥有了前所未有的课程开发权和教学自主权。相应地,教学改革不再是单纯的教学方法改革,而是整个教学思想、观念和思维方式的根本变革。教师自觉地克服教学方法上的实用工具主义倾向,重新审视教学方法的性质和特点,确立科学的教学方法观已势在必行。

二　教学技术的规约

教学的发展离不开技术的支撑,随着技术的不断革新,我们的教学在日益受其影响的过程中,也逐渐产生了一些需要我们今天认真对待的问题。正确把握和处理好教学与技术的关系,是确保教学健康发展的基本前提。

(一) 必要的反思

人类生活于由技术构成的世界之中。技术不仅改变着人类赖以生存的自然,还以潜移默化的方式不断渗透到人类生活的各个层面和领域,深刻地影响和改变着人类社会自身的历史和现实。毫无疑问,技术已经构成社会存在的物质基础,同时又是社会赖以存在的必要条件。作为人类特有的社会实践活动,教学的发展不可能不受技术的影响。如果说技术延伸了人类的器官功能,那么教学的发展历程实际上就是技术不断渗透和嵌入的过程。回想一下,中国从 20 世纪 20 年代开展的包括幻灯、电影、广播在教学中的应用实验开始,到幻灯、录音、电影进入课堂,到制作与生产电教教材、电子教学资料等用于教学,到多媒体技术、网络技术等嵌入现代教学,教学的发展无不渗透着技术发展的轨迹。"虽然技术理性的极端发展给人类带来了前所未有的荒诞处境,但并不意味着技术理性应该完全拒绝,而只意味着,技术理性至上是不可取的。那种把人类现存的社会弊端和问题归咎于技术,试图拒斥技术的做法是错误的。"② 随着技术的发展以及教学观念的变革,现代教学再也不能无视技

---

① 钟启泉:《为了中华民族的复兴,为了每位学生的发展——〈基础教育课程改革纲要(试行)〉解读》,华东师范大学出版社,2001,第 271 页。
② 高亮华:《人文主义视野中的技术》,中国社会科学出版社,1996,第 166 页。

术的存在以及技术日益凸显的作用。

现代技术特别是多媒体和网络通信技术的迅猛发展在为深化教学改革、推进教学公平、提高教学质量提供强大的技术支撑的同时，也极大地冲击和荡涤着当下的教学观念、模式与方法。当前，慕课、微课和翻转课堂方兴未艾，几乎成为教学改革的一种潮流。有人认为这是自印刷术出现以来教学的最大革新，是对传统教学的一种颠覆，并由此而认为技术决定着教学，甚至以技术的新旧或先进与否来判定教学的质量优劣和水平高低，这是值得我们反思的。因为教学对技术及其物化形态的片面追求，很可能不是教学的真实的需要，而是教学的一种"虚假的需要"。所谓"虚假的需要"，乃是为了特定的社会利益而从外部强加在个人身上的那些需要，它们取决于个人无法控制的外力。"无论这些有多少可能变成个人自己的需要，并由他的生存条件所重复和增强；无论个人怎样与这些需要相一致并感觉到自己从中得到满足，这些需要始终还是它们从一开始就是的那样——要求压制的势力占统治地位的社会的产物。"① 实际上，倘若教学对技术的这种"虚假的需求"被认为是教学的真实而正当的需要，一种技术万能的思维方式就会自然地进入我们的潜意识，从而无所不在地掌握和控制着我们全部的教学思想和生活，那么我们所有的教学思想和行为都必然在技术理性的方式或名义下被重构，技术的方式便成了我们教学生活的唯一合理方式，我们的教学理想和我们的教学真实世界就会成为技术王国的殖民地。这样，教学就会失去其应有的人性向度，沦落为被严密组织起来的技术系统。罗马俱乐部前主席贝切伊曾把对技术理性扩展的熟视无睹，或盲目相信技术自身的发展可以消融技术理性片面化的错误想法指责为"一种集体的糊涂"，"一种从根本上说极不道德的浮士德的交易"。② 我们似乎无力阻挡技术对教学的影响，但我们不能忽视甚至无视技术对教学的无限扩展。

今天，针对日新月异的技术变革及其对教学的影响，我们应该回答这样几个问题：一是我们能够知道什么；二是我们应当做什么；三是我

---

① 〔美〕马尔库塞：《单向度的人——发达工业社会意识形态研究》，刘继译，上海译文出版社，2008，第6页。

② 〔意〕奥尔利欧·佩奇：《世界的未来——关于未来问题一百页》，王肖萍、蔡荣生译，中国对外翻译出版公司，1985，第65页。

们可以希望什么。第一个问题可以说是思辨的，因为它直指我们的认知限度及其确证，第二个问题是实践的，因为它关乎我们的现实取向，第三个问题则兼而有之，既是实践的又是理论的。而对这些问题的回答，要以对我们所知道的、我们所做的和我们所希望的东西的反思为前提。罗洛·梅曾提醒人们："自我并不是你所扮演的各种角色的总和，而是你知道你就是那个正在扮演这些角色的人这种能力。"① 这种能力本质上就是一种反思的能力，一种把自己从现状抽身出来以客观视角来审视事件的能力。具体说来，我们必须首先对自己所知道的、所做的和所希望的东西加以理性地反思，才能真正明确我们能够知道什么、我们应当做什么和我们可以希望什么。我们不能仅仅满足于抽象地讨论技术对于教学的重要性以及它嵌入教学的必然性和必要性，我们还要清楚地知道技术嵌入教学之后果的或然性。这意味着，面对现代技术对教学的冲击和荡涤，我们必须追问：通过技术，我们要达到的教学目的究竟是什么，我们所确立的教学目的的正当性依据是什么，技术能为我们的教学做什么，技术嵌入教学的方式和实际结果以及可能的影响又是怎样的。"只要人开始对自身有充分的意识，生活秩序的界限就会变得明显起来。"② 假如我们不想陷入贝切伊所说的"一种集体的糊涂"，担负起应尽的教学责任，我们就不能不迫使自己努力地去回答这些问题。

（二）多元的选择

在现实的教学过程中，虽然技术为教学的选择和行动创造了新的可能性，但也常常使对这些可能性的处置陷入一种不确定的状态。技术服务于教学的什么目的，对教学到底产生怎样的影响，这些都不是技术本身所固有的，而取决于教学用技术来做什么。正是教学对技术的应用目的的不同决定了技术嵌入教学的方式的不同，而不同的方式对教学的影响又有极大差异。"对教育变革过程的研究表明，获得新的信息、程序或工具本身并不会带来变化。一个原因是同一技术在不同的情况下有不同的含义。已经让技术发挥作用的社会系统和传统的实践塑造了理解和应

---

① 〔美〕罗洛·梅：《存在之发现》，方红、郭本禹译，中国人民大学出版社，2008，第141页。

② 〔德〕卡尔·雅斯贝斯：《时代的精神状况》，王德峰译，上海译文出版社，1997，第38页。

用技术方式。实际上，所有接纳创新的人们面对着一个挑战性的任务，那就是解决旧实践和新技术之间的冲突。由于这些冲突在不同的环境下由不同的人解决，新技术呈现出多种形式。"① 从技术在教学中的地位和功能的发挥以及发展进程来看，它可以作为教学的辅助手段，也可以作为教学的构成要素，还可以作为教学的特定场域。这样，嵌入教学的技术可以分为作为教学辅助的技术、作为教学要素的技术和作为教学场域的技术，而与之相对应的教学便可以称为技术辅助的教学、技术融入的教学和基于技术的教学。

在任何情况下，为了达到某种教学目的，提升教学效果和提高教学效率，都可以选用一定的技术作为教学的辅助，无论这种技术是传统的还是现代的，陈旧的还是先进的，这是技术嵌入教学最为基本也是最为普遍的一种方式。"'辅助'这个概念本身就包括两层含义。一层含义是说并非多余，而是有用、有帮助；另一层含义是说虽然有用，但只是次要的、为辅的。"② 技术作为教学的一种辅助手段，它在教学中就不具有独立自主的品质，而是从属或依附于教学而发挥作用。换言之，技术对于教学来说不是决定性的，即使它能起到如虎添翼或锦上添花的作用，也不能因之反客为主或喧宾夺主。在这里，我们必须明确，技术永远不能替代教师的教授和学生的学习，更不能涵盖全部的教学活动。因此，无论应用什么样的先进技术，技术辅助的教学都改变不了教学的本性，那种以为仅仅依靠辅助教学的技术的革新就能彻底变革教学的认识显然是肤浅的，也是不负责任的。

随着技术对教学的不断渗透和影响，技术越来越成为教学不可或缺的内在构成要素。与作为教学辅助的技术不同，作为教学要素的技术对于教学来说已经不是无足轻重了，而是与教学的其他构成要素一样发挥着不可替代的作用。因而，这就需要运用系统论的思想和方法，认真研究技术与其他教学要素之间的关系及其相互作用，进行教学系统的设计，寻求最优化的教学实施方案，保证教学的连贯性和整体性。即使如此，在这一过程中，技术也只不过是教学的构成要素之一，不能因为对技术

---

① 陈丽：《技术进化与社会发展》，北京师范大学出版社，2004，第27页。
② 吴康宁：《信息技术"进入"教学的四种类型》，《课程·教材·教法》2012年第2期。

的偏爱而过分夸大技术的作用，甚至以技术统领其他教学要素，否则教学就成了技术的独白与表演。这样的教学会使师生成为实现教学的技术标准化目标的工具，使教学发生偏离和贬值，其导致的结果是师生的个性被简化为先在决定的功能，诚如舒尔曼所指出的："劳动者被看作只是起一个技术活动者的同样作用。他通过重复最简单的动作，被设定为摆脱了任何思维和技巧的错误。他不允许作为有意识的思想和自由的行动；毋宁说，他必须让自己的本能受控于节奏和日常……这种劳动标准化的后果是对个性的水平化影响；这种劳动使大脑僵死。劳动者在其工作的特殊情形中，被剥夺了对整体的把握。"① 若如此，技术不仅没有扩大教学的自由，反而成为控制和奴役教学的枷锁。所以，作为教学要素的技术，即使能够全面地提升教学，也不能因此说它改变了教学的固有本性。也许，恰恰相反，正因为坚守了教学的固有本性，作为教学要素的技术才有可能发挥出全面提升教学的功能。

当技术成为教学的特定场域，教学的运行完全依靠和依托于技术之时，教学就成为基于技术的教学了。显然，它不同于技术辅助的教学，也有别于技术融入的教学，而是一种全新时空下的教学。这种教学的目的就是要运用技术的力量全面地变革教与学的方式、方法与模式，也就是变革整个教学系统，并且营造技术化的教学场域。近些年来，以多媒体计算机和网络通信技术为核心的数字化场域为基于技术的教学提供了广阔的发展空间，也确实解决了技术辅助的教学和技术融入的教学不能解决的诸多现实问题。如教育部、财政部2012年11月底启动实施的"教学点数字教育资源全覆盖"项目，利用信息技术帮助教学点开好国家规定课程。为了推进项目开展，教育部专门组织力量，配套开发人教版1~3年级8门国家规定课程的数字资源，并从2013年9月开始，通过网络和卫星两种方式同步播发。安徽、湖北、湖南等地通过专递课堂、同步课堂等形式，让山里娃娃与城镇学生共享优质教育资源。很多地区的教学点还利用网络建立亲子热线，使学生可以与外出打工的父母进行视频交流。显然，这并非基于技术的教学的全部功能，而且其作用对于

① 〔荷兰〕E. 舒尔曼：《科技时代与人类未来》，李小兵等译，东方出版社，1995，第43页。

这些孩子的成长来说也是极其有限的。所以，有学者指出："数字化学习的关键是将数字化内容整合的范围日益增加，直至整合于全课程，并应用于课堂教学。当具有明确教育目标且训练有素的教师把具有动态性质的数字内容运用于教学的时候，它将提高学生探索与研究的水平，从而有可能达到数字化学习的目标。为了创造生动的数字化学习环境，培养21世纪的能力素质，学校必须将数字化内容与各学科课程相结合。"① 可见，这种基于技术的教学是一种新的教学，它代表着教学的一种发展方向，有待进一步的研究和探讨，现在就以此来否定甚至取代当下的所有教学，既不现实，也不可能。

实际上，技术辅助的教学、技术融入的教学和基于技术的教学各有其功能、条件和适用情境，其过程也是千差万别、丰富多彩。"所谓技术的意义，不仅体现为技术的自然属性的意义，而且也体现为技术社会属性的意义，两者是不能截然分离的。诚然，人的动机和利益可以体现在技术之中，但它们必须有一个前提，即人的利益与动机必须符合物质技术手段的客观物质性和规律性，这说明无论人类的动机与利益如何，也无论它是怎样或在多大程度上对技术起着作用，技术的客观性告诉我们的只是它以怎样的方式存在并且具有怎样的价值，而丝毫不会涉及技术自身被如何运用的问题。至于技术在它的被使用过程中具有了某种价值的偏向性，这时的技术已经不再是'技术'自身，它已经成为人类的'手段'，很显然，这个责任当然不应该由技术自身来承担。"② 可见，教学的技术嵌入从根本上取决于教学目的，或者说是教学目的决定了技术成为教学事业组成部分的存在的合理性。因而，不论我们采用什么样的嵌入方式，都必须明确通过技术到底来解决什么样的教学问题。通常情况下，我们关注的应该是教学质量的提升，而不是推行某种更新颖的硬件技术，这就如医生临床是为了使病人康复，而不是为了使用某种新药。

当前，针对技术辅助的教学、技术融入的教学和基于技术的教学，我们所要探讨的恐怕不是去评定哪一种教学方式最佳，而是哪一种教学方式针对什么教学目的可以解决什么问题和取得怎样的效果。可以预料，

① 何克抗：《关于〈美国2010国家教育技术计划〉的学习与思考》，《电化教育研究》2011年第4期。
② 陆江兵：《技术·理性·制度与社会发展》，南京大学出版社，2000，第26~27页。

在相当长的一段时期内，任何一种教学的技术嵌入方式都有其存在的必要性和合理性；换言之，不论哪一种技术嵌入方式的教学都不可能主宰甚至垄断整个教学系统和领域，更何况，中国幅员辽阔，区域发展不平衡，城乡差异还很大。因此，多元并存与互补的教学格局依然是技术化时代教学的常态，那种无视教学现实，盲目追求教学的技术化水平，或者以技术嵌入教学的方式来判定教学质量的做法，不利于我国教学事业的健康发展。

（三）可能的规约

尽管技术可以作为教学的辅助手段，可以作为教学的构成要素，也可以作为教学的特定场域，并由此可以生成技术辅助的教学、技术融入的教学和基于技术的教学，但并不意味着技术的教学嵌入会自然地引起教学的创新和变革。技术对教学的辅助有可能画蛇添足，技术的教学融入可能会导致对教学的奴役，而基于技术的教学，如慕课，也有可能只是翻转了教学时空。虽然技术嵌入教学会对教学的变革产生促进作用，但这不是必然的，而是或然的。而且，技术如何引发教学变革？其潜在的教学变革作用是否能够发挥出来？嵌入教学后的技术又会如何发展或变化？这些问题都不是不证自明的。布鲁斯认为，技术应用到社会系统后，可能会出现多种变化方式和变化过程，如一致性变化、不和谐变化、抵制性变化和重叠性变化等，有学者据此进一步分析了技术引入教育系统后的互动走势，即社会契合型变化、个体契合型变化、技术重新设计、适应性技术改造和教育价值观调整变化。[①] 在我们看来，教学的技术嵌入是否取得预期的效果，并不在于其嵌入的方式，也不在于技术本身的新旧或先进与否，关键在于是否有正确的教学观念的指导。如果教师陈旧的、错误的教学观念不变，无论选择怎样的嵌入方式，采用什么样的先进技术，都无济于事。由此看来，立足教学的现实和发展趋势，加强对技术嵌入教学的研究，树立正确的教学指导思想，是促进教学改革，也是教学的技术嵌入的重要前提。否则，通过技术进行的教学改革不仅会流于形式主义，而且会造成不必要的投入和浪费。

---

① 刘成新：《整合与重构——技术与课程教学的互动解析》，电子工业出版社，2006，第71页。

　　更为重要的是，即使教学的技术嵌入达到了预期的教学目的，取得了良好的教学效果，我们还需要进一步分析与考察技术嵌入后的教学可能导致的教学的技术异化（dissimilation）或技术悖论（paradox）。早在19世纪中叶，马克思就指出："在我们这个时代，每一种事物好像都包含有自己的反面。我们看到，机器具有减少人类劳动和使劳动更有成效的神奇力量，然而却引起了饥饿和过度的疲劳。财富的新源泉，由于某种奇怪的、不可思议的魔力而变成贫困的根源。技术的胜利，似乎是以道德的败坏为代价换来的。随着人类愈益控制自然，个人却似乎愈益成为别人的奴隶或自身的卑劣行为的奴隶。甚至科学的纯洁光辉仿佛也只能在愚昧无知的黑暗背景上闪耀。我们的一切发明和进步，似乎结果是使物质力量成为有智慧的生命，而人的生命则化为愚钝的物质力量。"[①]维纳在《控制论》中也指出："技术的发展，对善恶都带来无限的可能性……不能从市场的观点，从节省了多少钱的观点来看待这种新的可能性……出路只有一条：建立一个不同于买卖关系的、以人的价值为基础的社会。"[②]

　　明者防祸于未萌，智者图患于将来。任何教学技术都潜含着一定的教学风险，也潜含着违背教学伦理道德的某种可能性，这就决定了对教学的技术嵌入进行伦理规约的必要性。具体的教学伦理不可能只是一些指令与纯目的的体系——它应是教学存在整个理想及现实运作的指导方针，不仅有助于我们理解教学目的，而且有助于我们理解达到教学目的的手段以及达到的程度。教学不只是知识的获取和智力的训练，而且是社会性和情感的培养，包括培养一系列处理社会问题以及处理人际关系的能力，如具有权利和责任意识，建立信任感和认同感，明确作为社会成员的职责和权利等。苏霍姆林斯基指出："教学——这并不是机械地把知识从教师的头脑里灌输到学生的头脑里，这是一种极其复杂的道德关系，在这种关系里起主导作用的、决定性作用的特征，就是培养儿童的荣誉感和自尊感，并在此基础上培养他要成为一个好人的愿望。"[③]教学在本质上是一种伦理实践，任何时候，教学都应该是一种充满人间温情

①　《马克思恩格斯选集》（第1卷），人民出版社，2012，第776页。
②　黄顺基等：《科学技术哲学引论》，中国人民大学出版社，1991，第392～393页。
③　〔苏〕苏霍姆林斯基《苏霍姆林斯基选集》（第1卷），教育科学出版社，2001，第108页。

的活动。只有当教师真正重视与学生之间关系的培养，建立起良好的师生关系时，学生才有可能真正从情感上投入学习中，教学才有可能富有成效。因此，卓越的教学乃是有效与伦理的统一，绝不能为了教学的有效而丧失教学的伦理。然而，一些嵌入现代技术的教学往往将认知目标、成就标准和能力要求置于优先考虑的地位，忽视了教学的社会性和情感维度，将教学变成一场冷静客观、与周围环境绝缘的奔向教学目标的竞赛，或者让技术性的问题占据了时间，使教师无暇顾及学生的切身感受以及与学生良好关系的建立。"技术在很大程度上是一种文化的产物，因此任何给定的技术秩序都是一个朝向不同方向发展的潜在的出发点，但到底向哪个方向发展则要取决于塑造这种技术秩序的文化环境。"① 正是在这种意义上，我们认为，所谓对教学的技术嵌入进行伦理规约，就是要从教学的伦理本性出发，制定相应的伦理准则和道德规范，对嵌入技术的教学活动进行规范与约束，规避技术的异化，实现技术与教学的和谐，推动教学的进步与发展。

现代技术活动越来越多地通过行政和市场将关涉教学领域的各种人的利益紧密联系在一起。前者具有强制性，未必虑及教学的现实境遇；后者具有诱惑性，可能引发教学的虚假需求，两者的纠缠便使教学的技术嵌入变得更加复杂而微妙。"在选择我们的技术时，我们变成了我们之所是，而这反过来又形成了我们未来的选择。如今的选择行为已经被技术所渗透。"② 不仅如此，现代技术的高度专业性使得局外人很难知情，市场流通使得生产者与消费者很难直接见面，因而道德的自律与他律容易陷入一种难以维系的困境，对教学的技术嵌入进行伦理规约就显得更为紧迫。如果教学的技术嵌入不择手段，缺乏必要的伦理规约，必然会造成教学领域的技术泛滥。当前，使教学的技术嵌入受到伦理规约的重要举措之一，就是在伦理意义上对嵌入教学的技术进行评估。通过对嵌入教学的技术进行评估，可以唤起相关人员特别是教育行政人员和学校教师的超越个人本位的伦理意识，主动承担起教学的伦理职责，对嵌入

---

① 〔美〕安德鲁·芬伯格：《技术批判理论》，韩连庆、曹观法译，北京大学出版社，2005，第 165 页。

② 〔美〕安德鲁·芬伯格：《技术批判理论》，韩连庆、曹观法译，北京大学出版社，2005，第 2 页。

教学的技术可能带来的消极后果提出警示，呈现真实，揭示真相，消除隐患。梯利指出："在我们发现了原理或规律以后，我们就应用它们，把这些原理或规律付诸实践，制订出一些必须遵守的规则，以达到某些目的。"① 这就提醒我们，对教学的技术嵌入进行伦理规约，不仅要依靠教学相关人员内在的道德力量，同时也必须将这种力量外化为一种相对严格的制度设计和安排，这样才有可能使教学的技术嵌入走上良性发展的轨道。

---

① 〔美〕弗兰克·梯利：《伦理学概论》，何意译，中国人民大学出版社，1987，第89页。

第六章　教学行为的自律

　　教学审慎是教师的当然责任，也是教师自我发展的内在需要。经过反复的实践和教化，教学审慎不仅可以转化为教学实践活动不可或缺的要素，而且能满足教师的道德诉求，进而逐渐内化为教师个人的道德品质，成为教师的一种教学美德。教学审慎不是游离于具体教学实践活动之外的遐想，也不是沉湎于教师自我意识的一种内省，它必须贯穿教学实践活动的全部过程和环节。教学审慎并非教师的自然禀赋，也非教师的一朝顿悟，教师只有将教学理论的学习与教学实践的反思统一于具体的教学实践活动之中，不断反思、总结和修正，才能提升教学审慎的能力，获得教学审慎的品质。教师未必有德性，教学未必是德行，因而教学行为需要道德评判。教学行为的道德评判，就是对某种或某类教学行为在道德意义上做出肯定或否定的价值判断，从而把教学行为区分为善的或恶的，有利的或有害的，正义的或非正义的，合理的或不合理的，等等，通过对教学行为的赞许或谴责来干预教学生活，从而使教学走上人性化的道路，真正全面地丰富、涵养和提升人性。教学行为的道德评判应当在教学行为的全过程中进行全面和综合的分析，即看教师是否在既定的客观环境中做了他所应做的、他所能做的。通过教学并在教学过程中不断形塑和完美自身，通过形塑和完美自身不断形塑和完美学生，这两者不是敌对的、互相冲突的，而是一体化的过程。教学良心为教师的教学行为"立法"，规约和制导着教师的现实教学生活或实际教学行为的选择，所以教学行为的道德评判，在某种程度上又是教师教学良心的自我评判。

一　教学审慎的诉求

　　教学承载着塑造生命和改造世界的使命，是一项崇高而神圣的事业。即使将教学仅仅视为谋生手段的教师，也应该充分认识到自己对待学生的方式可以影响学生的主体性感受，从而深刻地影响未来的世界。因而，只要教学存在，教学审慎就是其应有之义。

(一) 教学审慎的必要

教学是人类特有的社会实践活动，其质量和水平关系着学生的成长与发展，在很大程度上决定着国家的命运和民族的未来。可是，教学并不是一件简单的、天真的事情，而是一项极其复杂的社会活动。而且，随着社会的快速流变，教学的复杂性日趋增强，真诚的愿望并不能保证教学实践的纯洁性，精心的教学设计也未必能取得理想的效果。对于从事教学这项社会实践活动的教师来说，确实需要审慎而为。审，详究，即全方位考量；慎，慎重，含敬畏之意。"慎是审的内在规定，只有慎重才可能近于中道而不偏激，获得全面清醒的认识；审是慎的实现方式，只有认真考量细致耐心才能获得全面客观的认知。审慎互为表里，使人将感性认知与理性精神结合起来，归于中道。"[1] 所谓教学审慎，是指教学思考和教学行为的周密及谨慎，是教师面对复杂的教学矛盾和冲突之时，能够进行全面细致的考察，在教学利弊得失中仔细权衡，从而做出符合教学发展方向并取得预期教学效果的行为。可以说，教学审慎是教师开展教学实践活动必须考虑的一个重要因素，而不是一个可以忽略的因素，是教师的当然责任。

教学是人类重要的社会实践活动，也已成为人类社会的一种极为普遍的现象。我们在满足学校教育的普及，及其在推动国家强盛和社会进步过程中所取得成就的同时，必须清醒地认识到普及化的学校教育也在逐渐地解构着教学曾有的崇高和神圣。如果教学不再神圣、不值得尊崇，教学的平庸之恶就会在所难免。作为教师，我们都有自己的教学观念，这些观念也许只是一些未经检验和省察的假定，其正确性对于处于其内的我们来说，常常是不言自明甚至是难以自明的。但是，这些观念决定着我们教学思考的框架，赋予我们自己和我们的教学行动以价值和意义。在这种意义上说，我们都是陷入教学感觉框架之中的囚徒，这种框架决定了我们如何看待自己的教学经历和教学行动。这往往又会形成教学自我确证的一种循环，在这种循环中，我们未加批判地接受的那些教学假定指导着我们的教学行动，而这些教学行动反过来又确证了这些教学假

---

① 沈永福、郭敏科：《论审慎》，《当代中国价值观研究》2016 年第 6 期。

定的正确性。"天真的教学意味着，我们总能正确地理解自己在做什么，我们总能理解自己所具有的影响。天真的教学还意味着，我们总是设想自己的教学行动所具有的意义和重要性与学生们所领会到的完全一致。往好处想，这种教学是天真的；往坏处想，这种教学将会导致悲观主义、内疚和懒散。由于我们从来不可能对自己的动机和意图完全了解，由于我们经常会错误地理解别人对我们行动的感受，那么对我们的实践采取非批判性的立场将会导致我们的人生充满挫折。事情的结果总不能尽如人意，在我们眼中，一直没有能力控制看来混乱的局面就是自己无能的证据。"① 幸运的是，教学审慎有助于教师打破这种天真和自责的恶性循环的怪圈，规避陷入这些丧失信心和自我伤害的陷阱，提高教学成功的机会。这样看来，教学审慎就不仅是教师的当然责任，而且是教师自我发展的内在需要。

为了克服因盲目、冲动、片面和草率带来的消极教学后果，教师需要在教学实践活动中综合运用自己的知识和思维能力，全面考察教学环境、教学目标、教学过程与方法，以及教学可能后果的正当性。由此可见，教学审慎也是一种教学理性，它是教师理性精神在教学实践活动的具体展现。只是，人的理性本身是局限的；更重要的是，人并非总是理性的，而且理性的运用还要受到非理性的制约。在日常生活中，我们努力追求幸福，却常常陷入一些过错、谬误和失察。在很多情况下，由于我们过早地使意志有所决定，故在没有妥当考虑之前，我们就已鲁莽从事了。如果我们认为教学理性具有无限的力量，而不以谨慎的态度对待教学理性，这在本质上乃是一种"致命的自负"。一方面，教学理性在理解它自身运作的能力方面有着一定的逻辑上的局限，因为它永远无法离开它自身而检视它自身的运作；另一方面，教学理性乃是一种植根于由教学行为规则构成的教学结构之中的系统，无法脱离生成和发展的整个教学系统而达致这样一种地位，即那种能够自上而下地审视它们并对它们做出判断和评价的地位。所以，教学审慎虽然也是一种教学理性，但它是审慎的教学理性，也可以说是教学理性的审慎。教学审慎不是对

① 〔美〕Stephen D. Brookfield：《批判反思型教师 ABC》，张伟译，中国轻工业出版社，2002，第 1 页。

教学理性的拒斥，而恰恰是一种积极的捍卫。事实上，我们在教学认识方面越是深入，就越会发现自己所知有限。教学理性的自负会使我们对自己的教学认识能力建立起不合时宜的自信，容易催生误导性的教学改革神话，背离教学改革与发展的正确方向，教学审慎因而也是教学改革的必要和必须。

教学审慎经过反复的实践和教化，不仅可以转化为教学实践活动不可或缺的要素，而且能满足教师的道德诉求，进而逐渐内化为教师个人的道德品质，成为教师的一种教学美德。亚当·斯密认为，在人的品性中，审慎当是对我们最有用的。我们要凭借它高度的理性及理解能力，细辨行为的后果，预测可能的福祸，还要凭借它的自制能力，放弃当前的逸乐，茹辛耐劳，以求将来更大的欢乐，或避免将来更大的痛苦。这种品行联合起来便是审慎。[①] 也许，正是由于教学审慎可以使教学价值判断免于失误，因而它又是其他教学德性实现的前提性条件。德国哲学家皮柏（Josef Pieper）指出：“审慎是一切道德美德的原因、根源、母亲、衡量标准、规则、向导、原型；它在一切美德中活动，使它们完善其真正本质；一切美德都参与到审慎中去，通过这种参与的美德，它们成为美德。”[②] 在教学实践活动中，教学勇气不经教学审慎就会变成教学鲁莽，教学仁慈不经教学审慎就蜕化为教学泛爱，教学公正不经教学审慎就可能走向教学偏畸。不难看出，教学审慎为其他的教学德性设置了一种规限，这种规限将其导向合适的教学中道。通过教学审慎，其他的教学德性能够以适宜的状态和方式展现在具体的教学行为之中，而其他教学德性的恰当呈现，则更凸显了教学审慎在其中至为关键的规限作用。由此，我们可以确信，一个真正拥有教学审慎的教师，能够以其全部的教学美德来调控自己的教学行为，从而不断提升自己的教学境界。

（二）教学审慎的可能

教学审慎不是游离于具体教学实践活动之外的遐想，也不是沉湎于教师自我意识的一种内省，而是必须贯穿教学实践活动的全部过程和环

---

① 周辅成：《西方伦理学名著选辑》（下卷），商务印书馆，1987，第200页。
② 李冠杰：《埃德蒙·柏克的审慎观念——政治实践的核心原则》，《政治思想史》2014年第2期。

节。如果我们把教学看作一个由价值取向、实施过程和行为后果构成的动态整体，教学审慎便有了可能的维度和现实的内容。

　　教学价值观念左右着教学实践活动的发展方向，甚至影响着课程内容和教学方式的选择，从而决定着教学的成效。问题在于，现代社会的价值多元和冲突已经是我们必须接受的事实，而不是某种我们为了理智的一致性而应该清除的东西。"不同的价值领域都试图按照自己的合理性逻辑进入社会结构之中，构筑在不同的价值观上，由此导致了自身的相对性和流动性，而具有更高的调节、整合能力的普遍价值观又不再可能。因而，现代人不得不在精神上生活在多元价值的冲突之中。"① 深嵌于现代社会的教学无法规避价值多元和冲突的挑战，教师不得不承担起教学价值重构和抉择的责任。由于任何一种教学价值的内容都来自一种特定的教学立场或视角，而不是透视教学的整体性视域，也就是说，在教学价值逻辑中，不可能存在包含着一切教学立场或视角的教学价值，即使以教学价值中立或最高价值的方式出现的教学价值，也不可能涵盖一切教学立场或视角，而总是在先行肯定一些教学价值的同时，否定了另一些教学价值。尽管如此，我们也不能认为选择任何一种教学价值都是合理的，否则就会陷入教学价值的相对主义，而绝对的相对主义必然导致教学价值的虚无主义。"现代人试验性地一会儿相信这种价值，一会儿相信那种价值，然后又把它取消了：过时的和被取消的价值的范围变得越来越丰富，价值的空虚和贫困越来越明显可感。"② 教学价值的虚无主义是教学价值的自行罢黜，教学没有目的，没有追求，更没有对教学目标的应答，这就从根本上消解了教学现实存在的必要性。面对多元的教学价值观念，教师应当增强辩证思维能力，运用辩证唯物主义的思想方法，分析和比较各种教学价值观念，揭示它们内含的教学客观依据，反对那种缺乏教学客观实际依据，不受教学实践活动检验的，包括主观主义、机械主义和教条主义在内的一切形而上学的思想方法及其行为。市场经济是值得肯定的，一个市场化的社会则是需要警惕的。当个人经济利益的最大化成为社会普遍追逐的目标时，自利自保的个人主义就会通过市

　　① 陈赟：《现时代的精神生活》，新星出版社，2008，第 37 期。
　　② 〔德〕尼采：《权力意志》（下卷），孙周兴译，商务印书馆，2007，第 732 页。

场体制而自然化、惯常化、正当化。这时，"市场不再作为经济活动的规则，而是渗透到社会文化的一切领域，它通过单向度的利益原则而构建秩序，因而，不可避免地包含着将人们从共同生活中加以分离的强大离心力"。[①] 对教师来说，教学是他们的职业活动，但教学首先应该是一项国家事业，绝不是教师的私人事务。教师的教学价值取向必须体现国家意志，肩负社会责任。教师如果完全从个人的利益和偏好出发进行教学价值的选择，虽然为自己的教学行为开放了自由的空间，却很可能失去其教学行为中的更广阔的社会视野以及那些更高远的目标感；而且，个人主义教学价值取向的肆虐，不仅消解了教学实践活动的社会性，也意味着教学这种社会实践活动之公共品质的逃逸和隐退。当教师远离教学的神圣，拒斥教学的崇高之时，各种庸俗主义教学就会粉墨登场。

教学倘若是创造性的，那么它就不是既定教学内容的客观主义呈现，也不是教师的主观主义表演。客观主义教学将教学内容视为外在于教师的静态实体，无视教师的内心世界，把直觉当作非理性加以嘲笑，把真实情感当作多愁善感而不加理睬，把想象当作混乱的、难以控制的状态，使得师生的教和学的过程机械呆板、死气沉沉。主观主义教学则过分夸大教师的主观能动性，完全搁置客观世界的规律，否定教学之为教学的基本理性，使得教学完全成为教师个人情感的表达和情绪的宣泄。教学是客观主体化的过程，是教师塑造内心景观的过程，同时也是主观客体化的过程，是教师影响和改造客观世界的现实过程。其中，交织着知识与智能、理性与情感、科学与道德的矛盾，充满着一系列悖论。所以，"教学需要我们拥有比一般意识水平更高的意识水平——当我们被一种创造性的张力所感染时，这种意识水平总会被提高。悖论就是这种张力的别称，是整体地把握对立面的一种方式，是创造某种保持我们警觉的电荷"。[②] 在帕克·帕尔默看来，把握好教学悖论的张力以便学生能在更深层次学习，是搞好教学最困难的一环。当教师被拉向两极感到紧张时，需要寻求一种新的方式去理解、超越它们。也正是在这种意义上，教学才真正是创造性的。即使在日常生活中，我们也常常面临着调和对立或

① 陈赟：《现时代的精神生活》，新星出版社，2008，第85页。
② 〔美〕帕克·帕尔默：《教学勇气——漫步教师心灵》，吴国珍等译，华东师范大学出版社，2005，第76页。

矛盾的任务，从合乎逻辑的思想来看，这些对立或矛盾又不是不可调和的。例如，"怎么能够使教育的纪律和自由的要求调和呢，实际上，有无数的母亲和教师都在做着这个工作，但是没有一个人能够写出一个解决办法来。他们的做法是这样的：带入一种更高层次的、超越了对立的力量——即爱的力量……如此，有分歧的问题促使我们自己努力提升到高于我们自己的层次；它们既要求又激发来自更高境界的力量，从而就给我们的生活中带来了爱、美、善、真。就是因为有这些更高层次的力量，对立的事物才能在我们的生活环境中得以调和"。① 显然，这种调和是没有固定模式的，无法通过程序化的操作去完成，因为它不仅是一种技能，更是一种智慧。为了摆脱教学矛盾所带来的苦恼，避免教学过程中的混乱无序，许多教师便汲汲于源于他者的各种教学模式。这些教学模式的确相对稳定，也具有一定的教学理论依据和教学经验基础，展示出一种权威性和可参照性。可是，教学的历史和现实都已证明，任何一种教学模式都不可能解决所有的教学矛盾和问题，依附于某种教学模式的教师，等于让渡了自己教学思考的权利，放弃了自己应有的教学主体性。所以，"无论何时遇到了实践的良好模式，我们就可以问一问，它在何种程度上促成了人们这样一种谬见：成功的工作都是以相同的方式进行的，这种方式是跨越所有文化和情境的。匆匆忙忙去利用这种非情境化的、标准化的教学模式，会破坏教师们的主体性思想。模式改变了人们的倾向，它让人们把自己的未来建立在追求一种具体化的、全知全能的教学模式之上，而不是把自己的未来建立在不确定的、道德上有瑕疵的真实世界上"。② 教师这种求之于外的心态和做法，不仅不利于自己的专业成长，对于其民主意识的培养或者批判对话的参与，也是一种致命的打击。

　　教学实践活动必然使师生发生某种变化，但存在的并非都是合理的。教学确证着教师的存在价值，教师对自身教学活动结果的评价在很大程度上决定着教师的自我认识。"就像任何真实的人类活动一样，教学不论好坏都发自内心世界。我把我的灵魂状态、我的学科，以及我们共同生

---

① 〔美〕帕克·帕尔默：《教学勇气——漫步教师心灵》，吴国珍等译，华东师范大学出版社，2005，第85页。

② 〔美〕Stephen D. Brookfield：《批判反思型教师ABC》，张伟译，中国轻工业出版社，2002，第248页。

存的方式投射到学生心灵上，我在教室里体验到的纠缠不清只不过是折射了我内心生活中的交错盘绕。从这个角度说，教学提供通达灵魂的镜子。如果我愿意直面灵魂的镜子，不回避我所看到的，我就有机会获得自我的知识——而就优秀教学而言，认识自我与认识其学生和学科是同等重要的。"① 如果教师不了解他自己，他就很难理解他的学生，容易戴着墨镜看待他的学生；如果教师不了解他自己，他就很难理解他所教授的学科，会在抽象的意义上，遥远地、视其为疏离于世界的概念堆砌一样看待他所教授的学科，就像他远离自己的本真一样。遗憾的是，很多教师非常在意他者对自己教学的评价，而不注重从自己教学实践活动结果的评判中总结经验和吸取教训，从而失去了丰富和提升自我认识的机会。教学能够提升人的尊严和价值，促进社会的文明和进步，这是教学存在的依据；但是，教学也可能抑制人的自由和个性，使人格扭曲和人性沦丧，成为社会发展的阻滞，这正是教学需要不断改革的原因。伊利奇揭露了学校制度对人的桎梏，破除了教学推动学习和促进正义的幻影。怀特海则提醒教学应避免呆滞思想的侵蚀，因为充斥呆滞思想的教学不仅没有用处，而且最大的害处是具有腐蚀性，这种腐蚀性进而发展成为劣根性。"每一次对人类社会进步举足轻重的知识革命，都是一次陈腐呆滞思想的一种反抗。但是，由于对人类心理的可悲的忽视，某些所谓的教育制度又重新用呆滞的思想来蒙蔽人们的眼睛。"② 教学思想的呆滞与教学制度的惰性及其相互作用，使得教师对教学实践活动的思考往往只注重其直接结果，认为教学实践活动的直接结果与预想的教学目标一致便是教学的成功，是教学实践活动合理性的标准。当教师陶醉于自己教学实践活动的直接结果时，很少意识到教学实践活动结果的间接性及连续性。在这种情况下，教学实践活动的目的也许是预期的，但是教学实践活动实际产生的结果并不是预期的，或者这种教学实践活动的结果起初似乎与预期的目的相符合，而到了最后却完全不是预期的结果。教学是面向未来的事业，一旦教学实践活动的直接结果成了教学的最终追求目标，就很可能失落了人的发展的真正目的，今天所谓合理的教学实践

---

① 〔美〕帕克·帕尔默：《教学勇气——漫步教师心灵》，吴国珍等译，华东师范大学出版社，2005，第3页。
② 〔英〕怀特海：《教育的目的》，庄莲平、王立中译，文汇出版社，2012，第2~3页。

活动可能潜含着很大的不合理性。

（三）教学审慎的自觉

　　教学审慎是一种美好的愿望和动机，一种责任和精神，同时也是一种能力和品质。可是，教学审慎并非教师的自然禀赋，也非教师一朝顿悟即能获得的，需要教师坚持不懈地学习，更需要教师反思性的教学思维训练和教学实践的长期磨砺。

　　教学审慎是教师在具体的教学实践活动中的选择，是在诸多的教学矛盾和冲突中选择一条适宜的中道，实际上是在教学的不确定性中寻求一种确定性。没有一定的教学理论素养，教师就很难辨别与权衡，做出恰如其分的判断。教学理论是教学实践活动的能动的、系统的反映，是经过严密的理性分析和逻辑推理而形成的，它能够为教师提供关于教学的知识，使教师更深入地理解教学的本质和规律，纠正教学的偏见，树立正确的教学观念，为教学审慎提供思想条件。但是，以适当的程度、在适当的时间、出于适当的理由、用适当的方式开展教学实践活动不是每个教师都能轻易做到的。亚里士多德认为，"实践的逻各斯只能是粗略的、不很精确的……而实践与便利问题就像健康问题一样，并不包含什么确定不变的东西。而且，如果总的逻各斯是这样，具体行为中的逻各斯就更不确定了。因为具体行为谈不上有什么技艺与法则，只能因时因地制宜，就如在医疗与航海上一样。"[①] 由于教学审慎很难普遍化为一种理性原则，没有严格的科学推理程序和严密的证明形式，因而它无法为教学实践活动的选择提供一套精确的价值标准和运行程序。用语言表达出来的教学知识永远不能完全包括我们关于构成教学各个要素及其内在关联的知识，这是由语言的限度决定的，甚至可以说这是一种宿命。教学审慎离不开教学理论的关照，它体现在教学理论的应用之中，却不是教学理论的具体应用。如果认为掌握了教学理论知识就可以自然地获得教学审慎的品质，则是对教学审慎的一种简单化理解；相反，如果因为即使掌握了教学理论知识也不能达到教学审慎的境界，从而否定了学习教学理论知识的必要性，则是一种因噎废食。面对教学日趋加剧的不确

---

① 〔古希腊〕亚里士多德：《尼各马可伦理学》，廖申白译，商务印书馆，2003，第39～40页。

定性，寻求教学的确定性是教学发展的内在要求和必然趋势。只有在某种教学普遍规范的导引下，教师才能使自身的教学实践活动保持一定的稳定性和连贯性，解决自身教学认知有限与教学视域无限的矛盾，抚慰教学的焦虑和不安，这恰恰是教学审慎能够发挥的现实功能。

　　复杂的教学实践活动在某种程度上可以分解为一些简单的教学技术，这些教学技术可以通过实践性环节，进行有意识的系统化训练来形成。随着教师教育的发展，教师教学技术的训练也已取得了相当的成效。对于教学审慎而言，我们很难将其化解为一些可操作的行为。因为，教学技术只是教学实践活动的工具或手段，其目的存在自身之外；教学审慎则不然，它本身就是目的。教学是人的一种价值追求，也是人的一种自我塑造，在根本上它是以人的发展与生活的完满为终极目的的，教学审慎就贯穿人的这种价值追求和自我塑造的具体过程之中。"在技艺者的世界中，一切事物都必须具有某种用途，即一切事物必须将其自身作为获得其他事物的一种手段……人就其是一个技艺者而言已经被工具化了，这一工具化意味着所有事物都堕落成手段，意味着这些事物丧失了其内在的和独立的价值，以至于最终不仅制作的对象，而且'整个地球和自然的所有力量'都丧失了其价值。"① 教学的确需要技术，技术的创新也能够解决教学的一些难题，但教学并不是技术和工具化的世界，它绝不是教学技术的简单应用过程，教学审慎更不像教学技术在具体教学实践活动中的应用。教学技术的应用一般是先设定一个既定的一般原则，教学审慎则不允许我们简单地通过把具体教学事例归于普通教学原则来演绎正确的教学行为准则。教学技术的应用是一种线性的应用方式，它一般不需要考察具体教学情境的变化，教学审慎则需要不断地对具体教学情境进行考量，每一次教学行动都是一个判断和推理的过程。今天，人们生活在一个技术的世界，一个人们越来越认为好的东西只能通过在生活中增加技术的应用才能得到的世界。在这样的世界里，教学的技术嵌入日新月异，不断出新的教学形态荡涤着传统的教学，教学日趋呈现繁杂多样的局面。因此，教师有必要追问自己：技术怎样影响教学环境，怎样利用技术达到教学的目的。我们也要敢于发问：技术如何塑造了我

---

① 〔美〕汉娜·阿伦特：《人的条件》，竺乾威译，上海人民出版社，1999，第152页。

们教师,是我们越来越像教学机器,还是我们逐渐变得更像我们的教学机器。当我们这样追问自己的时候,教学技术的应用便成为教学审慎的对象。

教学审慎需要普遍的教学理论知识,并不意味着要以纯粹理想的教学理论构架理解甚至支配教学实践活动;相反,我们应该注意各种教学理想主义对教学实践活动的可能伤害。教学审慎需要考虑不断变化的具体教学情境,但不能因此而被简化为应用性的教学技艺,它更需要对教学实践活动做出普遍的、本质的理解,接受教学理论的导引和教学思想的洗礼。由于良好的教学实践活动本身就是教学审慎的目的,因此,我们可以说,教学审慎就渗透于教学理论和教学技术的应用过程之中。如此,教学审慎就不是纯反省的,不能完全依靠慎独的方法;教学审慎也不是纯直觉的,不能被动地等待灵感的降临。只有将教学理论的学习与教学实践的反思统一于具体的教学实践活动之中,不断总结和修正,才能提升教学审慎的能力,获致教学审慎的品质。一旦脱离了具体的教学实践活动本身,教学审慎就失去了赖以存在的根据和基础。

教师虽然总是公开地面对着学生,但其教学几乎像独奏一样,永远处于同事的眼光以外,如果教师因此而认为教学审慎完全是个人的事情,就很可能导致自我蒙蔽,从而故步自封。"任何行业的成长都依赖于它的参与者分享经验和进行诚实的对话。诚然,我们从个人的尝试、错误中成长,但是如果没有一个共同体支持我们去冒险的话,我们个人去尝试和承受失败的意愿就会极度有限。当任何功能被个人化后,最可能的结局是大家都保守地做,即使都明白那行不通,仍不肯偏离大家默认的所谓'行得通'的做法。"① 对于教师来说,首先不要把自己想象成教学的"单独突击队员",可以像英雄那样通过令人钦佩的、坚忍不拔的个人行为来解决所有教学的问题,需要超越个人化框架的束缚,与同事开展真诚的对话,提升自我认识的水平。"当教师们谈论自己的工作和'识别'自己的经验时,他们就会了解自己已经知道的和信以为真的事情,了解自己原来所不知道的东西。这些产生于其自身而不是由外界所强加的知

---

① 〔美〕帕克·帕尔默:《教学勇气——漫步教师心灵》,吴国珍等译,华东师范大学出版社,2005,第144页。

识，通过提供行动的源泉，赋予个体以权力……通过这种方法获取知识的教师能够按意图行动，他们能够从自己已知的中心退出来，成为自己世界的批评家和创造者，而不是成为这个世界的被告，或更严重地说成为这个世界的牺牲品。"① 为此，学校应重视教学共同体的构建，为教师的教学审慎提供良好的环境。在变动不居的社会中，学校教学审慎文化的形成，有利于学校明确发展方向，铸造办学的个性和特色，避免因立场的丧失而随波逐流、随遇而安。这也是我们今天提出教学审慎这一命题的重要原因。

教学审慎是审慎的教学理性或教学理性的审慎，但它并不排斥教学情感因素，也无意造就高度理性化的教学，抹杀教学情感的价值，走向极端的教学理性主义，而是在深入反思教学理性主义的基础上，恰当地处理教学理性与教学情感的关系。我们知道，即使最单纯的认知反应活动，本身也是一种情感活动，因为它有赖于一种平静专心的情感状态。教学情感不仅是教学审慎的基本依托，也是教学审慎的动力源泉。从某种意义上讲，情感是一种特殊的认识能力，它能以特殊的情绪形式预示未来。狄德罗明快地讴歌情感："人们无穷无尽地痛斥情感……可是只有情感，而且只有大的情感，才能使灵魂达到伟大的成就。如果没有情感，则无论道德文章都不足观了……道德也就式微了。"② 很难设想，没有炽热的教学情感，教师会有教学审慎的高度自觉。需要当心的是，教学情感的功用未必是积极的。在炽热的教学情感之下，可能暗藏着丑恶的心灵，做出愚蠢和卑劣的教学行为。这是因为一方面教学情感可能排斥了教学理性的规约，溢出了教学理性的边界；另一方面教学情感虽有教学理性的规约，但教学理性自身出现了偏差和谬误。在这种情况下，教学情感越执着和强烈，其危害性就越大。"心灵具有不正确的观念愈多，则它便愈受情欲的支配，反之，心灵具有正确的观念愈多，则它便愈能自主。"③ 当前，不断推进的基础教育教学改革激发了学校和教师的积极性，各种教学思想和改革方案层出不穷，有远见卓识者，也有盲目妄为

---

① 〔美〕Stephen D. Brookfield：《批判反思型教师ABC》，张伟译，中国轻工业出版社，2002，第58页。

② 〔法〕狄德罗：《狄德罗哲学选集》，陈修斋等译，三联书店，1957，第1页。

③ 〔荷兰〕斯宾诺莎：《伦理学》，贺麟译，商务印书馆，1991，第99页。

者，有民主审议者，也有一意孤行者。因此，教学审慎就显得更加迫切。

二 教学行为的评判

如果承认教师是教学的主体，那么教学就不再是一个由自在的因果必然联系所引导的过程，而是一个由教师自身的活动所主导的过程。因此，教师的教学行为本身是需要评判的。

（一）问题与意义

早在十八世纪，被斯密称为"人文科学中的牛顿"的休谟就认识到人性之于其他学科的重要意义，"一切科学对于人性总是或多或少地有些关系，任何学科不论似乎与人性离得多远，它们总是会通过这样或那样的途径回到人性。即使数学、自然哲学和自然宗教，也都在某种程度上依靠人的科学"；"人性本身"好比是"科学的首都或心脏"。① 认识人性，认识人自己是许多学科的共同目标，不同的只是不同学科只能从不同的维度来研究人性。仅仅相信人具有可塑性，尽管这是一切教学的前提，但这远远不够；仅仅依靠经验科学所提供的人的图景，尽管这是一切教学的基础，但这仍不是全部。作为一门培养人的学科，教学论有责任也应有能力在对一切学科的一切人性假设做出必要的理论反思和价值回应的同时，更应探究教学与人性之间的复杂关系。

然而，在教学论的视域中，这似乎不是一个问题。或许因为过于受自然科学思维方式的影响，或许为了刻意表明自身的学科地位，教学的科学化成了教学论学科不可置疑的追求，教学的原则、模式、方法和策略的探讨常常涵盖了教学论的最主要内容。即使涉及教学目的这样的价值性问题，也要努力使之具体化，精心地建构起可测量的目标体系，教学好像与人性发展和完善具有天然的一致性，教学论因而越来越成了一门纯粹的工程或技术学科。卡西尔在《人论》中，主张从文化，即人自身的活动，而不是某种外在的实体来理解人的本质规定性。他指出："人的突出特征，人与众不同的标志，既不是他的形而上学本性也不是他的物理本性，而是人的劳作（work）。正是这种劳作，正是这种人类活动的

---

① 〔英〕大卫·休谟：《人性论》，关之运译，商务印书馆，1980，第6~7页。

体系，规定和划定了'人性'的圆周。"① 教学作为人类特有的劳作，包含组成人性圆周的各个部分和扇面，如语言、科学、艺术、历史等，通过这种劳作，全面涵养和提升人性，具体地说，就是既促进学生的发展，又成就教师自身，教学相长，这是教学论学科的使命。在这种意义上，我们可以说，教学论首先是一门伦理学，一门关于人性反思的科学。如此理解，教学论才有可能使我们了解自身，使我们自身成为衡量一切教学关系的尺度，并按照我们自身的存在方式来评判这些关系，根据我们自身的本性需要来安排教学世界，不会因本质主义的肆虐而过于沉重，也不会因存在主义的焦虑而显得轻浮。

实际上，我们无论考察历史，还是反思现实，都不难发现，教学未必能够丰富、发展和完善人性，在很多情况下，可能恰恰相反！丰富、发展和完善人性只是我们对教学的应然或理想的追求。否则，卢梭写不出《爱弥尔》，伊利奇不会主张学校消亡论，我们没有必要为种种教学的非人道行为而苦恼！显然，教学未必是德行，教师未必有德性，这是摆在我们面前的事实，尽管我们付出了很多努力，甚至做出了一些牺牲。多年来，我们倡导主体性的教育，经常说教师是教学的主体，可又常常陷入情感甚至情绪性的表达，流于形式化的口号。如果承认教学表征和确证着教师的存在，教师就应该对教学的质量、结果承担责任，具有对自身教学行为的结果负责的勇气和精神。倘若教师真正是教学的责任主体，教学就不再是一个由自在的因果必然联系所引导的过程，而是一个由教师自身的活动所主导的过程，教师的德性因此得以充分显示和展现。沉浸和充盈着教师德性的教学是人性化的教学，人性化的教学便成了一种德行。所以，教学行为本身是需要道德评判的。

（二）原则与立场

所谓教学行为的道德评判，就是对某种或某类教学行为在道德意义上做出肯定或否定的价值判断，从而把教学行为区分为善的或恶的，有利的或有害的，正义的或非正义的，合理的或不合理的，等等，通过对教学行为的赞许或谴责来干预教学生活，从而使教学走上人性化的道路，真正全面地丰富、涵养和提升人性。

---

① 〔德〕恩斯特·卡西尔：《人论》，甘阳译，上海译文出版社，1985，第87页。

　　要对教学行为进行道德评判，就需要确定一定的标准。这是一个十分复杂的问题。伦理学研究通常有描述、规范和分析三种方法。描述方法主要通过经验观察、了解人们的实际行为状况，从而得出关于人们的道德观念、道德习惯、道德原则和道德规范是怎样的某种经验性的结论；规范方法的兴趣不在于描述人们的实际道德状况，而是研究人们是否应该如此行为，从而为个人或机构的行为决策找到可以论证的伦理规范或价值标准；分析方法注重追问人们所使用的道德术语，如善、恶、责任、义务、良心等所表达的意义和道德的推理逻辑，以澄明概念、检验论据以及论证所支持的理论。确定教学行为的道德标准，通过描述方法即使能够获致，也面临着经验归纳内涵的认识论局限；不考虑实际教学行为的道德状况的规范方法，很容易出现主观主义的偏向；采取单纯的分析方法又会陷入逻辑思辨，空洞无物。我们认为，在确定教学行为的道德标准的过程中，对实际教学行为的道德状况的把握是必要的，但我们不仅是为了理解和解释它，而且是为了改变和改造它，因此我们就可以站在一定的价值原则上，用相应的规范方法去分析和评判它。作为人类特有的实践活动的教学所内含的属人的、为人的本性和相应的价值规范性特点，应当是我们对教学行为在道德意义上进行规范的、有效的分析的客观根据。

　　人是教学出发点，也是教学的旨归所在。人的发展是教学的终极目的，任何教学行为只有从属于这一目的才应该是道德的。在这里，我们完全可以借用康德的阐述来表明我们的基本立场和态度。他认为："人，总之一切理性动物，是作为目的本身而存在的，并不是仅仅作为手段来给某个意志任意使用的，我们必须在他的一切行动中，不管这行动是对他自己的，还是对其他理性动物的，永远把他当作目的看待……而理性动物则称之为人，因为他们的本性就已经表明他们是目的本身……所以，人……是客观的目的，也就是说，人之为物，其存在本身就是目的，而且是这样一种目的，这种目的是不能为任何其他目的所代替的，是不能仅仅作为手段为其他目的服务的，因为如果没有人，就根本没有什么具有绝对价值的东西了……所以……要有一个最高的实践原则……这个原则的根据是：理性的本性是作为目的本身而存在的……人的存在就是人的行动的客观原则……这个原则同时也是一个客观的原则，一个最高的实践原则，从其中应当可以推出意志的一切原则来。所以，实践的律令就是下面这句话：你的行动，要把人性，不管是你身上的人性，还是任何别人身上的人性，永远当作目的看待，决不仅仅当作手段使用。"①应该说，康德的这一思想是深刻的。当然，人的本性决不限于"理性"这一个方面。培养人的理性、提升人的人性、确证人的存在和价值永远应该成为教学的目的，而不应成为教学的手段。否则，教学就是异化人自身的劳作。我们不能不承认，教学一方面促进了社会的进步和文明，另一方面造就了一大批没有精神的专家，缺乏心灵的享乐人，到头来真和善、科学和伦理割裂开来了。尽管从教学发展的历史进程来看，这种异化劳作带有一定的必然性，但从总体上看是不道德的，不应是教学的发展趋势。随着社会进步，教学越来越应该是通过人并且为了人而对人的本质的真正占有，是人向作为社会的人即合乎人的本性的人的自身的复归，从而使人以一种全面的方式，也就是说，作为一个完整的人，把自己的全面的本质据为己有。

如果我们不满足于停留在纯粹的思想意识层面，我们就必须走入真实的教学现实。只有走入真实的教学现实，我们确立的教学行为的道德标准才有可能发挥规范的作用。其实，一旦走入教学现实，我们就不难发现，对教学行为的道德评判，在很大程度上已成了衡量教师德行的问题，就是要看教师的教学行为是不是一种真正的德行。我们知道，教师的教学行为是由教学动机（目的）—教学行动（过程和方法）—教学效果（目的之实现）所构成的完整过程。对教师教学行为的道德评判，应当是对其教学行为的全过程中进行全面和综合的分析，即看教师是否在既定的客观环境中做了他所应做的、他所能做的。这样一来，对教学行为的道德评判至少应该包括：对教学动机与目的的评判，对实现教学目的之方法的评判，对教师实现教学目的过程中的态度和精神的评判，对教学目的的实现情况（效果）的评判等。其中，任何方面的评判都没有单一的标准，我们只能基于我们对教学本身的理解和对当下教学现实的种种非道德的行为的反思做粗线条的勾勒。

---

① 北京大学哲学系外国哲学史教研室编译《西方哲学原著选读》（下卷），商务印书馆，1982，第 317～318 页。

（三）动机与效果

教学动机是教学行为的重要环节之一。教学行为作为教师的实践理性行为，教学动机不仅能够准确揭示教师的真实内心世界，而且能在总体上影响乃至决定教师在教学实践活动中的基本态度，以及对教学方法和手段的选取。更为重要的是，善良的教学动机本身就能在一定程度上标识一种善的师生关系状态或交往类型。当然，我们不能否定教学本身对教师生存的本体论意义。也许就是为了生存，许多人选择了教师这一职业，走上了教学这条道路，这本身是可以理解的，尽管我们更希望在选择职业时人们遵循的是马克思所主张的标准，即人类的幸福和人们自身的完美。可是，一旦选择了教师这一职业，走上了教学道路，就必须超越教学对教师生存的本体论意义，寻求教学对教师自身的精神价值，而且教学本身就蕴含着丰富的精神价值。通过教学并在教学过程中不断形塑和完美自身，通过形塑和完美自身不断形塑和完美学生，这两者不是敌对的，互相冲突的，而是一体化的过程。因而，能否超越教学对教师生存的本体论意义，感受、体验和享有教学的精神生活，可以作为衡量和确认教学动机善良与否的基本标准。

确实，善良的教学动机是高尚教学行为不可或缺的因素，但善良的教学动机并不是良好教学行为本身。如果在教学行为的道德评判中仅仅注重教学动机，那么至少在逻辑上就存在以部分代替整体，以偏概全的失误。从教学动机的存在方式来看，教学动机本身作为教师的主观意图或意愿，是以一种纯粹主观性的方式存在的，但是教学动机作为教学行为理性的动机，又有着内在的冲动，要求转化为客观的教学现实，寻求获得现实性的品性，也正是在这种客观现实性存在中，我们才有可能真实地去把握它。如果在教学行为的道德评判中仅仅执着于教学动机，那么就有可能由于对其主观性的偏执而流于任意的不确定性，从而使教师可以为自己的任何教学行为辩护，声称自己的教学动机是善良的，遮蔽非道德的教学行为，容易造就教师的虚伪人格。这在学校实际教学工作中可以说俯拾即是、司空见惯。因此，在教学行为的道德评判中，我们不能不考虑教学效果。

在我国的传统观念中，对教师一直有一种十分微妙而特殊的期望。教师应当具有渊博的学识以启迪众生，具有崇高的人格以表率群伦，还应当具有默默耕耘、安贫乐道的胸怀，以终身奉献教育。事实上，人们也习惯了仅用学生的学业成绩来评判教师的教学效果，乃至将学生的发展视为教师教学的唯一目标，教师及其教学成了学生发展的手段。教学意味着教师的"牺牲"和"奉献"，人们崇尚教师的常常也是这种"忘我"乃至"无我"的精神，这是对教师教学的一种偏见和误解。教师是教学的主体，但教学同时也形塑着教师，这是不以教师的意志为转移的。黑格尔曾指出："在我做了一件事情的时候，我就规定着我自己。……它们经过了我的手，是我造成的，它们带有我的精神的痕迹。"① 当然，教学效果并不完全取决于教师的善良动机和自由意志，但是教学效果如何毕竟是教师教学行为道德评判的现实依据。因此，我们认为，良好的教学效果是教师主体精神和能力的现实展现和认定，也是教师发展和完善，确立道德自我的基本标志之一。在这一意义上，教学就不仅仅是人们所说的"成人之学"，更应该是教师的"为己之学"。这是对教师通过教学成就自我这种个人价值追求的应有承认和基本尊重！在现实生活中，一个人越努力并且越能够寻求自己的利益或保持自己的存在，便越有德性，反之，一个人越忽略自己的利益或不能保持自己的存在，便越软弱无能。因为，追求自己的利益并不意味着自私，而且利益的概念是客观的，不能根据人对利益的主观情感来加以表达，而要根据客观的人性来加以表达。人只有一种真正的利益即充分发展他的潜能，充分发展作为人类一员的他自己。问题在于，人们常常受颠倒的利益导引，缺乏认真的反思而不能觉解，迷失了自己真正的利益。对此，弗洛姆尖锐地指出："现代文化的失败，并不在于它的个人主义原则，也不在于它的道德观念与追求自身利益的一致，而是在于自身利益之含义的退化；它的失败不在于这样一个事实，即人们过分地关心他们的自身利益，而是在于他们并没有充分地关心他们真正的自身利益；并不在于他们太自私，而在于他们不爱自己。"② 中肯地说，弗洛姆的评论是颇有见地的。诚然，一个逆来顺受、卑躬屈膝、麻木不仁的人是不会有自己真正利益的，但是一个不顾人格尊严追逐蚊蝇之利的人，也不会有什么真正的自我利益可言！同

① 〔德〕黑格尔：《法哲学原理》，范扬、张企泰译，商务印书馆，1982，第141页。
② 〔美〕弗洛姆：《为自己的人》，孙依依译，生活·读书·新知三联书店，1988，第136页。

样，仅仅注重教学对自身生存的本体论意义，甚至把学生的学业成绩作为自己升迁晋职、捞取功名利益手段的教师，不仅损害了学生的身心健康，也从根本上异化了自己。所以，教学是相克还是相长，应该成为教学行为道德评判的重要之维。

（四）自律与自然

教学行为作为一个过程，既有特定的教学动机，又伴随着某种教学效果；无论教学动机，还是教学效果，都构成了教学行为道德评判的对象。教学行为的道德评判不仅存在教师主体之外，而且常常采取教师作为主体的自我反思的形式。当教师意识到教学动机具有善的性质或教学行为产生了良好的教学效果时，他往往会形成自我肯定、自我实现的道德判断和体验，这种判断和体验既使他感到自谦、自信，又将在新的教学活动过程中转换为道德的激励力量；反之，当不良的教学动机和教学效果产生时，一个有德性的教师往往会产生自责、内疚、悔恨的意识，进而抑制不良的教学动机，克服因教学行为不当造成的不良教学效果。这种内在的对教学的自觉的道德责任和强烈的道德情感，实际上就是人们通常所说的教学良心。正是教学良心促使教师抛弃一切物欲的权衡，鄙视那些精明的功利算计，不外求什么，也不外借什么，自我规定，唯凭自身，但求自身的宁静。"谁说他自己是根据良心行动的，谁就是在说真话，因为他的良心是认知着和意愿着的自我。"[1] 教学良心是教师自我确信的精神，它将关于教学义务的领悟、理解或知识，将教学义务的内容以及履行教学义务的形式直接隶属于教师，"作为真实的东西，良心希求自在自为的善和义务这种自我规定"。[2] 卢梭说我们行为的准则在我们的灵魂深处，我们的行为取舍只要问一下自己的内心，顺着良心无须通过各种诡谲的论辩即可解惑决疑。尽管卢梭流露出强烈的先验论的人性论色彩，但是他所表达的良心对于我们确立教学行为的道德准则有着深刻意义。在很多情况下，是教学良心为教师的教学行为"立法"，规约和制导着教师的现实教学生活或实际教学行为。因而，所谓教学行为的道德评判，在某种程度上又是教师教学良心的自我评判，即教师教学行

---

① 〔德〕黑格尔：《精神现象学》（下卷），贺麟、王玖兴译，商务印书馆，1987，第 164 页。

② 〔德〕黑格尔：《法哲学原理》，范扬、张企泰译，商务印书馆，1982，第 141 页。

为的自我考量、自我解剖和自我审判，它深藏于教师内心，表现为内心的不安或平静。

教学良心既不是善的理念在教师身上的显现，也不是教师内心原先就有的，既不是不学而知、不习而能的，也不是上帝神圣的声音，而应是教师教学生活过程的能动的产物。马克思指出："良心是由人的知识和全部生活方式来决定的。"[1] 皮亚杰还从个体发生的角度揭示，良心是儿童在后天环境中的道德认知建构的结果。这样，我们就不能将教学良心简单地当作一种教师的道德心理现象，而应将它当作教师人生价值的目标体系。显然，教学良心绝非教师的率性任意，不是纯粹的自我确信，它有着丰富的现实的善的内容，蕴含着对教学的理性把握，伴随着炽热的教学情感。"有思想的人的良心不同于没有思想的人的良心。"[2] 缺乏教学的知识和思想的教师，即使有善良的教学动机，往往也缺乏深刻理解和关爱学生的能力。对社会与人生有透彻了解，并基于此而富有思想的教师的教学良心，才有可能真正是高尚而非低劣的、纯洁而非污浊的，才有可能对学生有真切的理解和关爱。因此，苏霍姆林斯基认为，在我们这个时代，没有良好的教育，没有牢固的知识，没有丰富的智力素养和多方面的智力兴趣，要把一个人提高到道德尊严的高度是不可思议的。

教学行为过程既是理性的，也是情感的。当教师出于教学良心而率性而为，当教师据于教学义务而义无反顾、一往情深时，恰恰是教师真挚的教学情感流露之时。所以，真正道德的教学行为不仅具有自觉和自愿的品格，而且表现出自律和自然的向度。相对于单纯的自觉或自愿，自觉、自愿与自律、自然的统一才是一种更高远的教学境界，而这种境界又是以教师的德性为基础和前提的。"诚者不勉而中，不思而得，从容中道，圣人也。"（《中庸》）至于教师是否有诚，是否不思不勉，只有躬身自问，反求诸己了。实际上，也只有这样，教师才能真正通过教学并在教学中不断化性起伪，积善成德。

① 《马克思恩格斯全集》（第6卷），人民出版社，1961，第152页。
② 《马克思恩格斯全集》（第6卷），人民出版社，1961，第152页。

第七章　教学观念的省察

　　教学理论就是人们在思考教学中所形成的旨在探讨、解释和预测教学现象的观念体系，是人们对各种教学现象及隐藏其后的各种教学关系和矛盾运动的自觉的、系统的反映。一套完整的教学理论由叙事论、因果论、价值论和应用论四个基本要素有机构成，它们承担了解释和说明教学现象、阐明教学过程的本质和意义、指导教学实践的功能。任何教学理论都不是绝对的真理，需要反思和批判。教学理论的批判不是就教学理论批判教学理论，在教学理论本身的阈限内兜圈子，这样会陷入纯粹主观臆造的迷宫。我们把教学理论当作教学实践基础上的思想客体来考察，将教学理论与教学实践之间的矛盾作为批判的中轴。如此，教学理论的批判就有了实际的内容和既定的价值导向，由此也就获得了教学理论批判的三个维度：自教学理论的批判、对教学理论的批判和教学理论的自我批判。教学理论的批判对于推动教学实践的发展和教学理论自身的建设都是不可或缺的。教学认识在发展，教学实践在深化，教师就必须不断地改造自身的教学观念。教学观念的改造无论采用演绎的方法还是归纳的方法，都要将教学理论的学习与教学活动的反思有机结合起来。教师如果把教学活动看作一个由目标系统、实施过程和结果系统三个环节组成的动态整体，便可得出反思教学活动的三个维度，作为反思自己具体教学活动的一般框架。教学观念的改造不能随意而行，应该遵循自律性原则、持续性原则和践行性原则。

一　教学理论的性质与结构

　　教学理论是一个相对于教学实践或教学活动而存在的概念。教学理论究竟是什么？它的结构是怎样的？对此，人们常常从不同的角度予以理解和回答。

（一）教学理论的性质

　　十七世纪捷克教育家夸美纽斯和德国教育家拉特克将教学理论说成

是教学的艺术。夸美纽斯在他的《大教学论》中，称教学理论是"把一切事物教给一切人的全部艺术"。拉特克也认为，教学理论就是科学、语言和艺术的教学艺术。现代美国一些教育家把教学理论看作学习理论的推衍。休尔（Shuell）指出，一个教学理论应说明不同的教学变项、学习或认知的历程变项、学习者将获得的学习结果或教材的特质等三项之间的关系。[①] 比格（Bigge）、格拉塞（Glaser）、布鲁纳等人也持类似的观点。教学理论除了尝试建立一套理论架构外，也希望将学习理论所发现的变量加以有效的控制，以促进学习者达到预期的表现目标，因而较偏重于研究学习者性向和教学措施如何互动、学习单元的层次结构以及教学系统化的设计模式等。英国伦敦大学教育学院教育哲学高级讲师特里·穆尔（Terry Moore）主张，任何教学理论都包含一定的结构或假定：教学目标、人的假定、知识的性质和关于方法的有效性的假定。对教学理论的这些理解和诠释，侧重点各不相同。它们或侧重于教学理论的一般性功能，或侧重于教学理论的生成或来源，或倾向于教学理论的内容分析，但都没有回答"教学理论是什么"这个问题。我国《大百科全书·教育卷》及近些年出版的教学论著，也均未见对这个问题的明确阐述。我们认为，对教学理论进行综合性的考察和实质性的把握，乃是教学论学科研究的一个基本问题。

理论来自实践，是从对事实（现象）的推测、演绎、抽象或综合而得出的（对某一个或某一些现象的性质、作用、原因或起源的）评价、看法、提法或程式。[②] 人类探讨理论乃是为了更好地把握客观实际，并在此基础上改造客观实际。理论的形成过程也就是客观主体化的过程，理论指导或运用于实践的过程，也就是主观客体化的过程。正是在这个双向过程中，理论不断发展，实践逐步深入。基于此，我们认为，教学理论就是人们在思考教学中所形成的旨在探讨、解释和预测教学现象的观念体系，是人们对各种教学现象及隐藏其后的各种教学关系和矛盾运动的自觉的、系统的反映。

首先，教学理论是人们思考或思索教学的结果。人类一经产生独立

---

①　李咏吟：《教学原理》，远流出版事业股份有限公司，1985，第 3 页。

②　王同仁：《语言大典》，三环出版社，1990，第 2123 页。

的自我意识，就力求认识自己，理解自己及其活动（教学活动是人类特有的一种实践活动）的本质，渴望设计出最符合未来生活的美好模式，以求达到最完善的境界。教学理论就是这样一种尝试，就是人们为实现这一目的所做的思考的一种结果。

其次，教学理论是一组思想和观念体系，它包括一系列认知、判断和推理的思维过程。教学理论是人们对教学客观实际的理性认识和把握，它以各种教学观念、主张和见解的形式出现，是人们认识教学客观实际，并同教学客观实际密切结合的手段，其基本功能即在于解释和说明各种教学现象，指导并预测教学实践活动发展的进程。因此，任何一种较为完整的教学理论都应该包含对教学"是什么"、"为什么"和"应该如何"等方面的思考和见解。

最后，就实质而言，教学理论是人们对各种教学现象及其本质的能动的、系统的反映。这是因为：从本质上说，教学理论作为一种精神活动和对教学的意识，来源于客观的教学实践活动；教学理论作为一种高级的思维活动的产物，它并不只是对客观的教学实践活动的一种零散而直观的反映，而是要通过对各种教学现象和各种教学实践活动作理性的思考，来把握其实质，即在认识蕴含于诸种教学现象之后的教学关系及其矛盾运动的基础上，掌握教学实践活动发展、变化的一般规律；教学理论发端于人们对客观的教学实践活动的困惑和寻求理想解答的自觉意识，而且又将一定的价值观念渗入这种寻求解答的思维活动中，通过严密的逻辑推理和理性分析，建立一种较为完整的、系统的思想和观念体系。

恩格斯指出："历史方面的意识形态家（历史在这里应当是政治、法律、哲学、神学，总之，一切属于社会而不是单纯属于自然界的领域的简单概括）在每一科学领域中都有一定的材料，这些材料是从以前的各代人的思维中独立形成的，并且在这些世代相继的人们的头脑中经过了自己的独立的发展道路。"[①] 教学理论作为人类精神生产的产物，具有其理性的传统，有其相对独立的发展道路和特殊的发展规律。

教学理论的发展与社会经济的发展经常处于不平衡状态。从根本上

———————
① 《马克思恩格斯选集》（第4卷），人民出版社，2012，第642~643页。

说，社会经济发展水平制约和决定了社会意识的发展水平，但是，某一国家和地区的教学理论的发展水平同该国家该地区的社会经济发展水平并不总是同步。18世纪法国的教学理论超过了当时经济上领先的英国，19世纪经济落后的德国在教学理论上却遥遥领先。原因就在于，社会经济发展与教学理论的发展并不是唯一的函数关系，教学理论的形成和发展是一个复杂和多维作用的过程。除了社会经济因素外，它还受政治因素、民族传统和文化因素等影响。

教学理论的发展演变与教学实践的发展水平也不完全一致。教学理论的发展演变超前或落后于现实的教学实践是一种常见的现象。"超前"可以说是教学理论的固有特性；"落后"则往往是由于旧的传统的观念的束缚和限制。

此外，教学理论的产生和发展除受现实的教学实践制约外，还要同以往的教学观点和思想成果发生继承关系。前人的教学思想作为一种历史遗产和精神财富，成为一种文化积淀，为后人的教学认识提供了材料；后人对这些教学思想材料去其糟粕、取其精华，从而将教学理论导向深入。

（二）教学理论的结构

为了更深入地把握教学理论，我们还需要对其结构做进一步的科学剖析。苏联学者B.科兹洛夫斯基认为："结构就是一种不断重复的、相对不变的关系和联系。结构就是某一系统中各种要素的相互关系和相互联系的方式。""任何一个系统……都是某些要素的总和，在这些要素之间存在着一定的相互关系和联系。由于这相互关系和联系，这些要素的总和便作为统一的整体发挥功能。"① 教学理论的构成要素是什么？这是从事教学理论研究所必须回答的问题。

我们认为，教学理论的结构是由其性质决定的。一般说来，一种完备的教学理论由以下四个要素构成：

1. 叙事论

叙事论就是对各种教学现象所做的事实性的陈述，它构成了教学理

---

① 〔苏〕B. 科兹洛夫斯基：《结构主义哲学及其反辩证法的性质》，《国外社会科学》1979年第2期。

论的基础。所谓教学认识，首先就是对教学实际或教学现状的事实性判断和认识，即对教学存在时间、空间、形式、性质和过程的判断与认识。对教学的事实性判断为人们提供各种各样的教学知识和教学信息，这些教学知识和教学信息既是教学理论的一个不可或缺的组成部分，也是教学理论构筑其完备的理论体系所必须具备的条件。

任何一种教学理论都含有大量的叙事论的成分。从以往的各种教学理论来看，叙事论一般寓于教学理论所探讨的一系列问题（如现实的教学关系何以构成，本质如何，教学结果如何等）和对教学现象的客观描述之中，给出教学现实"是什么"的答案。

2. 因果论

教学理论的任务之一就是要揭示各种教学现象之间的因果联系，解开各种教学现象之间的复杂的纽结。因此，运用因果观点揭示各种教学现象之间引起和被引起关系的理论，是构成教学理论的又一个重要因素。

因果分析是人类一切自觉思维活动必不可少的前提，是一切自觉认识所必需的逻辑条件，因此也是教学理论研究思维活动的一个重要环节。对教学现象的因果性分析所形成的因果论，主要体现在如下的教学研究中：什么样的教学环境和条件可能会产生什么样的教学现象；什么样的教学现象又可能导致什么样的教学结果；用什么样的教学方法和手段能更有效地达到预期的教学目标等。

因果分析产生的因果论来自大量的教学实践和经验，来自对教学实际的细致的观察和准确的事实判断。它一般采取归纳、经验研究的方法，回答教学"为什么"的问题。

3. 价值论

一般说来，人们在对某一事物做出基本事实判断的基础上，总要自觉或不自觉地产生一定的价值判断。价值判断的依据就是人们在社会生活中逐步形成的价值观念和价值取向，即有关什么是美好的、善的、正当的和应该的等一系列观念和认识倾向。

构成教学理论的价值论所探讨的问题是：什么样的教学是好的、是有效的，什么样的教学行为是符合时代要求的，选择什么样的教学方法才能达到预期的教学目标，为此，又应该遵循哪些教学原则，等等。通过对这些问题的讨论，我们可以确立一定的教学思想，形成一定的教学认识，提出教学的一般原则和规范以及评价教学的标准。

4. 应用论

教学理论是在各个复杂的方面都有逻辑上的内在联系的一整套命题。在把握教学理论的本质，分析其各个构成要素的时候，我们反对那种过于狭隘的行为主义倾向，即只把教学理论看作一种对教学现象和教学过程做出客观的事实性描述的理论，避而不谈教学理论的改造功能。事实上，教学理论起源于人们对教学现状的不满和为此而做的尝试，它的任务不仅在于客观描述和记录教学现状，解释和说明教学现象，而且在于阐明教学的意义，为解决各种现实的教学问题提出方案。因此，应用论应当成为教学理论的又一重要构成要素。

所谓的应用论，就是把教学事实判断和因果分析论用于实现某种既定的教学目标的论述所形成的理论。它是联系教学思想与教学实际的桥梁和中介，是最终实现教学理论的改造功能的基本要素和结构。应用论专门研究和探讨实现特定教学理想目标的最佳方法。因此，它又被称为"工具性"理论或"操作性"理论。一套完整的教学理论不仅要指出教学的目的或价值，而且要阐明实现该教学目的的最有效手段。应用论专门从事"手段"或条件问题的研究，它以这样的事实为依据，即教学的主体是具有意志、情感和理性的人，教学过程在很大程度上是一个可控的过程。纵观历史上存在的诸种教学理论和教育学说，应用论一般被包含在教学理论家或教学思想家所提出的各种教学改革方案之中。

综上所述。一套完整的教学理论由叙事论、因果论、价值论和应用论四个要素有机构成，它们承担了解释和说明教学现象，阐明教学过程，指导教学实践的功能。叙事论完成了对教学实践的客观描述和说明；因果论揭示了教学现象间的因果联系；价值论确定了教学实践活动的理想目标；应用论则提供了实现这一目标的最佳途径。它们自成体系，又互相联系、互相影响，以其严谨的逻辑体系，共同实现教学理论的整体功能。在这四种要素所构成的教学理论的结构中，叙事论和因果论以客观事实和科学分析为基础，是价值论和应用论形成的客观前提；应用论作为教学理论与教学实践活动相联系的环节，在教学理论的结构中具有特殊的地位，它是叙事论、因果论和价值论的最终归宿。由于价值论往往是人们描述教学和分析教学因果关系的前提，所以从某种意义上说，价值论不仅是影响叙事论、因果论和应用论的重要因素，而且是叙事论、因果论和应用论形成的前提。事实表明，不同的教学价值取向，正是构成不同的教学理论体系的一个根本原因。

二　教学理论的批判

批判一词常为人误解，一说批判，似乎就意味着全盘否定，这是对批判本来含义的歪曲。批判固然是一种否定，但并非全盘否定，它同时也是一种肯定。按其本意，批判就是反思，就是运用理性去进行实事求是的分析。如果我们依据这一含义去批判教学理论，便有了教学理论的批判。

（一）教学理论批判的维度

教学是人类特有的社会实践活动，是一种有意识、有目的的自觉活动。教学既然是一种自觉的而非随意的活动，就有必要上升到理性的高度加以反思和观照，由此才能达成教学实践的高度自为和自觉。所以，教学理论的批判首先是自教学理论的批判，其次是对教学理论的批判，最后是教学理论的自我批判。

首先，自教学理论的批判，就是自本体的批判。由于教学理论作为人类精神活动的产物和对教学的意识，来源于客观的教学实践活动，因而自教学理论的批判就是教学理论对教学实践的批判。作为人类特有的教学实践活动，它本身内含着属人的、应然的本质和价值规范性的特点。对教学实践做理性探讨的教学理论不仅要客观地描述和记录教学现状，解释和说明教学现象，而且要阐明教学的价值和意义，为解决各种现实的教学问题提供方案和策略，回答教学"应该如何"的问题。这样，一种教学理论的提出，就意味着对某种教学现实的证明或批判。如果教学理论对教学现实的证明符合教学规律和社会需要，就应该维护和发展这种现实；如果教学理论对教学现实的批判符合教学规律和社会需要，就要变革这种现实。历史上，前后相继的教学理论往往都是为了证明什么或批判什么才产生的，并通过证明或批判，显示其自身的存在价值。正是教学理论对教学实践的批判，才使教学理论从狭隘的理论范围走进广阔的教学实践领域，从而保证教学实践的顺利发展。

其次，对教学理论的批判，就是教学实践对教学理论的批判。教学实践对教学理论的批判之所以可能，是因为教学理论来源于教学实践，教学实践本身就是教学理论的研究对象。教学实践是不断变化的，教学理论的发展不仅是人们对一定的教学实践活动不断加深认识的结果，而且是人们对变化着的教学实践不断重新认识的结果。在这里，教学实践及其变化具有决定性意义。具体地说，教学实践及其变化对教学理论发展的决定性作用表现在两个方面：一方面，教学实践及其变化决定着教学理论的历史价值、地位和命运，只有那些与教学实践相适应而又能有效地指导教学实践的教学理论才具有强大的生命力；另一方面，教学实践对教学理论的批判，可以使教学理论不脱离教学实践，使教学理论研究不变为一种丧失其应有意义的智力游戏。

最后，教学理论的自我批判可分为不同教学理论之间的相互批判和教学理论的自我批判两种情形。不同教学理论之间的相互批判，从时间的坐标看，既指不同历史时期的后人的教学理论对前人的教学理论的批判，也指相同历史时期不同教学理论之间的批判；从空间的坐标看，既指不同地域的不同教学理论之间的批判，也指相同地域不同教学理论之间的批判；从语言、民族、文化、传统坐标看，既指不同语言、民族、文化、传统的不同教学理论之间的批判，也指相同语言、民族、文化、传统的不同教学理论之间的批判。由于概念是教学理论的基本成分，故教学理论的自我批判主要针对的是概念。批判导致发现和提出概念问题，通过解决概念问题而实现进步，从这个意义上讲，教学理论的自我批判就是要从思想上发现、挖掘最深刻、最一般的概念。这最深刻、最一般的概念是对教学理论所要反映的客观教学矛盾一般本质的规定，它制约着整个教学矛盾的一般本质，其成熟程度是教学理论发展程度的标志。教学理论的自我批判是教学理论批判精神最集中、最鲜明的体现。

教学理论批判的力量源于自教学理论的批判、对教学理论的批判和教学理论的自我批判的相互作用和整合作用。只有三者的合力作用，教学理论才能担负起开拓视野、整合体系、建构价值、导引教学实践的重任。具体而言，自教学理论的批判是教学理论对教学实践发生影响、作用的主渠道，因而是教学理论批判的出发点和归宿。在这个意义上，对教学理论的批判和教学理论的自我批判都服从于自教学理论的批判。尽管如此，对教学理论的批判又是自教学理论批判的重要保证，没有对教学理论的批判，教学理论就可能变为僵化的教条，自教学理论的批判就失去了力量。教学理论的自我批判就是要破除自身可能具有的僵化、教条、落后、保守的一面，没有自教学理论的批判和对教学理论的批判，教学理论的自我批判也就失去了根基和依据。所以，自教学理论的批判、对教学理论的批判和教学理论的自我批判是相辅相成、相互支撑和依托的。

（二）教学理论批判的方式

教学理论发端于人们对客观的教学实践活动的困惑和寻求理想解答的自觉意识，它与生俱来就有怀疑的性质。首先，怀疑作为教学理论批判的一种武器，是一种积极的态度。在这种态度下，我们没有任何思想观念上的禁锢，重新审视眼前的客观教学事实，才有可能得到符合客观教学实际的新的教学认识。其次，教学理论的怀疑是出自自身建设要求的怀疑，它表明对教学理论的存在要追寻充分的原因或依据，如果缺少这个环节，教学理论就不可能取得突破进展，而只能在旧的教学理论框架内抱残守缺。最后，教学理论批判所需要的怀疑是科学的怀疑、批判的怀疑，而不是神经过敏的疑神疑鬼，或缺乏根据的怀疑一切。怀疑不是彻底的抛弃，而是扬弃，是既否定，又肯定。也就是说，经过教学实践检验被证明正确的教学理论，如果与新的教学实践不发生矛盾，不但不能作为怀疑对象，而且应当被自觉地坚持；当有些教学理论的某些内容和个别结论与新的教学实践发生矛盾的时候，就需要怀疑并否定旧认识，启迪新思维。真正的怀疑是一种必然性，它旨在从游移不定中寻求确定性，在偶然性中寻求必然性，在现象中寻求本质。我们主张科学的怀疑精神，但绝不提倡怀疑主义。怀疑主义是消极的怀疑，是对教学实践客观性和可知性的怀疑，不仅不利于推进教学理论的发展，而且可能走向唯心主义、不可知论和虚无主义，这与人类教学实践和教学理论的历史发展进程是相背离的。因此，我们在教学理论的批判中，既要正确地发挥怀疑的积极作用，又要注意避免陷入怀疑主义的泥坑。

怀疑的产生，意味着对教学理论存在的底蕴打上了问号，转化为问题，继而追问。教学理论的批判总是围绕着问题，以追问的方式进行。没有问题，教学理论的批判就失去了针对性，变成了不着边际的空洞议论。"每一个方法的引入，每一个概念的发明，等等，都要落实到问题上，不能落实到问题上的一切活动都不能对科学认识产生贡献。因此，科学认识中的一切活动有效性的前提是与问题的相关性。"① 但是，教学理论批判针对的问题并不是任意设定的，也不是出于对某些美好传统的偏爱或者出于对思辨精神和浪漫情感的执着空想而杜撰出来的，它来自对现实的教学实践和教学理论之间矛盾的深刻认识和把握。不仅如此，问题还应以这样的形式出现：我们虽然还不知道它们的答案，但可以通过系统的和严格的研究来找到答案。只有在我们能够用可以通过研究和实验验证的论题的形式表达问题时，问题才成为科学问题。只有通过这种方式来认识、规定和解决问题，才能对发展教学理论，深化教学实践做出贡献。可见，通过怀疑提出真正有价值的科学问题，对于教学理论的批判至为关键。爱因斯坦曾特别强调说："提出问题比解决问题更重要，因为解决问题也许仅仅是一个数学上或实验上的技能而已，而提出新的问题，新的可能性，从新的角度去看待旧的问题，却需要有创造性的想象力，而且标志着科学的真正进步。"②

经怀疑提出有价值的问题，断然离不开分析方法。在这里，分析是一个含义广泛的概念，它除了指澄明、清晰等含义外，更主要的是指解析、解构的技术。分析方法虽然不尽符合教学理论整体思维的本性，却往往能使教学理论批判的一些问题得到比较准确的定位，因而是教学理论批判经常使用的方法。据此，我们可以把分析方法分为自教学理论的分析方法、对教学理论的分析方法和教学理论的自我分析方法。自教学理论的分析方法关注的主要是教学理论存在的理由，分析造成这些存在理由的思想方法，最终使教学理论存在的依据显现出来，由此既获得对教学理论整体存在方式的理解，也揭示教学实践存在的不合理之处。对教学理论的分析方法，是把一些表面上难以判断的语句转换为清晰可辨的语句，即对教学理论语言的分析，它既是清除语言垃圾的有效手段，又是拓展思维空间、更新教学理论研究思维方式的基础。教学理论的自我分析方法是一种比较分析方法，也就是通过洞察对象理论与参照理论之间的异同来对理论本身加以把握。教学理论的比较分析可以分为阶段

---

① 舒炜光：《科学认识论》（第 2 卷），吉林人民出版社，1990，第 345 页。
② 〔美〕爱因斯坦：《物理学的进化》，周肇威译，上海科技出版社，1962，第 66 页。

性比较、互补性比较、对立性比较和倒置性比较等。阶段性比较，即参与比较的是处于不同阶段而又相互衔接的教学理论，比较的目的在于说明教学理论之间的继承和发展关系；互补性比较，即比较双方具有某种相辅相成性或相反相成性；对立性比较，就是对立教学理论之间的比较，主要突出教学理论思想性质的根本差别；倒置性比较，就是参与的教学理论之间是一种"影像"关系，它更强调教学理论的反接特性。由于教学理论本身所要求的理性清晰和逻辑约定，教学理论比较具有直接相互反照的特点。通过比较分析，可以改变教学理论研究成果的散漫无序状态，也有利于教学理论间的相互借鉴与吸收，从而促进教学理论的繁荣。

（三）教学理论批判的根据

教学理论的批判对于教学理论自身的演变与发展是一种须臾不可或缺的强大的内动力，与教学理论的对象化要求及教学实践的理论性需要有关。所谓教学理论的对象化要求，就是指教学理论必须而且应当作用于教学实践。这是因为，教学理论无论从其产生来说，还是从其运动发展来看，都必须与教学实践相结合。只有在教学实践中，我们才能识别教学理论的可行性，才能发挥和体现教学理论的应有功能和价值，才能不断充实已有的教学理论，并使其发展到新的阶段和水平。可以说，教学实践是教学理论生长的沃土和繁荣的基石，那种远离教学实践的教学理论必定是空泛的、僵死的、无效用的。总之，真正科学的教学理论必定来自教学实践，即具有实践指向性。在此，我们还需要进一步指出，教学实践也有一种指向性需要，即教学理论指向性。教学理论对教学实践加以整合、归类、分析、系统化，对其运行及运行的趋向给予理论上的指导，也就是使教学实践实现理论上的提升。随着教学实践的日趋复杂化和社会对教学实践要求的提高，教学实践的理论指向性更加凸显，缺乏教学理论的指导，教学实践活动就失去了理性基础。概而言之，教学理论的现实化与教学实践的理论化这种双重需要，构成了教学理论批判的内在根据，教学理论的批判也因此成为联系教学理论现实化与教学实践理论化的中介或桥梁。这种中介或桥梁的作用具体表现在三个方面。首先，自教学理论批判是保证教学理论存在价值的前提之一，因为教学理论要使教学实践的意义显现出来，主要是通过自教学理论批判的方式进行的。其次，对教学理论的批判是推进教学理论研究思维变革的主要动力之一。一旦教学理论研究的思维方式发生变革，往往会带来教学理论的重大发展。表面看来，对教学理论的批判是教学理论演变发展的外在力量，但从寻求并接受这种批判的自觉性来看，它是教学理论本身的自动力。最后，教学理论的自我批判是教学理论演变、发展的主要形式。教学理论的自我批判，直接导致教学理论学派和流派的形成、分化、组合和演进。

　　教学理论不仅需要批判，而且需要建设。如果说批判更多的是对事物持否定态度，是从事物运动、发展着眼，那么，建设则更多的是对事物持肯定的态度，是从事物的相对静止、稳定着眼。今天，我们强调教学理论的批判，主要有三个方面的原因。其一是我们的教学理论与不断变革的教学实践相比，有着明显的不相称。如，教学理论落后于教学实践，落后于教学实践的变化发展，落后于教学实践对教学理论的期望和要求。这暴露出教学理论因准备不足而产生的滞后，教学理论还没有来得及反映它应该反映的教学实践，缺乏预见性和超前性。教学理论与其所反映的教学实践还有很大差别，没有把握住教学的本质和内在联系，缺乏针对性。教学理论对教学实践的反映不够深刻，不够充分，缺乏应有的说服力。其二是在教学过程中，教学实践存在明显的拒斥、背离教学理论指导的倾向。这种拒斥理论与教学理论不相容的教学实践，我们可以称之为"非理论教学实践"[1]。之所以出现"非理论教学实践"，在于教学理论或者由于不彻底，对教学实际解释苍白乏力；或者由于理论勇气不足，缺乏批判力。诸如此类的缺陷和不足，极大地影响教学理论的声誉和人们对教学理论的信念，对教学理论信念的动摇，又必然导致非理论性因素滋生，阻滞教学理论功能的发挥。其三是因为我国教学理论界少有真正的教学理论批判，尤其缺乏自我批判，导致教学理论研究的主观随意性。有鉴于此，我们应该在教学理论的批判中发挥教学理论的指导作用，在教学理论的批判中不断发展和完善教学理论。

---

　　① 徐继存：《"非理论教学实践"及其批判》，《教育科学》1995 年第 3 期。

三　教学观念的改造

观念是活动的先导，任何教学活动都是在一定的教学观念指导下进行的，没有科学的教学观念，就不可能保证有成效的教学活动。因此，对于广大教师来说，确立科学的教学观念至关重要。

（一）教学观念改造的必要

任何时候，我们都不能忽视观念的力量。否认观念的力量，并且认为理想不过是物质利益的伪装而已，这是非常鄙俗的历史唯物论。如果没有社会力量的驱使，教学思想或许也能产生，但是我们可以确认，社会力量如果没有披上观念的外衣，必将只是盲目而无所适从的力量。在社会力量不断推动教学改革的时代，各种教学理论和观念层出不穷，新的教学经验和问题不断涌现，如何进行思考，做出判断，确立并选择对教学活动最有价值的思想、观念，这是摆在我们每位教师面前十分严峻的问题。

实际上，每位教师都有其教学观念，正是这种观念制约着教学活动的各个方面。例如，教师为了鼓励学生达到掌握知识的目的，采取考试的手段或评分的方法，这不仅是教师衡量学生知识水平的一种尝试，而且蕴含着教师对学生持有的一种信念——除非教师提供一种足够有力的刺激，否则学生不会为掌握这些知识付出所需要的努力。在他看来，多数学生在智力学习中是有惰性的，需要教师运用各种手段（如惩罚、考试和评分等）去敦促他们学习。教师在教学活动中之所以采取这种行为方式，而不是采取另一种行为方式，都根源于其教学观念。美国教育哲学家谢密斯指出，在普通教育中，更多的资金、更好的设备固然能解决一些问题，但是要从根本上解决教育教学问题，需要教师、家长、校长或教学管理人员、课程制定者和其他对学校教学具有影响的人从更深层次理解这些问题。如果没有这种理解，那么教学活动注定是无效的。①在这一点上，苏联教育家阿莫纳什维利也持同样的见解。他认为，如果我们要认真地进行教学改革，就必须从改造教师本身的观念开始，如果教师本身的内心世界依旧不变，即不改变自己的教学观念，那么即使提

---

① 蒋晓：《美国教育工作者的教育哲学探析》，《外国教育动态》1988 年第 6 期。

高教师工资，他们也只会拿着新的教科书去适应自己的旧观念。①

每位教师都有教学观念，但其教学观念未必是科学的。美国学者帕撒曼尼克和瑞蒂格的调查表明，教师一般都乐于从专业以外的人们那里接受认可和赏识，从而接受外行人的教和学的观念，以此来指导自己的实际教学。外行人关于教学过程的思想几乎完全是前科学的，过于响应外行人意见的教师同样也倾向于采取前科学的方式来开展自己的工作②。随着现代社会对教学活动要求的不断提高，教学活动自身的专业性不断增强，教师特别需要注意保持认识论上的清醒，把社会大众对教学活动的一般舆论与专业人员对教学活动的科学认识区别开来，主动改造自身，才可能确立科学的教学观念，这也是保证和捍卫教学活动专业性的必然要求。

（二）教学观念改造的途径

那么，教师应该如何确立科学的教学观念呢？也许他们会学习各种教学思想、理论流派，从而为自己选择和实践诸种教学思想、理论流派中的某种学说服务，或者通过弄清各种思想流派对一些教学基本问题的观点，促使自己更好地对这些教学问题进行思考，并对自己的教学行为做出评价。但是，学习各种教学思想、理论流派，仅仅是教师确定教学观念的一个起点。教师的一个重要责任，就是要有意识地思考自己正在做什么以及为什么这么做。如果做不到这一点，教师在学习各种教学思想、理论流派的过程中，就很容易形成折中主义的教学观念。直到今天，大家知道，在"教学是什么"这个最基本的问题上，人们也没有形成一致的看法。人们可能认为，既然每种教学理论都对人的发展以及教与学的过程提供了不同的解释，为了掌握各种理论，折中的态度是可取的。

尽管折中主义不失为一种方法，但它绝不是最好的方法。我们知道，教学活动是一个整体，需要完整的教学观念的指导。首先，折中主义导致教师在选择这种教学理论的一部分和那种教学理论的一小段之间存在内在矛盾，从而难以保证教学活动的系统性和协调性。其次，折中主义所确立的教学观念本身可能存在内在矛盾，要在教学活动和教学实验中

---

① 徐继存：《简议教学模式的运用》，《教育导刊》1996 年第 5 期。
② 〔美〕林格伦：《课堂教育心理学》，章志光等译，云南人民出版社，1983，第 17 页。

做出证明十分困难。最后，如果折中主义所确立的教学观念不能在教学活动和教学实验中被证实，这种教学观念就很难转化为教师的教学信念，因此就不可能有效地指导教学活动。

实际上，教师可以采用演绎的方法确立科学的教学观念：他检查已有的教学观念，依据教育科学中有关教学基本问题的已有讨论，进行对比分析，再对这些教学基本问题做出有意识的思考，逐步形成一种科学的教学观念，并结合自己的教学实践不断修正和完善。教师还可以采用归纳的方法来确立科学的教学观念：从自己的教学经验开始，检查自己在教学活动中做了些什么，尤其注意在自己的教学活动中哪些行为最成功或者最有效；然后，试图说明与自己这些教学行为密切相关的认识论和价值论观点，并在与自己的教学活动联系中，努力去归纳和提炼个人的教学思想和理论框架。

（三）教学活动反思的一般框架

科学的教学观念的确立离不开教学理论的学习，但是只有将教学理论的学习与对教学活动的反思有机结合起来，科学的教学观念才有可能真正确立起来。所谓对教学活动的反思，就是指面对自己的教学活动现实，不但要看到其发展的合理性和必然性，更要看到其对于新的时代来说的不完善性和不合理性，看到其发展中的矛盾和问题，进而立足时代的高度，通过对其不合理性的批判，达到新的教学价值理想的确立，不断提高对教学活动的认识，改进教学活动。教师之所以要反思教学活动，之所以要面对教学活动的现实提出问题，不仅在于科学的教学观念确立的必要，更根源于教学活动本身的双重性。教学活动在其发展过程中，除了对人的发展具有肯定性价值外，还含有对人的发展的否定性因素。教学活动的这种双重性使得教师对自己的教学活动必须持有一种反思和批判意识，在教学活动中清醒地看到存在的问题和危机，减少教学活动的盲目性，增强自觉性，克服片面性，增加全面性。

教学定义和理论的多元性，以及教师教学经验的个体性和教学背景的差异性，决定了对教学活动的反思可以从多方面、多层次、多角度进行和展开。在这里，如果我们把教学活动看作一个由目标系统、实施过程和结果系统三个环节组成的动态整体，就可以得出反思教学活动的三个维度，作为教师反思自己具体教学活动的一般参考框架。

1. 教学目标的反思

教学活动是一种目的性活动，也是一种价值追求活动。但是，抽象地、非历史地谈论教学活动的"合目的性"是空洞的，我们应当结合教学活动的具体特点，对教学活动的目标进行深入反思和规范。

首先，对教学活动直接目标与人的发展目标关系的反思。人是教学活动的出发点，也是教学活动的旨归。因此，人的发展是教学活动的最终目标。教学活动的直接目标应该永远从属于人的发展目标，这种目标才是合理的。可是，在现实的教学活动中，二律背反的问题，如知识与智能、理智与情感、科学与道德等，长久地困扰着我们。教学活动一方面促进了社会的进步和发展，另一方面造出了一大批没有精神的专家、没有心灵的享乐人。导致这种状况的重要原因之一，就是人们在教学活动中专注教学活动直接目标的实现而失落了人的发展的真正目标。在不惜采取一切手段去实现教学活动直接目标（如升学、就业）的过程中，直接目标就成了最终的目标，人的发展目标在教学活动中被忽视了，消失了。所以，要实现教学活动直接目标与人的发展目标协调一致，最佳的途径就是在确定教学目标时，把人的发展目标贯注其中，这应该始终成为反思教学活动目标的重要内容。

其次，对社会总体目标与全人类目标关系的反思。社会总体目标主要指一个国家和民族为实现自身发展所确立的目标；全人类目标指世界上不同国家、地区和民族共享的统一性目标。如果我们承认教育对人的发展、对社会进步的巨大作用，承认教学是教育的主导途径，那么我们就可以说教学的未来就是人类的未来。如何在社会总体目标与全人类目标之间保持一种必要的张力，已经成为人类确定教学活动目标时不可回避的问题。一方面，新的工业的建立已经成为一切文明民族生命攸关的问题，过去那种各个国家和民族的自给自足和闭关自守的状态，被各个国家和民族的相互往来和相互依赖所代替。尤其是20世纪以来，人类合作的基本单位，也是人类的生存单位，已从国家移向了全球。随着全球性问题的增多，人们日益深刻地认识到，一个繁荣、进步与文明的世界需要各国、各民族政府和人民积极的协调行动。这就要求我们在确定教学活动目标时，应当考虑社会总体目标与全人类目标的紧密结合，教学活动中任何狭隘的国家和民族观点，都可能给整个人类的未来带来灾难和不幸。教学活动应该有一种崭新的世界意识或全球意识。另一方面，各个国家和民族在发展起点、外部环境等条件上并不平等，强国、大国的霸权主义和形形色色的殖民主义并未绝迹，随时都可能影响全人类目标的达成，进而影响各个国家和民族的发展。因此，社会总体目标与全人类目标常常在事实上存在难以解决的矛盾和冲突，这种矛盾和冲突会不可避免地反映到教学活动上来。全人类目标与社会总体目标的复杂关系，必然使教学活动目标成为一个多层次、多环节的丰富系统，如何实现目标之间的协调，克服线性化、狭隘化的思维模式的束缚，应当成为教学活动目标反思的重要主题之一。

2. 教学过程的反思

教学活动不管规模大小都是一个过程，是一个不断展开、深化、发展的过程。就该过程的特点而言，我们可以将教学活动区分为"内涵性教学活动"与"外延性教学活动"，前者的特点是主动性、创造性，后者的特点是重复性、模仿性。人类的教学活动从总体上说，是一个不断从外延性向内涵性演进的过程。在古代社会，生产力落后，文化发展迟缓，社会对教学活动的要求也低，教学活动多以前人的经验为参照和范本，以重复前人的活动为原则，可谓"述而不作"，是典型的外延性教学活动。近代大工业生产的发展，促进了教学活动的制度化建设，人类教学活动的主动性、创造性有所增强，但受形而上学思维方式的影响，仍带有外延性的成分和色彩。自20世纪两次世界大战以来，人类社会在前所未有地飞速发展，人类也在反思自己的行为，尽可能地克服对人的发展起异化作用的因素和条件，因而教学改革不断，教学活动进入以内涵性发展为主导的新阶段。人类教学活动从外延性向内涵性演进的趋势具有深刻的内在依据，它表明人类教学活动自觉性和创造性的提高。在内涵性教学活动中，人类从全新的角度反观自身，从未来着眼，重新塑造自身，改变被动、消极、片面等不利于自身发展和完善的状况，体现出人类在教学活动中的高度自为性。

把握人类教学活动演进的总体趋势，反思今天的具体教学活动，我们可以明确：我们应当尽量追求内涵性教学，限制那种"无发展的增长"、纯粹的"量的扩大"和"机械的复制"的外延性教学活动，并在此过程中实现人类自身发展的跃迁。

3. 教学结果的反思

人类的教学活动必然使人类自身发生某种变化，但存在的并不都是合理的，对教学活动结果必须予以进一步的反思。

首先，对教学活动结果双重效应的反思。教学活动能够提升人的主体性，对此我们应该确信并充分肯定，人类历史的不断进步已经证明了这一点。但是，教学活动还具有逆主体性的效应。也就是说，教学活动并不一定使人得到价值提升和生活幸福，使人获得人格尊严和个性发展，它也可以使人异化，使人格扭曲和人性沦丧。

其次，对教学活动直接性结果与间接性、连续性结果之间关系的反思。人们对教学活动结果的思考，常常只注重其直接结果，认为教学活动的直接结果与原来预想的目标一致，就证明教学活动是成功的，也就证明了这种教学活动的合理性。这种对教学活动结果的评判，存在极为严重的缺陷，这就是完全忽视了教学活动所造成的间接的、连续的后果。在实际的教学活动中，人们常常自觉或不自觉地把眼前的直接结果视为最终追求的目标。当人们陶醉于自己的"成功"时，却很少意识到教学活动间接的、连续性的后果。今天所谓合理的教学活动，也许会在今后逐渐暴露出其潜在的更大的不合理性。这绝不是耸人听闻。

反思教学活动结果的双重效应，反思教学活动结果的直接性与间接性，并把这种反思贯注教学活动目标和教学活动过程中，才能使人们在对教学活动结果的不断矫正中，保证教学活动不断趋向合理和完善。

（四）教学观念改造的基本原则

随着人类教学认识的不断发展，教学实践的不断深化，教学观念的改造应该是一个不断思考、反思和不断实践的发展过程。对于一个终身从事教学活动的教师来说，教学活动不应该是一种纯粹谋生的手段，而应该是自己的一项事业、一种生活方式。只有将教学活动作为自己的一项事业、一种生活方式的教师，才有可能不断改造自己的教学观念，不断提高自己的教学水平。

尽管各种教学理论、思想不断涌现，教师的学习可以有很大的选择性，教师教学活动的反思也可以有不同的参照框架，但是教师教学观念的改造绝不是随意而行的。具体说来，教学观念的改造应该遵循一些基本原则。

1. 自律性原则

社会与学校当然可以为教师教学观念的改造提供必要的条件，但是社会与学校无法代替教师进行观念改造，教师教学观念的改造必须依靠自己，充分发挥主动性。一个缺乏自律的教师不可能真正改造自己的教学观念，即使迫于外在压力来改造教学观念，也不会取得良好的效果。因此，教学观念的改造需要教师深刻地认识到教学活动对学生、对社会、对人类发展的重要意义，认识到自己肩负的重大责任，并且自觉地将这种使命感和责任感贯注教学活动中，这是教师自律地改造教学观念的内在驱动力。

2. 持续性原则

无论是陈旧教学观念的消除，还是科学教学观念的确立，都不可能一蹴而就，一劳永逸。对于一个终身从事教学活动的教师而言，教学观念的改造应该伴随其整个的教学生涯。教学认识在发展，教学实践在深化，教师不能期望某种教学观念永远指导一切具体的教学活动。因此，教师教学观念的改造在某种意义上乃是一个持久的修养过程，"吾日三省吾身"，"只有更好，没有最好"。可以说，教学活动不止，教学观念改造不已。

3. 践行性原则

教学观念的改造本身不是目的，它应该见之于现实的教学活动之中。通过教学观念的不断改造，确立科学的教学观念来指导现实的教学活动，改进教学活动的缺陷和不足，提高教学活动的效率，才是教学观念改造的目的。所以，教学观念的改造必须遵循践行性原则，学以致用，身体力行，知行统一。只有如此，才能真正改造教学观念，这也是教学观念改造离不开教学活动反思的重要原因。

第八章　教学个性的捍卫

如果我们想通过教学原则达到规范教学活动的目的，使教学原则具有约束教学行为的能力，那么我们必须首先保证教学原则的确立者就是教学原则的真正践行者，或者说只有真正的教学践行者才有资格成为教学原则的确立者。教学原则是教学活动的规范，而规范永远不能成为教条，因为任何真正有效的规范，不仅有"法"的意义，更有伦理的意蕴。教学论研究者的工作不是去宣布一套套教学原则或者为某些教学原则做出所谓"理论上"的辩解或辩护，而是应当深入现实教学活动中去帮助教师，并与教师一起逐步制定和确立具有自身独特个性的教学原则，开发有效的教学策略，提高教学质量。教学实践需要教学理论，更需要教学智慧。教学智慧不同于教学理论，既不可学习又不可传授；它也不像教学技能那样虽不能通过理论学习，却可以通过有意识的训练来形成。只有把对教学理论的学习与对教学实践的反思有机结合起来，才有可能不断趋向教学智慧的境界。所以，教学智慧非由外铄，只能由自身提高，通过提高教学智慧，才能体味教学实践活动的幸福，这便是教师应有的生活。如果我们承认教师的教学对学生个性养成的影响和作用，那么就应该承认，教师的教学具有个性，乃是学生个性养成最基本的前提。目前，个性化教学的观念并未真正确立起来，制度化的教学惯习严重遮蔽和侵蚀了教师的教学个性，具体表现为教学行为取代了教学思考，教师角色取代了教师真我，教学义务取代了教学权利，教学他律取代了教学自律。教学个性不是既定的而是生成的，不是自然形成之物而是有意识培育的结果，需要有宽松自由的教学环境，也离不开教师个人的积极努力。

一　教学原则的确立

教学原则作为教学论的一个重要范畴，多年来一直是国内教学理论界普遍关注的对象。打开任何一部国内教学论著作，我们都可以找到关于教学原则的专章或专门论述，并且时有所谓新的教学原则体系构建的论文出现。可是，教学究竟应该有或者需要确立哪些教学原则，人们至今各执其说，似乎谁都可以提出或炮制一套教学原则，至于这套教学原则能否真正规范教学活动就不得而知了。

（一）教学原则的必要性

作为教学论的学习者同时又是教学论的研究者，我接触了许多教学原则体系，但令人窘迫的是，我的确不知道究竟哪种教学原则体系是科学的、合理的甚至说是有用的。因为，每当我将学到的教学原则运用于实际的教学活动时，困惑就接踵而来，萦绕不散。尽管很努力，但我发现自己很难将教学原则运用于教学活动；即使偶尔做到了，也很难说清楚自己为什么这么做；更主要的是，在这么做的过程中，我常常有一种被消解的强烈感觉，我的教学活动好像已经远离了我。因此，我常常怀疑自己学到的教学原则，并想追问这些教学原则何以产生，其存在的条件和根据何在。

其实，教学原则不仅困扰我自己，也常常令一些与我一样的教学论研究者感到迷茫。比如，有人认为，教学原则是"赘瘤"，应"大刀阔斧地砍掉"，只需要按教学过程和教学方法两个层次来组织教材。因为，教学原则除了重复教学过程、教学方法和教学组织形式的内容外，本身并没有独特的科学内容。[1] 这的确反映了人们对教学原则确立之随意性以及由此带来的混乱深恶痛绝。一种存在如果没有实现其预期的目的，这种存在的存在过程恰恰是在否定这一存在本身。如果教学原则真的成了任人言说的领域，那么教学原则就失去了其应有的规范性，教学原则一旦失去了规范教学活动的作用，教学原则也就没有存在的必要了。

但是，教学作为人类特有的社会实践活动，的确需要基本的规范，否则将不可避免地导致教学活动的混乱。教学活动之所以是教学活动而非他者，就在于教学活动已经内在地含有或遵循了一定的教学原则。因而，教学原则的存在无疑是必要的、有价值的。对此，许多教学论研究者从不同的角度进行了详尽的阐明[2]。第一，教学原则是教学论的重要

---

① 洪光理：《改革教学论之我见》，《四川师范学院学报》1984 年第 11 期。

② 李定仁、徐继存：《教学论研究二十年》，人民教育出版社，2001，第 175 页。

范畴。从历史上讲，自夸美纽斯的《大教学论》确立教学原则在教学论中的重要地位一直到今天的三百多年时间里，教学原则在教学实践中发挥了巨大的作用；从教学论的体系结构上讲，教学原则一直处于教学基本理论向教学方法和教学组织实施的过渡性关键位置，成为教学论体系的重要组成部分。第二，教学原则是沟通教学理论与教学实践的桥梁或中介。因为它是主观性与客观性的统一，成为人们有效地开展教学活动和设计教学方案的根本依据。第三，教学原则是进一步深化和发展教学理论的环节。第四，教学原则能促使教学矛盾向积极方面转化，即理论形态条件向现实条件转化、一般条件向具体条件转化、静态无序向动态有序转化。在我看来，今天问题的关键或许并不在于教学原则是否应该存在，而在于如何避免或者消除教学原则确立的随意性，真正发挥教学原则的应有功能。如果我们不能清楚地回答这一问题，教学原则的存在就必然受到质疑，乃至被消解。

（二）教学原则的困境

马克思认为，原则不是研究的出发点，而是它的最终结果。可是，如果认真考察人们提出或确立的教学原则，我们不难发现，人们恰恰是把教学原则当成研究的出发点，而不是作为研究的最终结果。所谓的教学原则研究，实际上是将已有的教学原则不断进行组合；所谓的构建教学原则体系，实际上就是各种教学原则的"拼盘"。这可以说是我国二十多年来教学原则研究的通病。其中，最集中最突出的表现是，打着运用古今中外方法的幌子，将各式各样的教学原则归结到一起，作应时的简单解释后，便宣告一个教学原则体系的形成。当然，对于古今中外已经总结出来的行之有效的教学原则是可以借鉴的，但是将它们随意构成一个所谓的教学原则体系，甚至编入教学论教材，则不足取，也极不负责任。

首先，古今中外的教学原则，针对的不是同一时空条件下的教学活动，试图将它们全部贯彻于今天的教学活动中不仅困难，而且难以想象。果真如此，我们将很难判断贯彻这种教学原则的教学活动会是一种怎样的情形，这种教学活动究竟体现的是怎样的一种教学思想或教学理论。我们知道，不同的教学原则常常从属于不同的教学思想或教学理论，而同样的教学原则在不同的教学思想或教学理论中是可以做不同的理解和诠释的。

其次，任何教学原则都是特定教学主体基于特定教学活动提出的，因而教学原则在某种意义上来说是主观的，带有强烈的鲜明的个人色彩。实际上，"一项原则有时只是一个著作家的一种假设、预感或启示，但他未经证实就把它作为普遍真理。或者，这个著作家只是在特定的时间对特定的环境进行了观察——如在医院中或在一些思想相同的人之中——然后匆忙地把他的观察普遍地加以应用，而不考虑技术、市场、个性等因素的影响。他之所以忽略这些因素，或者是由于他不了解它们，或者是由于他不能掌握它们。所以，他是试图把从一种环境的观察得出的原则应用于根本不能相比的另一些环境之中"。① 将各种基于特定教学主体及其教学活动的教学原则作为一切教学活动的普遍性原则本身就是对教学活动复杂性的否定，更是对教师作为教学主体应有的主体性的蔑视。事实上，这样的教学原则也就如恩格斯当年批判费尔巴哈抽象的道德时所说的："它是为一切时代、一切民族、一切情况而设计出来的；正因为如此，它在任何时候和任何地方都是不适用的，而在现实世界面前，是和康德的绝对命令一样软弱无力的。"② 退一步说，倘若所有的教师都遵循同样的教学原则，教学活动又何以有个性？教室岂不成了车间？学校岂不成了工厂？

最后，古今中外的教学原则既然难以贯彻于同一教学活动之中，我们也就无法证实这些原则构成的"体系"的有效性。如果因为某些教学原则是经过长期的教学活动总结和概括出来的，就认为由这些教学原则构成的"体系"能够有效地指导教学活动，在逻辑上是讲不通的。我们知道，尽管我们可以从个别推论一般，但我们无法穷尽所有的个别，这是归纳法的天然局限。也许，正因为"体系"本身无法被证实或证伪，人们即使肆无忌惮地炮制各种"体系"，也不会遭到驳斥和责难，所以各种所谓的教学原则体系便如杂草丛生，交叉繁殖，蔓延遍地。

既然确立教学原则的目的在于规范教学活动，我们就应该意识到，教学原则本身的目的不是自足的，确切地说，教学原则不是自成目的的，

---

① 〔美〕欧内斯特·戴尔：《伟大的组织者》，孙耀君译，中国社会科学出版社，1991，第 17 页。

② 《马克思恩格斯选集》（第 4 卷），人民出版社，2012，第 247 页。

教学原则只有见之于教学活动才有其真正的意义。因此，教学原则研究如果囿于教学原则，就教学原则来谈教学原则，在教学原则本身的阈限内兜圈子，就必然导致教学原则之间以及各种教学原则体系之间的抵牾和纷争，从而陷入恶性循环。由此构建的教学原则体系因脱离了现实教学活动的限制，获得了完全的独立性和自足性，成了"现实应当与之相适应的东西"，是弘人之道，不是人弘之道。

（三）教学原则的根据

从最一般的意义上讲，教学原则对教学活动的规范，实质上就是对教师教学行为的规范。所谓规范，就是指对行为者或行为具有合法效力的规则、规定或准则，或者说，有效力的可普遍化的行为要求。哈贝马斯在《交往行为理论》中有一段对于规范行为的集中解释。他说："规范调节的行为概念，不仅涉及在自己周围世界也遇到其他行为者的行为，而且涉及按照共同价值确立自己行为的一种社会集团的成员。单个的行为者，在一定状况下出现了可能运用规范的条件下，就一定要遵循一种规范（或者是冲击这种规范）。规范表达了在一种社会集团中所存在的相互意见一致的状况。对于一定规范有效的社会集团的全体成员而言，他们可以相互要求，在一定的情况下进行或放弃各种所规定的行为。遵守规范的中心概念，意味着满足一种可普遍化的行为要求。行为要求不是具有一种预测事件所要求的认识意义，而是具有规范性意义。就是说，具有成员们有权利去要求进行一种行动的意义。"[①] 哈贝马斯对"规范"的基本理解在于"可普遍化"，也就是说，规范对于一定的社会集团成员来说是具有普遍性约束力的社会存在物。哈贝马斯认为，规范的一个核心内容就是规范的约束力，"正是这一点构成它的有效性假说"。说一种规范没有约束力，要么是说这种规范正在被人们抛弃，退出对社会生活的影响范围，要么是说它根本就不是一种规范。因此，如果我们要使教学原则达到规范教学活动的目的，使教学原则具有约束教学行为的能力，那么我们必须首先保证教学原则的确立者就是教学原则的真正践行者，或者说只有真正的教学践行者才有资格成为教学原则的确立者。如

---

① 转引自龚群《生命与实践理性——诠释学的伦理学向度》，中国社会科学出版社，2004，第169页。

此，教学原则才不至于沦落为脱离教学活动的空泛言说，才不至于蜕化为任人炮制的僵死教条，真正融入教学活动，成为教学活动的内在理性，引导和规范教师的教学行为。也许有人会说，这样的教学原则只能是个体性的，规范的只是个人的教学活动，尚不能成为教学活动的普遍化规范。但是，任何有效力的普遍化规范的确立都是以非普遍化规范为前提、为基础的。假如我们作为教学原则的确立者，所确立的教学原则连我们自己都不能遵循，我们又有何理由推荐并强加于他人？这在今天不仅是一个科学规范问题，更是一个关涉我们自身的道德规范（良心和责任）问题。侵蚀他人的教学权利，在自己的权利上没有正当理由而横加他人以损失或损害，以虚假、虚构的符号体系制导他人，都应是道德谴责的恰当对象。当前至为重要的是，教师如何才能学会通过课堂观察和依据相关教学理论归纳和概括出适合自身教学的教学原则，而不是仅仅做某种强加或凌驾其身的教学原则的忠实执行者。

　　教学原则是教学活动的规范，而规范永远不能成为教条，因为任何真正有效的规范，不仅有"法"的意义，更有伦理的意蕴。哈贝马斯通过提示班奈特对蜜蜂跳舞的信号行为的研究指出："对比于信号所控制的行为，规范所控制的行为是在参与解释的交互主体的同意下，假设规则的有效性，而且不是由自然的定律来保证的。因此，解释者采取的行动所根据的现行规范并不是由行为、信号与环境之间孤立的连结所导出，规范总是存在相互的认知里。以此为前提条件的意义的认同对于在一个持续的时间里的所有行动参与者而言都具有普遍性。"① 规范一旦失去了伦理意蕴，其"法"的意义便荡然无存。所以，任何有效的教学原则都应该能使教师懂得在课堂上采取各种行动的道理，并据此做出明智的课堂决策，允许教师根据实际教学情况灵活变通。教学原则绝不能规定教师应采取固定的教学程序、死板的教学方式和方法；相反，教学原则是为教师在不同情况下采取适宜的教学程序、教学方式和方法提供纲领性的指导和标准。没有教学原则，我们将很难展开教学程序；面对众多的教学方式和方法，我们也很难做出抉择。从这个意义上讲，教学原则对

---

① 龚群：《生命与实践理性——诠释学的伦理学向度》，中国社会科学出版社，2004，第173页。

教学活动的规范，也就是对教学程序、教学方式和方法的规范。因此，教学原则与教学程序（过程）以及教学方式和方法的区别是很鲜明的，它们原本就是教学论领域中不同层次的范畴。重复了教学程序、教学方式和方法内容的所谓的教学原则至多是对教学现象的全景式描述，既没有某种教学思想的渗透，也不能起到对教学活动的规范作用，自然是"赘瘤"，当然应当大胆地砍掉。

（四）教学原则的个性化

无论回顾教学活动的历史，还是反思教学活动的现实，我们都应确信，教学原则不应是抽象的虚构之物，而应有其实际的相关性，目的是在教学理论和教学实践之间架起一座桥梁。没有教学理论或教学思想，便没有教学原则，因为教学原则都是为了贯彻教学理论或教学思想。夸美纽斯的教学原则是围绕其"自然适应"教学思想展开的，赫尔巴特的教学原则离不开其心理学的"统觉"观念，杜威的教学原则源于其实用主义教学思想，布鲁纳的动机原则、结构原则、程序原则和强化原则统摄于其结构主义教学思想，行为主义心理学孕育了斯金纳的程序教学原则，赞可夫高难度、高速度和理论知识起主导作用的教学原则是为了促进学生的一般发展，巴班斯基的一系列教学原则是基于其教学过程最优化的思考，等等。当我们试图提出某种教学原则的时候，我们必须申明我们的立场，即我们持有什么样的教学理论或教学思想。缺乏教学理论的支撑或教学思想的统领，所谓的教学原则体系就没有了核心，没有了灵性和精神，如同一篇文章没有了主题思想，成了苍白的语言堆积。可以说，作为规范教学活动的教学原则本身，虽然需要，却不值得尊重，值得尊重的恰恰是教学原则所服务或蕴含的教学理论或教学思想。教学理论或教学思想与教学原则是"体"与"用"的关系，"用"以"体"为前提和根据，"体"以"用"为旨趣和鹄的，"体""用"一统才能切实范导教学活动。

当前，教学理论研究者的工作不是去宣布一套教学原则或者为某些教学原则做出所谓"理论上"的辩解或辩护。当然，我们可以试图解决教学原则的基础或根据问题，关心对任何可行的教学原则普遍有效的原则，但我们应当清醒地认识到，这样的原则恰恰不是教学原则，而是教学管理，属于教育行政或教育事业管理的范畴。即使如此，我们也应当明确，在管理上没有普遍适用的原则，也没有必要去研究适用于一切组织的"普遍结论"。"如果我们不是试图做出适用于所有各种组织的普遍结论，而是得出某些在恰当的类似情景中可以合理地期望它们会发生作用的一些指导方针，其效果会好得多。"① 我们也许拥有大量的教学理论知识，可我们不是教学理论家；我们也许有一点关于教学的思考，可我们离教学思想家还差得很远。这时，如果我们要对教学事业负责的话，我们就应当深入现实教学活动中，帮助教师，并与教师一起逐步制定和确立恰当的教学原则，开发有效的教学策略，提高教学质量。

世上本没有普遍适用的教学原则，有的只是具体情况具体分析。我们这样说并不是否定研究教学原则的价值，而只是反对不顾教学具体环境、教学规模、人际关系、学生个性和教师自身素质等差异，一概地把教学原则作为普遍教义到处套用的做法。因此，对于广大教师来说，各种各样的教学原则可以作为参考，但没有必要被现存的教学原则束缚住手脚，更没有必要迷信教学原则，完全可以大胆地去探索，发展具有独特个性的教学原则。

二　教学智慧的养成

随着社会的发展，作为人类特有的社会实践活动的教学活动越来越需要教学理论的指导，这一点毋庸置疑。但是，仅有教学理论的指导，即使这种教学理论非常科学，而且可行，也仍然是不够的。教学实践需要教学理论，更需要教学智慧。

（一）教学智慧的存在

随着教学实践的日趋复杂和社会对教学实践要求的提高，教学实践的理论指向性更加凸显出来。缺乏教学理论的指导，教学实践就失去了学术理性基础；而一旦失去了学术理性，教学实践就充其量是土木匠人的技艺性活动。但是，我们也应该注意，理论理性的标准不是普遍适用的，它也有自身的局限性，需要通过实践来揭露，实践因此可以按照不同的标准得到改进。也就是说，理性绝非理论所独有，理论理性并不能

---

① 〔美〕欧内斯特·戴尔：《伟大的组织者》，孙耀君译，中国社会科学出版社，1991，第17页。

完全决定实践理性，而这并不否定理论理性的功能。康德区分了理论理性与实践理性：理论理性运用先天知性范畴形成普遍必然的科学命题（先天综合判断）；而实践理性运用支配行为的法则，使人的行为合乎理性，即合乎普遍性、必然性的需要，这就是道德实践的基本要求。按康德的说法，道德实践要求每个道德行为都是普遍的、绝对的，这就是实践理性。康德的实践理性体现了理论理性的普遍性和必然性，但它在本质上与人类的认识活动无关，限于道德领域，或更广泛地说限于行为领域。在康德那里，实践理性相对于理论理性而提出，实践理性外在于理论理性，因而它本身不包含在人类的认知合理性之中。然而，对于亚里士多德和古希腊人来说，理论与实践之间的差别绝不像现在这样是认知与行为的差别，"实践"实际上不是"理论"的对立面，因为理论本身就是一种实践的形式。在希腊文中，theoria 一词最初的意义是作为团体的一员参与某种崇奉神明的祭祀活动，对这种神圣活动的观察，不只是不介入地确认某种中立的事态或静观某种壮丽的表演；理论乃是真正地参与一个事件，真正地出席现场，它表现人的超越有限存在的卓越特征。人在茫茫宇宙中是极为脆弱而有限的存在，却能通过自身的能力理论地思考宇宙。思想就是思想的对象，在理论地思考宇宙中，思想与被思想是完全同一的。亚里士多德实践哲学的任务就是把人类的这种突出特点引入意识中，从而人们可以在实际选择的实践中知晓选择与善的关系，在合乎德性的践行中体验幸福。所以，亚里士多德曾批评柏拉图关于善的看法过于抽象，割裂了普遍与特殊的联系。在亚里士多德那里，"实践"意味着全部实际的事物以及一切人类的行为和人在世界中的自我设定，它不是理论理性的对立物，其特征也不能由此获得界说。事实上，实践本身凸现于现实生活可能性的广大序列中，而现实生活就是理论与实践的统一，个人总是把他的理论知识组合进他的实践生活知识之中。这正如列宁在《哲学笔记》中所说的，实践高于（理论的）认识，因为实践不仅有普遍的优点，而且有直接的现实性的优点。

黑格尔曾把理性看作一种恒常存在的实体，看作一种当下呈现的永恒之物。卡西尔对此做了批判后指出，理性绝不是一种纯然的当下存在，它并不是一种现实的东西，而是一种恒常不断的现实；它不是一种给予之物，而是一项任务；理性并不只是理论之理性，它还开启着实践理性的疆域。① 在实践理性的结构中，理性与实践不是两种不同的东西，而是同一个辩证过程的组成部分：理性没有实践的制导会走入歧径，而实践由于增强了理性会得到极大的改进。实践理性本身具有的强烈的过程性和动态性，决定了它的不确定性，而实践智慧就是这种不确定性的表现。

教学理论应用于教学实践的过程不是一个机械的对号入座过程。在某个时刻，教学实践总会突破教学理论设置的原有框架，并按照自己的要求确立起新的思维原则。相对于教学理论理性而言，教学实践理性根植于教学实践对于教学理论的内在超越性。在具体的教学实践活动中，新的问题和新的情况随时出现，严格地遵从教学理论的理性原则是不可能的，教学实践者需要当机立断、急中生智，才有可能避免教学实践活动的混乱或不协调，这就是教学智慧。

（二）教学智慧的性质

教学智慧不同于教学理论。教学理论是人们对各种教学现象及其本质的能动的、系统的反映，其形成有赖于严密的理性分析和逻辑推理。所以，教学理论所把握的不是教学实践的偶然的东西，而是教学实践的必然的东西。亚里士多德认为，凡是出于必然的东西，当然能被科学地认识；凡是能被科学地认识的东西就可以传授，可以学习。② 教学理论能为人们提供关于教学实践的各种知识，使人们对教学实践的规律有所理解和把握，可以帮助人们纠正错误的教学认识，树立正确的教学实践观念，为更有效地进行教学实践活动提供思想条件。教学智慧则不然，它不只是对普遍教学实践的知识，更重要的是对待个别、特殊教学实践问题的知识，并且，教学实践经验在其中起着重要的作用。教学智慧是一种关于教学践行的知识，并以在具体教学实践活动中的践行作为自身的目的。"不以物喜，不以己悲"；它不是僵死的、现成的，而是生动的、生成的、融于现实的教学实践活动之中的。所以，教学智慧常常很难被普遍化为一种理性原理、原则，无须严格的科学推理和严密的证明

---

① 〔德〕恩斯特·卡西尔：《符号·神话·文化》，李小兵译，东方出版社，1988，第 15 页。
② 〔古希腊〕亚里士多德：《尼各马科伦理学》，苗力田译，中国社会科学出版社，1999，第 124～125 页。

形式，它也因此不是通过单纯学习和传授就可以获得的。

与教学理论相比，教学智慧在教学实践过程中是以不明显的、隐蔽的方式起作用的。尽管是不明显的、隐蔽的，但是永远无法排除的。我们知道如何骑自行车或游泳，但并不意味着我们能够说出我们如何保持平衡或在游泳时浮着。语言是有限度的，用语言表达出来的教学实践活动的知识，涵盖不了教学实践活动所需知识的全部。

教学智慧也不同于教学技能。虽然教学技能与教学智慧一样不是仅仅通过理论学习就可以获得的，但它可以通过实践性环节，通过有意识的系统的强化训练来形成。复杂的教学行为，至少在某种程度上可以分成一些更为简单的、可训练的技能和技术。对于教学智慧，我们很难将它分解为一系列可以操作的行为。这是因为，教学技能只是教学实践活动的工具或手段，其目的存在于自身之外；而教学智慧的践行本身就是目的，它关心从事教学实践活动的人类自身的价值和意义。从广义上看，教学实践是人类的一种价值追求，也是人类的一种自我塑造，它是以人类的发展和生活的完满幸福为最终目标，教学智慧就体现在这种价值追求和自我塑造的具体过程之中。

教学智慧作为一种特殊的知识类型，既不同于纯粹的教学理论，也不同于单纯的教学技能。由于良好的践行本身就是教学智慧的目的，故我们可以说教学智慧就渗透于教学理论和教学技能的具体应用过程之中。这样，教学智慧就不是纯反省的，依靠它我们就可以获得关于教学实践的确定真理；教学智慧也不是纯直觉的、神秘的，它包含着"审慎考虑"的推理，但这种审慎考虑不同于那种导致科学解释的理论推理。亚里士多德说过，具有实践智慧的人就是善于正确考虑的人，谁也不会去考虑那些不可改变的事物或自己无力去做的事物。践行的领域是可以改变的，教学智慧就是一种与正确计划相联系并坚持正当行为的践行能力。

教学智慧之所以必须，是因为教学实践领域复杂。教学实践活动是人为的，也是为人的；而人是自然的存在，也是社会的存在。教学实践领域因此具有双重性：它既是自然的又是属人的，既是客体性的又是观念性的，既是因果性的又是目的性的，既是必然性的又是自由的，等等。面对如此复杂的教学实践领域，我们不能要求教学理论具有像数学那样的精确性。对于复杂的教学实践活动来说，单纯的教学技能也无济于事，因为它不是目的，而是手段；作为手段的教学技能是可以用来实现不同的教学目的的。从事教学实践活动的人类自身的价值和意义，绝不是各种教学理论和教学技能在它们各自特殊的领域中所追求的知识理念的最大限度的实现。果真如此，就割裂了教学实践活动普遍性与特殊性的联系。教学智慧将原则反省的普遍性和感觉的特殊性结合在一个给定的教学情境中，它所照应的不是普遍的和外在相同的东西，而是特殊的、不定的东西。它需要教学实践经验，也需要教学理论的理性知识。教学实践领域的复杂性决定了教学实践活动的多样性，"条条大路通罗马"，教学实践活动的多样性正是教学智慧的生动显现。

（三）教学智慧的养成

教学智慧不同于教学理论，既不可学习又不可传授；它也不像教学技能，教学技能虽不能通过理论学习获得，却可以通过有意识的系统的训练来形成。这样，教学智慧就需要我们在具体的教学实践中去探索和摸索。亚里士多德认为，行为的全部原理只能是粗略的，而非精确不变的，这里没有什么经久不变的东西。如果普遍原理是这样，那么，那些个别行为原理就更加没有普遍性了。这既说不上什么技术，也说不上什么专业，只能对症下药，看情况怎样合适就怎样去做。因此，亚里士多德认为实践智慧并不是青年人一般可以学习的，青年人可以通晓几何学和数学等，并在这些方面卓有成就，但他们不能学习实践智慧。其原因在于实践智慧不仅涉及普遍事物，而且涉及特殊事物。人要熟悉特殊事物必须通过经验，而青年人所缺乏的正是经验，因为取得经验需要较长时间。[①] 但是，在我们看来，认为有了教学实践经验便可以轻而易举地达到教学智慧的境界，则是一种简单化的理解。就教学实践来说，除非我们善于从经验中汲取教训，否则我们就不可能有什么改进；而如果因为教学实践经验不足就放弃对教学智慧的追求，则是一种消极的态度，由于教学实践活动的复杂性，我们永远也不可能取得足够的教学实践经验。因此，可行的途径是把教学理论的学习与教学实践经验结合起来，统一于具体的教学实践活动中。教学理论的学习在于确立正确的教学观

---

① 〔古希腊〕亚里士多德：《尼各马科伦理学》，苗力田译，中国社会科学出版社，1999，第131页。

念并以此观照自身的教学实践活动，即教学实践反思。而教学实践反思正是获取教学实践经验并从中获得教益的基本方式。也就是说，只有将教学观念的改造与教学实践的反思结合起来，才有可能趋向教学智慧的境界。

所谓教学实践反思，具体说来，就是面对自己的教学实践现实，不但要看到其发展的合理性和必然性，还要看到其对于新的时代来说的不完善性和不合理性，看到其发展中的矛盾和问题，进而立足时代的高度，通过对其不合理性的批判，达到一种新的教学价值理想的确立。人们之所以要反思教学实践，之所以要面对教学实践的现实提出问题，是因为教学实践除了对人的发展具有肯定性的价值外，还含有对人的发展的否定性因素。认识到这一点，我们就要对教学实践自觉地投射一种反思和批判意识，在教学实践活动中减少盲目性，增强自觉性，克服片面性，增加全面性。可见，教学观念的改造离不开教学实践的反思，只有通过教学实践的反思，教学观念才能不断得到改造；同时，教学实践的反思也离不开教学观念的改造，只有通过教学观念的改造，教学实践的反思才能不断深入。教学观念的改造与教学实践的反思如果统一于具体的教学实践活动中，则既"照应了普遍的和外在相同的东西，又结合了特殊的不定的东西"。这时的教学实践活动就不是某种教学理论的教条式的应用，也不是某种教学经验或教学技能的重复表演，而是一种与正确计划相联系并坚持正当行为的践行过程，即教学智慧的显现过程，正是这种不断显现的教学智慧，保证了教学实践活动不断趋向合理和完善。

随着人类教学认识的不断深化和教学实践的不断发展，教学观念的改造和教学实践的反思就不是一蹴而就、一劳永逸的。沿着这一途径探索和摸索教学智慧的人们，就必须具有一种对自己、对学生、对社会和对人类的高度责任感，不应把教学实践活动仅仅视为一种职业行为、一种纯粹谋生的手段，而应将其视为一种事业、一种人性完满的实现活动。教学实践活动永远需要我们有自主、自省的意识，并且需要有"吾日三省吾身"的精神，这样我们才有可能不断趋向教学智慧的境界。虽然教学论可以启动教学智慧，但它不能主宰教学智慧，教学论之于教学智慧正如医学之于健康。健康非由医学而生成，而因医学而生成；医学为健康开处方，而非向健康发号施令。所以，教学智慧非由外铄，只能由自身提高，通过提高教学智慧才能体味教学实践活动的幸福，这便是教师应有的生活。

三　教学个性的培育

教学是一项社会性事业，必须接受社会生活的公共制导，培育和发展学生的有益于社会公共福利的品质和才能。但这并不意味着学生个性的泯灭，也不意味着学生成为蜜蜂或蚂蚁。因为一个社会的成员越是显示出独特的个性，越是多样化，这个社会就越有生气和活力，而一个由没有独创性和个体意志的个体组成的规格统一的社会，则是一个没有发展可言的不幸的社会。随着社会的发展，学生如何养成独立行动和独立思考的良好个性品质，日益引起人们的广泛关注。毫无疑问，学生个性的养成有赖于多种因素的相互作用，如果承认教师的教学对学生个性养成的影响和作用，那么我们就应该承认教师的教学具有个性，乃是学生个性养成的基本前提。

（一）教学个性的含义

在西方，"个性"一词源于拉丁语 persona，它有两方面含义：一方面，指演员在舞台上所戴的假面具，后引申为一个人在生命舞台上扮演的角色；另一方面，指能独立思考、具有独特行为特征的人。教学是为人的人为活动，"教学个性"这一表述显然带有很强的人格化色彩。我们在此主要强调的是，不同的教学应像不同的人一样具备自身的独特性、差异性和多样性，而这当然并不否定教学共性的存在。每个人的实存都是原作，不是摹本，有他自己的历史，这个历史是不能和任何别人的历史混淆的，有他自己的个性，这种个性又是随着年龄的增长而越来越被一个由许多因素组成的复合体所决定的。这个复合体是由生物的、生理的、地理的、社会的、经济的、文化的和职业的因素组成的，这些因素对每个人来说，都不相同。因此，人与人之间有差异性，正是这种差异性构成了人的多样性。其实，教学原本就应该是个性的，这不仅是因为学生个性的差异，更是因为教师个性的不同。我们知道，学校有别于工厂，教学不同于制造产品，要用严格的操作规范与流程来保证产品的质量；学生也不同于有待加工的材料，可由教师进行标准化的塑造；教师也不同于工厂里的工人，根据说明书就能进行教学操作。在很大程度上，教学是一种非常个性化的活动，同样的学生、同样的教材、不同的教师，会产生不同的教学效果，这是人所共知的事实。可是，随着学校教学活动的日趋制度化，教师教学的个性日渐消失，千校一面，千人一面，越来越成为我们不得不面对的严酷现实。既然教师的教学没有了个性，我们又如何保证学生个性的养成？

确实，日趋严密的学校制度保证了学校教学活动的正常运行，可也含有损害某些重要价值的危险。"和制度相比，个人没有精神的权利；个人的发展和教养在于对现成制度的精神的恭顺同化。"① 只要你走入学校，仔细观察学校的教学运行，就不难发现教师日常的教学活动已经深深地镶嵌在非人格的教学程序和规则之中。教学变成了简单、常规化的一般性活动，是预先规定好了的。如此一来，教师只需要不加置疑地、机械地行事，不需要多少脑力的参与，教师的自发性和个体的主动性受到了极大的限制和压制，教师变成了一架不停运转的机器上的一个小小的齿轮，并按照机器指定的路线行动，教师的那些不可计算、难以掌控的情感被边缘化，实际的生存领域被挤压到日常工具化的教学活动之外了。在学生个性发展备受关注的今天，教师的教学个性日趋式微，这不应该是教学发展的逻辑，却长期以来没有受到应有的重视。虽然我们经常说教师是教学活动的主体，但如果教师的主体地位得不到切实的保障，教师的主体性就难以得到充分的发挥。实际上，当我们说教师是教学的主体的时候，这本身就意味着教师教学个性的当然存在。如果教师在教学活动中不能舒展个性，教师就无法成为真正意义上的教学主体。在这个意义上，我们可以说教师的教学个性乃是教师作为教学主体的基本确证。马克思指出："我在我的生产中物化了我的个性和我的个性的特点，因此我既在活动时享受了个人的生命表现，又在对产品的直观中由于认识到我的个性是物质的、可以直观地感知的因而是毫无疑问的权力而感受到个人的乐趣。"② 教师在教学中物化了自己的个性，发展了自己的教学个性，也就成为更具有主体性的人，在自己的存在上就有了更大程度

---

① 〔美〕约翰·杜威：《民主主义与教育》，王承绪译，人民教育出版社，1990，第63～64页。

② 《马克思恩格斯全集》（第42卷），中共中央马克思恩格斯列宁斯大林著作编译局译，人民出版社，1979，第37页。

的生命的充实。教师只有在不断舒展教学个性的过程中，才能真正感受、体验和享受自己作为教学主体的生命担当和幸福所在。

（二）教学个性的缺失

目前，个性化教学的观念并未真正确立起来，制度化的教学惯习严重遮蔽了教师的教学个性，而教学个性的缺失反过来又压抑了教师的本来个性，两者互为因果，既不利于教学改革的深化，也阻碍了教师的专业成长，这具体表现在以下几个方面。

1. 教学行为取代了教学思考

教学是一项复杂的活动，没有一定的制度保障，就会陷入混乱无序的状态。"自由只有通过社会秩序或在社会秩序中才能存在，而且只有当社会秩序得到健康的发展，自由才可能增长。"[①] 教学制度在约束和限制教师教学的同时，也创造和确保了教师教学的自由秩序，遵循一定的教学制度是也应该是对教师作为教学主体的最基本的要求，是教师开展有序教学活动的前提。但是，我们必须看到，无论教学制度多么合理和完美，教师对教学制度的坚守，都不是教师自我的丰富和建构，而是在规范教学思想和行为的基础上的齐一化，这往往又以教师个体独立性的消解以及教学思想的匮乏为代价。正是教师教学思想的匮乏，导致了教学的平庸化，也使教师逐渐形成了一种懒惰的生存方式，回避了教学思考可能带来的各种威胁。"维持现状能使一个人保持稳定的专业身份（改变一个人的专业实践会造成其专业身份的改变，因而也就失去了其现有的安全感）。维持现状很容易，因为这样工作只需要付出最少的能力和努力。"[②] 思想本质上是对我们当下之事态的否定。教学思考会因对教学现实做批判性的评估，潜含着很大的破坏力，它随时可以拆解教师安心拥抱了许多年的教学规则、惯习和教条，以及固持信念所给予人的确定感。可是，教师一旦丧失了对教学的思考，他的教学就只是一种训练、一种机械的活动，根本谈不上教学的个性了。

---

① 〔美〕查尔斯·霍顿·库利：《人类本性与社会秩序》，包凡一、王源译，华夏出版社，1989，第278页。

② 〔美〕戴维·W. 约翰逊、罗杰·T. 约翰逊：《领导合作型学校》，唐宗清等译，上海教育出版社，2003，第60页。

2. 教师角色取代了教师真我

教学需要教师的真诚与真实，教师的真诚与真实也是教师的伦理底线。在我们看来，教师真诚、真实地开展教学活动就等于真诚、真实地面对自己。但是，教师本身又是一种社会角色、一种社会期待，本质上是社会建构的产物。随着社会的发展，人们对教师这一社会角色的要求越来越高，当教师的社会自我日益成为重点建构对象和目标的时候，个体的本我就成了任意裁制的质料。在当前社会文化和学校制度的规约下，教师的生存和发展在很大程度上取决于扮演好教师角色，这也被认为是天经地义的，当然无可厚非。可是，教师一旦甘于接受由他人确定的用以测量自己成长的角色标准，就很快会用同样的标准来衡量自身。这时，教师已不必再由他人勉强其循规蹈矩，而是自觉自愿地不越雷池一步，并钻进按别人所示而觅得的自己的洞穴之中。我们知道，进入教师角色的前提往往是放弃自我，闲置理性，以感性体验遮蔽理性的认知和分析，以模仿榜样替代自我发掘和自我实现，这样极容易养成教师特有的演员人格，甚至是双重人格，从而形成整个教师文化的外在化、形式化和平面化的特点，既不利于教师人性内涵的开掘，也阻挡了教师自我发展的道路。

3. 教学义务取代了教学权利

作为教学主体的教师对教学负有不可推卸的责任，必须履行教学的义务，同时也应当拥有一定的教学权利。教学责任和教学权利紧密联系在一起，没有具体的教学权利就没有真正的教学责任感，空谈教师的尊严而不承认位高任重是不行的。许多学校常常无视教师的教学主体地位以及相应的教学权利，为教师规定了一系列的行为规范、责任和义务，甚至人手一册，强制实施，严格监控，打造了"铁的牢笼"，使教师不得不在被动、机械地承担教学责任、履行教学义务的过程中，抽离一切欲望、情感、个性，遮蔽其内心世界和精神状态。这是对教师劳动的蔑视，也是对教师人格的亵渎。既然教师得不到人道地对待，我们又怎能期望他们人道地对待学生？于是，教育哲学家奈勒当年所描绘的景象再一次映入我们的眼帘："我们的儿童像羊群一样被赶进教育工厂，在那里无视他们独特的个性，而把他们按同一个模样加工和塑造。我们的教师被迫，或自认为被迫去按照别人给他们规定好的路线去教学。这种教育制度既使学生异化，也使教师异化了。"①

4. 教学他律取代了教学自律

人之所以有尊严，人之所以远远地高于一切纯然自然之物或野性之物，端在于自主地设定了自己的价值，把这些价值变成了自己的目的，并理性地选择达到这些目的的手段。人的尊严在于自律，也就是说，在于人自由地选择自己的价值或理想。教学自律是教师在对外在教学环境和内在世界的探索和认知的基础上的自我选择、自我负责、自我约束和自我规范，是教师自由自觉的教学行为，是教师主体性充分发育的产物；而教学他律是学校组织外加于教师的规范，合理的、完善的、公正的学校教学规范可以保障教师的权益，但以不平等为内核的强加于教师的教学规范体系越是严密、精致、高效，就越是消灭教师的个性、扭曲教师的人性、消解教师的主体性。因为，精神创造的真正自发性绝不可能存在，除非整个心灵被深深打动，而只有当个体自由发挥、强调自己的特殊爱好时才可能如此。杜威曾在论及教育原则时指出，只有引起人性中的某些东西的共鸣，并在人性中唤起积极的反应，规则才能被遵守，理想才能得到实现。实际上，道德原则要是以贬低人的本性来抬高自己，就是自杀。当教学行为取代了教学思考、教师角色取代了教师本真、教学义务取代了教学权利，教学他律也就取代了教学自律。一旦教师的教学活动远离乃至消解了教师自我，一种真正属于教师自己的教学精神生活便没有了。教学的精神生活意味着教师不执着于欲望的对象化，而是反观自身生命的一种宁静的审美情愫，"心为物役"，注定不是合乎教师人性的生存方式。

（三）教学个性的培育

现代教学的每一个主要问题，分析到最后，都是管理问题，最后都需要通过学校管理职能的某种方式求得解决。当下教学个性的缺失更是如此。教学个性不是既定的而是生成的，不是自然形成之物而是有意识培育的结果，它需要有宽松自由的教学环境，也离不开教师个人的积极努力。

---

① 陈友松主编《当代西方教育哲学》，教育科学出版社，1982，第 119 页。

1. 创设宽松的教学环境

教学是一项非常复杂的工作，需要有计划、有组织地进行，但这并不是说，教学的一切都要严格地遵循既定的程序和确定的方式方法。"教育绝不能按人为控制的计划加以实行。教育计划的范围是很狭窄的，如果超越了这些界限，那接踵而来的或者是训练，或者是杂乱无章的知识堆积，而这些恰好与人受教育的初衷背道而驰。"① 否则，教学就会因受制于"计划主义"而成为机械的活动，难以培育和造就教师的教学个性。实际上，不论人们制订多么严密的教学计划，都不能将教学的一切纳入其中。尽管如此，"对不可计划之事我们还是可以做出一些计划，那就是创造一个让它得以自由实现的空间"。② 所以，重要的不是不要教学计划和规范，而是如何在确保教学秩序的同时，赋予教师一定的教学自主权，为教师个人自由和个性发挥留出必要的空间，营造崇尚教学个性的良好教学氛围。

学校是教师平等相遇的场所，每一个教师都是独特的，有差异的。认识到教师之间的差异，并努力把保存这些差异看作学校管理的基本目的和重要内容，这是创设宽松的教学环境的基本前提，也是培育和造就教师教学个性的基本途径。确保教师各自的个性特征不再有排他性，不再拒绝与其他性格特征同处共存，这又反过来要求摈弃任何以自决权的名义而压制他人性格的倾向，去接受这样一种观点：恰恰是对其他个性特征的保护才能使差异性得到维系，自己的独特性才能迅速发展。康德说过："他有个性，这在绝大多数场合下不但是说到他，而且是在称赞他，因为这是一种激起人家对他的敬重和赞叹的可贵性质。"③ 只有当学校愿意鼓励教师唱反调和激励教师独创性及独立性的时候，教学自由才会得到应有的重视和评估，教学个性才有可能孕育和萌生。

2. 反对教学平均主义

教学应该是创造性劳动，需要教师的进取精神，需要教师的独立自

---

① 〔德〕雅斯贝尔斯：《什么是教育》，邹进译，生活·读书·新知三联书店，1991，第24页。
② 〔德〕雅斯贝尔斯：《什么是教育》，邹进译，生活·读书·新知三联书店，1991，第24页。
③ 〔德〕康德：《实用人类学》，邓晓芒译，重庆出版社，1987，第196页。

主和自我奋斗精神，也只有这样的教学，才能使教师充满自我发展的欲望和激情，张扬自己的教学个性，在学校和教师群体中显示自己的独特价值。因此，在学校教学管理中，要特别注意克服教学平均主义的倾向和种种做法。

教学平均主义貌似平等地对待每一个教师及其教学，而实际上关注的是抽象的教师，或者说是一般的教师群体，它反对教学个性，反对具有独立性、自主性和创造性的教师，因而是教学平等的一种假象。因为，要使这种平等真正能够实现，必须首先使它形成一种幻象，这种幻象的内在精神，就是一种令人难以置信的抽象化、一种包罗万象而又虚无缥缈的东西、一片海市蜃楼，这种幻象的名字实质上就是抽象的教师或一般的教师群体。正是在这样的幻象下，人们才确立了这样的观点，即所有教师的教学都是一样的，都应当按照统一的标准来对待。在教学都一样的同一尺度下，唯一可能平等的标志是价值最低的标志。这样，教学平均主义只能按照教学的最低要求来对待教师，因之它又成为一种将教师及其教学向下拉的投机。舍勒曾深刻地指出："现代平等论显然是怨恨之作，无论平等论是以验证一种事实的姿态出现，还是以提出道德的'要求'的姿态出现，抑或以两者兼而有之的形象出现。无论实际的是何种平等：道德平等，财产平等，社会的、政治的、宗教的平等，平等诉求表面看来都是无害的。然而，在这种平等诉求背后总隐藏着一个愿望：将处于价值标准高的、占有更多价值者贬到低下者的位置。这不是明摆着的吗？感到自己有力量或恩典的人没有一个会在某种价值领域的力量竞赛中要求赢得平等！只有害怕输掉的人才会要求把平等作为普遍原则。平等要求总是一场 a baisse（拉下来）的投机！"① 从学校长期发展来看，教学平均主义只能导致教师独立性、自主性和创造性的丧失，导致教学的机械化和模式化，而不是引导教师教学的积极进取和开拓创新。

3. 注重教师的自我提升

毫无疑问，教学环境对教学个性的养成起着重要作用，要培育教师的教学个性，就需要努力改变教师的教学环境。然而，我们需要明确的

---

① 〔德〕马克斯·舍勒：《价值的颠覆》，罗悌伦等译，生活·读书·新知三联书店，1997，第 127 页。

是，教师本身就是教学环境的最重要的构成要素，教学环境对教学个性养成作用的发生，必须依赖于教师的主体能力。只有借助这种能力，教师才能在改造教学环境的同时，改变自己的习惯、感情和风格。马克思指出："任何一个存在物只有当它用自己的双脚站立的时候，才认为自己是独立的，而且只有当它依靠自己而存在的时候，它才是用自己的双脚站立的。"① 可见，教师意识的觉醒是教师确立教学主体性、发展教学个性的关键所在。作为教学的主体，教师应该走出物欲之障，在自我分析的基础上，以自己为对象而自我设计、自我创造，彰显自己的教学个性，时刻都不能忘记，只有自己才是教学生活的创造者，每一个教学瞬间，都应该是一种创造。如果说画家的才能是在作品的影响下形成和变化的，那么教师的每一种教学状态在产生的每一个瞬间都赋予教师新的形态，并限定了教师的人格。我们虽然有理由说，教师怎样做取决于教师本身，但我们必须加上教师永远不能忘记的一句：在某种程度上，教师才是自己教学个性的创造者，教师应该也能够不断地创造自己的教学个性。教师越对自己的教学行动加以思考，教学就越能趋于完善，教学个性就越趋于彰显。一味地抱怨教学环境，而不积极寻求对教学环境的改造，显然不利于教师教学个性的形成，也是教师对教学不负责任的表现。

必须指出，教师对自身教学个性的捍卫离不开对自己同事教学个性的尊重，因为对自己同事教学个性的尊重，恰恰是保证教师自身教学个性发展的必要条件。在著名的后现代哲学家大卫·雷·格里芬看来，"从根本上说，我们是'创造性的存在物，每个人都体现了创造性的能量，人类作为整体显然最大限度地体现了这种创造性的能量（至少在这个星球上如此）。我们从他人那里接受创造性的奉献，这种接受性同许多接受性价值（例如食物、水、空气、审美等）一起构成了我们本性的一个基本方面。但是，我们同时又是创造性的存在物，我们需要实现我们的潜能，依靠我们自己去获得某些东西。更进一步说，我们需要对他人做出贡献，这种动机和接受性需要及成就需要一样，也是人类本性的基本方面'"。② 所以，每个教师都应该确立这样一种意识：同事不仅是在同一

---

① 《马克思恩格斯全集》（第42卷），人民出版社，1979，129页。
② 〔美〕大卫·雷·格里芬等：《超越解构：建设性后现代哲学的奠基者》，鲍世斌等译，中央编译出版社，2002，第2页。

个组织内共同工作的人，而且是"对你的教学也对他们自己的教学承担义务的那种人，是为了促进各自的专业成长而荣辱与共、休戚相关的教学伙伴"。① 如果我们教师群体的所有成员相互信任，对同事、对教学充满了责任感，那么这个群体就不是单个教师的机械相加，而是一个有机的整体，是一个真正有整体联系的集体。在休戚与共原则的支配下，每个教师都感到并懂得自己处于集体这一整体内部，都感到自己的血循环于这一集体的血液之中，自己的价值是集体精神中的价值的组成部分。这时，我们的教学环境改造了，我们也会在成就同事的过程中塑造自己的教学个性。

① 〔美〕戴维·W. 约翰逊、罗杰·T. 约翰逊：《领导合作型学校》，唐宗清等译，上海教育出版社，2003，第 193 页。

第九章　教学的社会逻辑

　　每个教师都是从自己出发去从事教学活动，这是教学作为人类特有的社会活动的一个基本特点。正是"从自己出发"而产生的这种个人的自我的教学感觉或自我的教学观念，容易遮蔽乃至遗忘教学的社会性，从而孕育和滋生教学的个人主义倾向。教师的个人主义教学，主要表现为课堂中心主义、学科中心主义和学校中心主义。教师不能等待教学客观条件的改善，必须努力克服自身的缺陷，包括心理上的障碍，才有可能走出个人主义教学的困境。教师是教学的主体，但教学不是教师的个人行为，过分夸大教师在教学中的作用，就会导致教学的主观主义。现实教学中的主观主义主要表现为经验主义教学、教条主义教学和情意主义教学。教师只有充分认识到主观主义教学的存在及其危害，才能够获得一种自我唤醒和解放的意识，生成健全的主体人格，从而改变当下主观主义教学的存在状态。

一　个人主义教学的解析

　　似乎没有多少人不承认教学是一项社会性活动，但是对于教学社会性的理解就很有差异了。教学既然是社会性的，那么教学就不能被理解为教师的个人行为。也许有人说，教学从来就不是教师的个人行为，这是明摆着的事实，难道还有什么疑问吗？因为任何教学都是面对学生的。是的，有学生的存在和参与，教学的社会性不言而喻。在我们看来，这仅仅是教学社会性的一个方面。教师社会性地教学也是教学社会性的重要内容，而且它在很大程度上决定了学生社会性的发展。

（一）个人主义教学的含义

　　我们知道，教学是为了学生的发展；我们更清楚的是，学生的发展不能仅仅依靠教师的教学，尽管教师的教学在很多人看来起着主导性作用。当我们说教师是教学主体的时候，无非强调教师应该发挥其主导性作用，并且对教学过程和教学结果负有不可推卸的责任。随着现代学校制度化日趋增强以及学科发展的高度分化，教师在教学上的分工日益明确而且细化了，教师各司其职，各尽所能，容不得丝毫懈怠。日益忙碌的教师犹如外国诗人威廉在其《美盲》中描述的老妪："枫林日晚，微风习习；霜枝投画影于草地，她擦着银质的餐具。玫瑰封门花似锦，落英片片红满阶；她忙于拂尘扫地，急走过不肯驻足。幽静的画眉鸟，妙歌忘形于古石墙上；她正浆洗衣裳，听不见清音嘹亮。长空晖落照，啊，何等壮丽！她乃趁无限黄昏，耸肩伛背，负薪归去。"① 尽管如此，教师的劳作并没有换来学生主体性的如期发展，因为学生的发展断然不是各个教师劳作的简单相加，而且，教师劳作的相互抵牾还会阻碍学生的发展。弗洛姆认为："劳作就是把他的境况，他的才能，把每个人（尽管程度不同）都被其武装起来的人类本领的财富传达出来。劳作意味着去自我更新，去成长、去不断生成，去爱，去超越孤独的内心自我之牢笼，去关心，去倾听，去给予。"② 即使我们暂且不考虑学生的发展，也不难发现教师如此的劳作已经走向了教师自身的反面——承受着孤独的煎熬，缺乏合作的愉悦，没有了欣赏的心境——这些都在不断地侵蚀着教师的身心健康，严重地影响着教师的成长和发展。因此，作为教师的我们，不能不驻足反省我们劳作的方式。

　　每个教师都是从自己出发去从事教学活动的，这是教学作为人类特有的社会活动的一个基本特点。"从自己出发"，是指教师个人根据自己的需求、能力、知识以及个人所处的教学关系、教学条件等因素出发来进行教学活动，都会努力维持自己的存在和发展，努力维护自己的尊严和人格。逐渐地，教师个人产生和发展了一种自我的教学感觉或自我的教学观念。每个教师都通过自己的教学活动来自我确证、自我发展甚至自我改造。正是"从自己出发"而产生的这种自我的教学感觉或自我的教学观念，容易遮蔽甚至让人遗忘教学的社会性，从而孕育和滋生教学的个人主义倾向。当然，单纯地坚持自我并不等于自私，教师个人的感觉或自我观念也不意味着每个教师都是利己的和自私的。所以，当我们用"个人主义的教学"这样的语词来描述和概括现实教学的某些境况和

---

① 洪毅然：《大众美学》，陕西人民出版社，1981，"代序"。
② 〔美〕埃里希·弗洛姆：《占有或存在》，杨惠译，国际文化出版公司，1989，第77页。

现象的时候，我们始终持守着极为谨慎的态度。毕竟，个人主义作为一种思想潮流与价值取向有着相当复杂的演进过程与多样内容。马克斯·韦伯曾因此指出："个人主义这一术语，其含义有着极大的异质性……对它作历史的彻底的概念分析，在学术上是很有价值的。"① 况且，个人主义作为一种思想价值体系，确实又有其基本的内在规定性。② 如果我们稍有疏忽，就可能造成误解，被认为误用了"个人主义"这个在社会现实语境中意义几乎等于自私和利己主义的词，贬损甚至亵渎了教师为教学所付出的一切真诚的努力和所做出的无私的奉献。

（二）个人主义教学的存在方式

人并不是抽象地栖息在世界之外的。人就是人的世界，就是国家，就是社会。所以，人是名副其实的社会动物，不仅是一种合群的动物，而且是只有在社会中才能独立的动物。孤立的一个人在社会之外进行生产，就像许多人不在一起生活和交谈而竟有语言发展一样，是不可思议的。马克思曾以科学活动为例对此做了深刻的论述，他说："甚至当我从事科学之类的活动，即从事一种我只是在很少情况下才能同别人直接交往的活动的时候，我也是社会的，因为我是作为人活动的。不仅我的活动所需的材料，甚至思想家用来进行活动的语言本身，都是作为社会的产品给予我的，而且我本身的存在就是社会的活动；因此，我从自身所做出的东西，是我从自身为社会做出的，并且意识到我自己是社会存在物。"③ 然而，当我们深入学校，走进课堂，走入教师实际的教学生活的时候，我们就会陷入一种悖论式的困惑之中。我们发现，一方面几乎所有的教师都渴望交流，渴望合作，渴望得到同事和社会公众的理解和支持；另一方面，他们又在自觉或不自觉地甚至有些不可思议地"特立独行"着，彼此孤立地进行着教学，保持着不利于学生、同事和教师自己的现象。这种现象不仅极大地限制了教师吸收新的教学思想和获得较好的解决办法，也导致他们把积累的压力埋在心底以致不断恶化，甚至不能认定和赞美成功，却允许无能的存在。这就是我们所指的教学的个人

---

① 〔英〕史蒂文·卢克斯：《个人主义：分析与批判》，朱红文、孔德龙译，中国广播电视出版社，1993，译序。

② 高兆明：《伦理学理论与方法》，人民出版社，2004，第485～489页。

③ 《马克思恩格斯全集》（第42卷），人民出版社，1979，第122页。

主义，而以这样的心态和方式进行的教学就是个人主义教学，这主要表现在以下几个方面。

1. 课堂中心主义

面对众多有着个性差异的学生，保持必要的教学进度，还要赶上学科发展的步伐，教师在课堂上，简直就像在水流湍急的河流里逆流而上，必须全力以赴。在许多教师看来，站稳讲台，上好每一节课，这就是自己作为教师的职责的全部，至于其他教师的课堂如何，则没有必要去关心，更没有兴趣参与课堂生活之外的学校的整个课程计划或集体性的活动。时间长了，多数教师习惯了各自在各自的课堂或教室里工作，即使有更多的合作机会，也缺乏与他人进行集体项目的经验，不清楚怎样最好地利用这些机会，导致一种恶性循环，课堂中心主义因此盛行。

确实，教师个人对学校所能做的最主要贡献就是构建高效能的课堂。只有这样，教师才能帮助其他教师理解自己在课堂里干什么。但是，同一学校的教师不可能也没有必要采用一样的教学风格和教学实践，通过与同行的共同工作，教师可以交换观点并改进教学。"如果学校对学生结果的影响非常大，教师就必须知道同一学校的其他教师是怎样教学的。"[①] 我们知道，课堂教学是一项极富挑战的工作，事实上没有哪个教师在课堂教学的所有方面都很优秀，每个教师都有偶尔失败的课堂教学经历，有教错学生的时候。"不识庐山真面目，只缘身在此山中。"如果要提高自己的课堂教学水平，我们必须清楚的是，我们不仅要对自己的课堂教学进行研究，还要研究其他教师的课堂教学。每一个想提高自身素质的教师，最终都会受益于与其他教师对课堂教学进行的讨论。"一个人的发展取决于和他直接或间接进行交往的其他一切人的发展。"[②] 可以肯定地说，沉迷于一个人的自我完善是达不到目的的，不仅因为它使我们看不到他人那里已展现的、能促使我们成长的资源，而且因为它阻止我们帮助别人完善他们自身，因而增加既有益于我们自己的生活也有益于他们的生活的资源储备。同处一个学校，面对共同的学生，有着一致

---

① 〔美〕Thomas L. Good & Jere E. Brophy：《透视课堂》，陶志琼等译，中国轻工业出版社，2002，第 610 页。

② 《马克思恩格斯全集》（第 3 卷），中共中央马克思恩格斯列宁斯大林著作编译局译，人民出版社，1960，第 515 页。

的目标，我们为什么就不能彼此敞开心扉，真诚地交流与协作呢？

2. 学科中心主义

不可否认，在当前甚至以后可预见的相当长一段时期内，学科课程依然是学校课程的最主要类型。但是，我们应当认识到，学校学科课程不仅是对智能思想的编码，它还是一种社会系统。古德森（Goodson）和库柏（Cooper）两位学者指出，学科知识是中间阶层改善前景、提高工资和获取晋升的主要途径之一，也是教师追求私利、提高地位和得到最大经济报偿的主要途径。① 于是，学科就可能成为抵制学校范围内革新的出发点，因为任何这样的革新都威胁它的地位，都试图将其解散、合并或减少时间分配，从而降低其对课程影响的程度，减少这些学科教师晋升的机会。面对这种既得利益盘根错节的难局，试图在学校实施统一的课程政策是极不容易的。

坦率地讲，教师对学科的固守绝不是教师的刻意为之，因为从一开始，教师本身的地位就已经在其所承担的学科上形成。教师固守自己所教的学科，常常始于他们自己作为成功的学生的经验，并通过大学专门化教育模式得到强化，最终以接受分科和具有学科偏好倾向的教师继续教育而告完成。因而，教师对学科的固守是可以理解的。一个对所教学科没有感情的教师绝对不会是一个好教师。但是，教师对学科的固守和偏执，容易导致教学上学科的区隔，这既不利于学生完整知识体系的形成，又容易导致学生价值取向上的分歧和混乱，容易造成不同学科教师间的冷淡、隔膜乃至嫉妒。学校普遍存在的文人相轻现象，实质上就是教师彼此嫉妒的具体表征，尽管人们对此已习以为常。康德认为，嫉妒是忍着痛苦去看别人幸福的一种倾向，人一旦有了嫉妒，就会既忽视对自己的责任，又忘却对他人的责任。嫉妒之人"不但没有能尽到自己对他人应尽的责任，而且加上了一种卑劣行径，并且因而在同时也玩忽了自己本身应尽的职守"，嫉妒"成为一种不仅心情忧郁、自寻烦恼，而且——至少按照本人意愿说来——想要毁掉别人幸福的一种狂热，因此它既与人的本身职责相对抗，也与他对别人应尽的责任相对抗"。② 既然

① 徐继存：《教学论导论》，甘肃教育出版社，2001，第 127 页。
② 〔奥地利〕赫·舍克：《嫉妒与社会》，张田英译，社会科学文献出版社，1999，第 168 页。

我们都是为了学生的发展，那么我们为什么不能携手并肩呢？

　　3. 学校中心主义

　　教师通常被认为是知识分子，这是依据职业而定义的。其实，定义教师为知识分子的，不应该是他们从事什么工作，而是他们的行为方式、他们看待自己的方式以及他们所维护的价值。我们认为，成为知识分子意味着积极的社会参与。知识分子是通过他们与社会的联系以及思想的发展而成为知识分子的。不论他们的职业是什么，他们一般不是直接通过他们的工作来扮演知识分子的角色。根据西方学术界的一般理解，所谓"知识分子"，除了献身于专业工作之外，还必须深切地关怀国家、社会以至世界上一切有关公共利害之事，而且这种关怀必须超越个人的私利。当我们以此标准环视身边的教师群体，就会看到其中的知识分子越来越少了。越来越多的教师丧失了马克斯·韦伯所说的天职感（call-ing），也就是我们中国人所说的使命感，退缩在学校，将自己限于课堂，囿于学科，"两耳不闻校外事，埋头扑在教学上"，渐渐成了社会中的"隐士"。

　　今天，在商品大潮和市场逻辑的冲击下，当社会大众为一种自发的经济兴趣所左右，追求官能的满足，嘲弄知识分子的"谆谆教诲"，不断瓦解知识分子的"导师"身份的时候，教师保有知识分子的精神就显得更加迫切。我们相信，一个政治上冷漠、思想上被动，对社会公共事务毫不在意，只关心经济保障，全部精力都放在个人生活上的教师，不可能担负起对社会大众文明教化的职责，因而就不可能在学校的课堂和学科的教学中体现教育性，培养出致力于社会发展的人。我们每个人都会受到时代和社会条件的限制，但每个人都总是能反过来对这种限制做一点事情。所以，重要的是，不要太具体地设想自己一定要成为什么样的人，而是先去努力冲破目前既有的局限，冲破自己只能达到的某一步的界限。在个人生活中，有些大的趋势和大的限制是改变不了的，但个人绝不能无所作为，而是可以大有作为。作为教师，我们在社会中或许并不享有特殊的优势地位，但正因为我们是教师，我们就必须在任何时候都将社会责任置于首位，而不是仅仅面对当下的学生。在这种意义上，我们可以说教师是什么样的人，要比他教授什么更为重要。

（三）走出个人主义教学的困境

教学是社会性活动，这就意味着教师的教学活动本质上是精神的而非物质的。倘若承认个人主义教学无论对学生还是对教师自身都有不利之处的话，那么这一问题根本就不能从具体的教学物质条件角度或从生物学乃至物理学角度来研究，而只能通过教师内心精神的参与和体验来解决。也就是说，我们不能等待教学客观条件的改善，必须努力克服自身的缺陷，包括心理上的障碍，才有可能走出个人主义教学的困境。

人在社会中生存，不是因为"许多"个体的人相互"联合"，认为这种生活方式最合适自己，而是因为人就其本质而言，只可能作为社会成员而存在，就像一片叶子只能是一棵树上的一片叶子，或如亚里士多德所说：手或脚只能在整个身体构造中作为它的器官而存在。[1] 作为教师，我们无法离开社会而存在，我们首先应当是一个健全的社会人，然后才有可能成为一个优秀的教师。石块丢入水中会激起层层涟漪，那些有助于教学的因素就像丢入水中的石块，而学生的学习和成功就是层层涟漪，教师必须明白那些能激起层层涟漪的力量的重要性。这就意味着我们的工作范围不应局限于课堂、学科和学校，我们不仅与学生"共舞"，而且与家长、同事、领导及社会人员"共舞"。我们认为，社会越复杂，教学难度越增加，就越需要教师善于与各种人打交道。只有这样，我们才有可能理解社会，并且利用社会的力量来促进教学的发展，最终培养出服务社会的人。如果说学生社会性地发展是我们教学的重要目标，那么教师社会性地教学就是最基本的前提和保障。《2000 年目标：美国教育法案》指出，课堂外的人际关系应摆在美国教育的首要位置。美国这一法案规定的八个国家教育目标之一就是"每个学校都要加强与社会各界的联系，加强父母参与教学，以促进学生在社会、情感和学科方面的发展"。[2] 教师是学校与社会联系的桥梁，我们很难设想一个"鲁滨孙式"的教师会有效地促进学生社会性的健康发展。

---

[1] 〔俄〕C. 谢·弗兰克：《社会的精神基础》，王永译，生活·读书·新知三联书店，2003，第 60 页。

[2] 〔美〕Lynda Fielstein & Patricia Phelps：《教师教育新概念——教师教育理论与实践》，王建平等译，中国轻工业出版社，2002，第 41~42 页。

在日益强大而复杂的社会力量面前，许多教师可能感到自己的渺小，甚至觉得自己有心无力。实际上，如果我们真正认识和把握了社会力量，就会发现社会力量对于个人来说并不都是异己的。恩格斯早就指出，社会力量完全像自然力一样，在我们还没有认识和考虑到它们的时候，起着盲目的、强制的和破坏的作用。但是，一旦我们认识了它们，理解了它们的活动、方向和影响，那么，要使它们越来越服从我们的意志，并利用它们来达到我们的目的，就完全取决于我们了。因此，我们应该从自己狭隘的感觉中解放出来。如果老是想着"我"，就会把自己封闭在狭窄的世界里，如果能摆脱利己，去掉自己的私心来思考问题，我们的视野就会扩大，我们的知识就会增长。人类是唯一能够一代又一代传授并扩展知识的存在，人获得知识的潜能，远远大于个体在其生活圈子中一开始所能得到的知识。社会的分工使人们专注于特殊的工作领域，而不同领域之间的交流和合作，可以使人们通过共同参与来获得更多的知识、技能和产品，它远远超过个人在孤岛或自留地里生产自己所需的一切。我们很平凡，但作为教师的我们不应当甘于平庸。实际上，我们每个人都有一种天生的、根深蒂固的存在要求，这就是去表现我们的能力，去有所作为，去与他人发生联系，去逃避自私自利的牢狱。在大力倡导和推行教师专业化的今天，我们需要拥有更多的知识、技能和经验，更需要有知识分子的勇气和精神，才能避免迷失在专业主义的知识、技能和经验的窠臼之中。

当然，借口教学的社会性回避教学的艰辛劳作，推卸对教学应负有的责任，也不应是作为知识分子的教师所为。记得萧伯纳的剧本《芭芭拉少校》中有这样一场戏：工业巨头见到多年不见的儿子，问他对什么感兴趣。儿子在科学、文艺、法律等方面皆无所长，但他说自己学会了一样本领：善于明辨是非。父亲听完嘲笑儿子：这件事连科学家、政治家、哲学家都感到犯难，而你什么都不会，居然专职于明辨是非？我们可以选择不做教师，但我们绝不能做一个一无所能、只能明辨是非的人。不管怎样，学校毕竟是教师最主要的工作场所，履行好自己学校内的职责依然是教师的根本所在。在这里，我们只是强调，一个教师只有真正具有社会观念和视野，才会更懂得利用学校内部的便利资源。我们可以教授语音、分数、过去完成时态，或者召开班会，但是，只有通过教师的合作，学校才能培养出能读会算、能运用科学原理、能理解历史、能品评外来文化和会讲外语的学生，才能培养出真正具有责任心的公民。通过合作，我们会发现，我们的同事不仅能够满足我们的需要，而且能够为我们的教学提供丰富的精神和物质资源，我们也会因此消除教学上的孤独感，成为集体中的一员，分享共同发展的快乐。这正如马克思所强调的，"只有在集体中，个人才能获得全面发展其才能的手段，也就是说，只有在集体中才可能有个人自由"。① 需要注意的是，我们不能将把教师联合为集体本身看作目标，并为实现这个目标而牺牲教师个体的自由。任何时候，我们都应该承认教师的独立思考和独立工作的能力对于创造性的教学极其重要。否则，教师个体就成了教师集体的奴仆，是虚幻的教师集体的手段，是教师个体的新的桎梏。因此，我们既要谨防在批判虚幻的集体主义的时候，走向极端的利己主义，又要注意在批判利己主义的时候，走向虚幻的集体主义。这样，我们就不会成为"布里丹之驴"，不会无从选择了。

二　主观主义教学的超越

教师是教学的主体，教师主体作用的发挥决定着教学的质量，这已经成为人们的共识。然而，教学绝不是教师的纯粹的个人行为，教师主体作用的发挥必须以对现实教学客观环境和条件（特别是学生）的充分把握为基本前提。无视这一前提，夸大教师在教学中的作用，就会导致教学的主观主义，这不仅是对教师主体作用的误解，也是对教师主体作用的僭越。

（一）教学现实中的主观主义

杜威曾将教学与出售商品进行对比。他说："没有买主，谁也不能卖出商品。如果一位商人说，即使没有人买走任何商品，他也能卖出大宗货物，这是天大的笑柄。然而，或许有一些教师，他们不问学生学得了什么东西，而竟自认为他们做了良好的日常教学工作。其实，教和学二者的值正好是相等的，同样，卖和买二者的值也是相等的。要想提高学生的学习，唯一的办法是增加实际教学工作的质和量。因为学习是由学

---

① 《马克思恩格斯全集》（第3卷），人民出版社，1960，第84页。

生自己来做的，并且是为了自己而做的，主动权在学生手里。"① 当然，将教学类比于出售商品未必合适，而借此理解教学不是教师个人主观意志的产物是有启发意义的。

我们知道，每个教师都是从自己出发来从事教学活动的，这是自然的、无法规避的，也是教学作为人类特有的社会实践活动的一个基本特点。"从自己出发"，是指教师根据自己的需求、知识、能力以及个人所处的教学环境和条件等因素来进行教学活动，会努力维持自己的存在和发展，维护自己的尊严和人格。逐渐地，教师产生和发展了一种自我的教学感觉或教学观念，这种自我的教学感觉或教学观念指导和规约着教师的教学活动。通过这种教学活动，教师不断地进行自我确证、自我发展甚至自我改造。可以说，正是"从自己出发"而产生的这种教师的自我的教学感觉或教学观念，容易遮蔽乃至令人遗忘教学的社会性，忽视乃至无视教学的客观环境和条件，抬高和夸大教师个体在教学中的地位和作用，从而孕育和滋生教学的主观主义倾向。当然，单纯地坚持自我并不等于自恋，教师个人的感觉或自我观念也不意味着其中没有任何客观的依据和内容。但是，个人的感觉有可能是错觉，自我的观念有可能是偏见。培根把扰乱人心的错误观念称为"假相"，提出了西方哲学史上著名的"四假相说"，全面而深刻地揭示和批判了妨碍人们正确认识、阻碍科学发展的各种偏见和谬误即"种族假相"、"洞穴假相"、"市场假相"和"剧场假相"。更重要的是，这些错觉和偏见在产生和形成的过程中，会自然地贯注教师个人的情感，并逐渐内化为教师个人的教学思维和教学惯习。教师如果没有深刻的自我反思，缺乏开放的意识和心态，教学的错觉和偏见就很难避免，正所谓行之不著，习而不察。因此，"人们不应该为自己创造了一个不断扩大着的人为世界而盲目乐观、忘乎所以，必须反躬自问，清醒地意识到人们自己也铸造了种种反人性、非人化的异态化现象；人们不应该只满足于追求一个人为的世界，还必须追求和创造一个更高理想的人态化世界；人们也不应该只满足于自己能够改造世界，能够创造人为世界，还必须懂得自己应该怎样去改造世界，怎样更好地创造世界；人类不仅应该向天然世界挺进，而且更需要向非

---

① 吕达等主编《杜威教育文集》（第5卷），人民教育出版社，2008，第73页。

人化的异态化世界进军；人们不但需要继续关注和深化对天然世界的认识，而且更有必要加强对人为世界本身进行再认识、再反思、再评价和再改造，努力追求和创造一个更理想的、集真善美于一身的、真正人态化的世界"。① 为了克服教学上的随心所欲及其可能的负面效应，教师时刻都应该对自己的主观教学世界做批判性的分析和理性的审视。

近年来，不断推进的基础教育课程与教学改革极大地调动了教师的主观能动性，传统上那种统一的、绝对的、统摄性的教学理论和模式已经被相互激荡的教学理论和模式所取代。争鸣而非同意，思想的多样而非思想的一统，成了当下教学实践领域引人注目的现象。虽然基于教学多元理解的不同教学行动和行为，展现了教学世界的丰富多彩，但是，没有对教学基本理性的认同，多元就会导致任意，各种主观主义的教学就会产生。"价值取向的选择当然总是个体行动的选择，但是从主体间性的角度讲，这些选择在一个社会系统中不能是随机的。的确，社会系统维持生存的最重要功能的必要条件之一是在同一社会系统中不同行为者的价值取向必须被整合在一个共同的社会系统中……价值取向的共享尤为重要……所有这些分配过程的管理和功能的执行使得系统或次系统以一种充分整合的方式运转。如果没有一个角色定义的系统以及对服从与越轨的约定，那么上述管理和执行都是不可能的。"② 在当下教学多元、差异表现异常突出的情势下，确立并捍卫教学的基本理性，克服教学主观主义的倾向显得尤为重要和迫切，这也是我们今天探讨这一命题的重要原因。"子绝四：毋意，毋必，毋固，毋我。"今天，我们既需要积极捍卫教师教学的主体地位，确保教师教学主体作用的发挥；又必须清醒地认识到教师主体作用的限度，防止和克服教师教学的种种主观主义倾向和行为。

（二）主观主义教学的现实表现

从总体上看，教学主观与教学客观相分裂、教学认识与教学实际相脱离，是教学主观主义的根本特征。在实际的教学过程中，主观主义教

---

① 王永昌：《实践活动论》，中国人民大学出版社，1992，第 261～262 页。
② 〔英〕齐格蒙特·鲍曼：《作为实践的文化》，郑莉译，北京大学出版社，2009，导言第 17 页。

学的现实表现又是多种多样的。只有具体地、针对性地分析主观主义教学的各种表现形式，才能有效地对其加以纠正和克服。当前，主观主义教学的现实表现主要有以下几个方面。

1. 经验主义教学

教学是一种现实的社会实践活动，任何时候，我们都不能否定教师教学经验的作用，但也应该清楚地认识到，并非所有的教学经验都有教育价值。"有一种经验可以使人感觉淡漠，使人们缺乏感受性和反应性，因而，就会限制将来获得比较丰富经验的各种可能性。再则，一种特定的经验虽然可能在一个特殊领域内增加一个人的机械的技能，然而，又会使他陷入陈规旧套，其结果也会缩小经验持续增长的范围。一种经验可能立即使人感到欢乐，然而它却促使人们养成马马虎虎和不细心的态度；这种态度就会改变后来的经验的性质，因而，就会妨碍人们去得到这些经验应该给予他们的东西。再则，一些经验可能彼此互不联结，虽然每个经验本身是令人愉快的或者甚至是令人兴奋的，可是它们彼此之间不能够持续地连贯起来。因此，人们的精力就浪费了，同时，一个人也就变得粗率浮躁了。每种经验也许是新鲜的、富有活力的和有'兴趣的'，然而，它们的不连贯性可能使人们形成不自然的、分散的、割裂的和离心的习惯。形成这些习惯所带来的后果是使人们没有能力去控制未来的经验。一旦出现这种情况，他们或则愉快，或则不满和憎恶。在这种情况下，空谈自我克制是没有用处的。"[①] 遗憾的是，许多教师对自己的教学经验缺乏认真的甄别和分析，往往满足于自己的局部的教学感性经验，沾沾自喜于一得之功和一孔之见，自觉或不自觉地用经验的目光审视教学理论，将教学理论经验化，甚至排斥教学理论。随着时间的推移，他们只承认自己一时一地教学经验的可靠性，否认别人或他时他地教学经验的可靠性，把个人教学经验绝对化，当作包治百病的公式去解决不同的或特殊的教学问题，逐渐形成这样一种思维定式：重直观，轻抽象；重经验，轻超验；重感情，轻理性。这样的思维定式一经形成，就有极强的惰性，没有主观上的积极努力和思维方式的根本变革，任何新的教学思想和理论都会被其同化和吞噬。

---

① 吕达等主编《杜威教育文集》（第5卷），人民教育出版社，2008，第317～318页。

我们知道，如果没有理论思维，两件自然的事实就联系不起来。教师处于日趋复杂的教学环境中，如果不具备一定的理论素养和理论思维能力，就很难超越多变多样、形形色色的直观感性具体，只能在自身的感受体验中习惯运作。如果二十年的教学经验只是一年工作的二十次重复，那么教学就会蜕变为一种机械的活动，一种真正的"平庸的恶"。杜威认为，纯粹的经验思维的种种缺点是明显的，其中有三点值得注意。首先，由于经验的方法不能辨析结论的正确与错误，因而经验的方法是造成大量错误观念的根源，其中最普遍的谬误是误认因果；其次，经验的推论是循着常规惯例进行的，一旦面对新异情境，常规惯例消失，就会无法找不到推论应遵循的轨迹；最后，经验方法对人的思维态度的普遍影响比它获得的特别错误的结论更为重要，会导致人的心智的迟钝、懒惰和不合理的保守性。① 可见，教学经验与教学理论之间存在清晰的区别，不应当把对实际教学的信仰与对教学活动的解释混为一谈。我们必须清醒地认识到，没有教学经验到教学理论的升华，没有教学感性到教学理性的跃迁，就不可能获得教学的规律性认识，教学实践就只能在低水平上重复，而这有悖于现代社会对教学实践的基本要求。学习并掌握教学理论，不仅有利于运用科学的教学理论指导教学实践，而且有利于教学理论素养的提高和理论思维能力的增强，从而能够自觉地把教学经验提升为教学理论，对教学实践做理论上的把握。但是，由于教师的教学经验直接从自身的教学实践活动中来，故它可以直接回到教学实践活动中去，用于指导造成这种经验的教学实践。教学经验的这种直接应用性，较之教学理论对教学实践指导的间接性便显出鲜明的优越性和便捷性，自然受到很多教师的偏爱，这也是经验主义教学产生并持久存在的重要原因之一。

2. 教条主义教学

尽管教学理论与教学实践有着内在联系，但它们毕竟分属不同的范畴，各有其自身的逻辑。"在高度分化的社会里，社会世界是由大量具有相对自主性的社会小世界构成的，这些社会小世界就是具有自身逻辑和必然性的客观关系的空间，而这些小世界自身特有的逻辑和必然性也不

---

① 吕达等主编《杜威教育文集》（第 5 卷），人民教育出版社，2008，第 196～197 页。

可化约成支配其他场域运作的那些逻辑和必然性。"① 在霍克海默尔看来，理论和实践之间并不存在"先定的和谐"：两者之间的关系发生于实际的历史过程中，在这个过程中，"被看作是理论上正确的东西，并不因此而同时得到实现。人类活动并不是洞见的明确无误的函数，而是一种这样的过程，它在每个时刻都同样由其他因素和阻力决定着"。② 这意味着，被恰当理解的教学理论，不应该与孕育教学理论的教学经验，以及与教学理论持续指导和塑造的教学研究相割裂。更何况，教学理论的产生和形成，乃是一个社会建构的过程，既有为捍卫自己的教学理论而不管教学现实如何的削足适履，也存在一些为教学理论本身而进行的理论工作，即"为教学理论而教学理论"的工作，或把教学理论的体制看作一个孤立的、自我封闭和自我指涉的话语领域，也就是所谓的"言语的学说"。即使没有这样一些缺陷，教学理论也是对教学某一阶段、某一过程、某一层次的认识，不可能是对教学全过程的终极认识，因而是有条件的、相对的。恩格斯指出："真理是包含在认识过程本身中，包含在科学的长期的历史发展中，而科学从认识的较低阶段上升到较高阶段，愈升愈高，但是永远不能通过所谓绝对真理的发现而达到这一点，在这一点上它再也不能前进一步，除了袖手一旁惊愕地望着这个已经获得的绝对真理出神，就再也无事可做了。这不仅在哲学认识的领域中是如此，就是在任何其他的认识领域中以及在实践行动的领域中也是如此。"③ 在这里，我们并不忽视教学理论对教学实践和教学行为的影响和制约，只是强调完全从教学理论入手，从纯粹教学理论理性入手的教学发展的进路是有问题的，也是对教学实践复杂性的无视。从根本和根源上说，人类的知识和文化并不是建立在逻辑概念和逻辑思维的基础之上，而是建立在隐喻这种先于逻辑的概念和表达方式上的。在现实的教学活动中，没有理性的制导是难以想象的，但是，教学理论理性不可能总是统领教学实践理性和技艺，而且，过分强调思辨的、纯粹的、可言表的教学理

---

① 〔法〕布迪厄、〔美〕华康德：《实践与反思：反思社会学导引》，李猛、李康译，中央编译出版社，1998，第134页。

② 童世骏：《批判与实践——论哈贝马斯的批判理论》，生活·读书·新知三联书店，2007，第23页。

③ 《马克思恩格斯选集》（第4卷），人民出版社，1995，第212页。

论有时是缺乏说服力的。教学行为不能得到有效的改观，确实有教学理论上的问题，这是我们应该承认的事实；而同样存在的值得我们玩味的事实是，熟知教学理论，掌握相当多教学理论知识的教师，常常不能有效地改进自己的教学行为。因此，将教学发展仅仅视为一个纯粹教学理论问题，未免过于简单了。

随着教学理论的不断丰富和发展，以及对教学专业化的捍卫，许多教师逐渐认识到学习和研究教学理论的必要性，这值得充分肯定。可是，教学理论永远是发展着的理论，而不是必须背得烂熟并机械地加以重复的教条。如果将某种教学理论作为解决一切教学问题的现成公式，既不需要根据具体教学环境和条件具体化，也不需要根据教学实践的发展而发展，那么它就不仅放弃了自己认识和创造教学的责任，而且变成了脱离教学实践的僵死教条。"一种理论若顽固地反对任一异见，最终就会成为意识形态，一旦作为意识形态，它就丧失了指导实践的某些效用。相反，它成为自己的终结者，要求持续而强力的捍卫。"① 处于不同教学环境中的教师，各自有各自的教学经历、兴趣和个性，对不同的教学理论各有偏爱，这是自然的、无可厚非的。而如果教师对教学理论没有清楚的认识，意识不到自己偏爱的教学理论的局限，将之教条地应用到教学实践中去，就会出现种种混乱的教学怪相。恩格斯曾对轻率地对待严肃的理论问题进行批评："可惜人们往往以为，只要掌握了主要原理，而且还并不总是掌握得正确，那就算已经充分地理解了新理论并且立刻就能够应用它了。"② 教学理论的应用，绝不是直接地将教学理论与教学实践"对号入座"的过程。所以，我们关注的重点不应该是选择哪种教学理论，而应该是如何才能分享有关教学理论的知识，从而更好地理解教学并创造性地开展教学。

3. 情意主义教学

教学是理性的，同时也应当是情感的。马克思曾强调，激情、热情是人强烈追求自己对象的本质力量。教师的教学情感是推动教师不断健全教学理性的动力，也是丰富学生情感世界的重要途径。作为教师，我

① 〔美〕内尔·诺丁斯：《批判性课程：学校应该教授哪些知识》，李树培译，教育科学出版社，2012，第12页。
② 《马克思恩格斯选集》（第4卷），人民出版社，1995，第698页。

们应当清楚地认识到，只有当学生在认识世界和掌握知识的同时，逐步具备高度的情感素养，我们的教学才能达到预期的效果并丰富学生的精神世界。苏霍姆林斯基认为，没有扎实的情感基础，连一般的正常训练也不可能进行，就更谈不上有成效的训练了。情感教育和对世界的认识不能统一起来，往往是对知识漠不关心、学生不想学习的最顽固也是最危险的根源之一。培养脑力劳动的情感素养和掌握知识的过程是学校生活中获得智力财富的一个重要方面。① 教师的教学情感渗透于并直接成为教学认知、信念、意志、行为和评价的基本依托。教师如果没有教学义务感、良心感、幸福感和耻辱感，就不可能有良好的教学行为。从这种意义上说，教学情感有多强烈，教学行为就可能有多高尚。这些年来，在不断推进教师专业化的过程中，教师教学理性的培养得到了空前的重视，而教师教学情感的陶冶常常被忽视了。其实，即使教师有了正确的教学认识，如果缺乏教学情感，也会无动于衷，教学认识与行为之间就会产生鸿沟。正如吉塔连柯所说："如果这些知识不在人的感性体验、偏爱和需要的烈火中熔化，任何的道德规范、义务、禁令等知识都不能保证个人道德上的可靠性。"② 哀莫大于心死。一些教师将教学仅仅视为谋生的途径，对教学缺乏应有的热情，忘记了自己肩负的责任，甚至把自己的消极情绪带到教学中去。于是，在现实教学过程中，教室成了他们情绪宣泄的场所，学生成了他们发泄的对象，教学成了他们任意的表演。

作为教学的主体，教师当然有教学自主权，无论是教学目标的制定、教学内容的组织，还是教学方法的运用和教学评价方式的确立，教师都享有相当的选择空间。这既是教师教学主体性的基本保证，也是教师教学主体性的具体表现。有选择，就应该有担当；不负责任的选择，并不是真正的教学自由，而恰恰标示教师主体性的丧失。恩格斯指出："自由不在于幻想中摆脱自然规律而独立，而在于认识这些规律，从而能够有

---

① 〔苏〕苏霍姆林斯基：《公民的诞生》，黄之瑞等译，教育科学出版社，2002，第292～293页。

② 〔苏〕吉塔连柯：《情感在道德中的作用和感觉论原则在伦理学中的作用》，石远译，《哲学译丛》1986年第2期。

计划地使自然规律为一定的目的服务。这无论对外部自然界的规律，或对支配人本身的肉体存在和精神存在的规律来说，都是一样的。这两类规律，我们最多只能在观念中而不能在现实中把它们互相分开。因此，意志自由只是借助于对事物的认识来做出决定的能力。因此，人对一定问题的判断越是自由，这个判断的内容所具有的必然性就越大；而犹豫不决是以不知为基础的，它看来好像是在许多不同的和相互矛盾的可能的决定中任意进行选择，但恰好由此证明它的不自由，证明它被正好应该由它支配的对象所支配。因此，自由在于根据对自然界的必然性的认识来支配我们自己和外部自然；因此它必然是历史发展的产物。"[①] 对于教师来说，教学自由并不是对教学现实的一种出离，而是一种积极的行动、一种有效的介入、一种自我的充实，它意味着一种依靠教学理性和良心，根据教学目标和原则，独立于个人感官的冲动和爱好而决定教学活动及其品质的能力，教师享有教学自由意味着拥有的就是这样一种能力。实际上，正是这种能力构成了教师全部教学自由的基质。在我们看来，当下对教师教学自由的严重威胁，不仅来自外部的干预和规约，更来自教师对待自身教学的态度。司空见惯的是，许多教师往往对摆脱外在的干预和规约、获得更大的教学自由欣喜若狂，却对自己内心的束缚、强迫和恐惧置若罔闻，因而在限制和仄窄了自己教学生活可能空间的同时，把教学导入了个人自由意志主义的歧途。

（三）　主观主义教学的去除

应当指出，我们对主观主义教学存在方式的揭示和批判绝不是削弱教师教学的主体地位，否定教师的教学主体性；事实上，恰恰相反，教师只有充分认识到主观主义教学的存在及其危害，才能够获得一种自我唤醒和解放的意识，生成健全的主体人格，从而改变当下主观主义教学的存在状态。

1. 坚守教学理性

教学作为人类特有的社会实践活动，不能没有教学理性的制导和规约。教学价值的多元并不意味着教学价值的虚无，教学观念和模式的杂多，并不意味着怎么教学都行。我们知道，任何教学都是在具体的历史

---

① 《马克思恩格斯选集》（第 3 卷），人民出版社，1995，第 455 ~ 456 页。

条件下进行的，教学的历史性决定了教学的承继性。"人们自己创造自己的历史，但是他们并不是随心所欲地创造，并不是在他们自己选定的条件下创造，而是在直接碰到的、既定的、从过去承继下来的条件下创造。一切已死的先辈们的传统，像梦魇一样纠缠着活人的头脑。"① 无视历史，等于阻断了我们领悟自身教学的可能性，就不可能切实地把握当下的教学。不管教师是否沉湎于这样的幻想，即不管他们是否认为他们的教学是完全自由自主的，实际上他们总是会受到自己历史性的制约，他们的教学总是在确定的历史性铺设的地平线上进行和展开。历史性是人的基本特征，教学是历史性的存在。教学的历史性昭示着我们教师必须具有一种历史意识，在把握自身存在历史的基础上来理解教学，开放地对待他者，批判性地对待自身，克服自己教学的不合理的前见和偏见，从而尽可能避免教学上的种种主观偏狭性。教学的历史性本身蕴含着时代因素，因而教学又必须反映和体现时代精神。每一时代的教学无不蕴含和体现着该时代的价值取向和精神，超越时代的教学是不存在的，也是不可思议的。"没有人能够真正地超越他的时代，正如没有人能够超出他的皮肤。"② 这就要求教师必须从总体上把握时代发展的基本走向，扣紧时代脉搏，保证教学与时俱进，蕴含时代内涵，体现时代精神。人类教学的历史和现实都表明，教学应该而且能够推动人类历史的进步和社会的文明，追求人类福祉，体现国家和民族意志，但又不能以贬损个体人格和尊严为代价，必须满足个体的正当的发展诉求，符合个体身心发展的规律和特点，关注个体差异，力求教学公平，促进教学乃至社会的和谐。应该说，正是人类对教学基本理性的这种追求和认可才厘定了教学的确定性质，规定了教学发展的基本方向，确保了教学之为教学的根基。抛开教学的基本理性，任何以一种"主义"为思想和行动依据的教学，都将不可避免地陷入被其他"主义"所控制的教学的对立面。这样一来，教学基本理性的形成和发展，就只是由于对立面的非难，而不是由于对各种现实教学需要、问题和可能性加以综合的建设性探讨，教学就必然被粗心的冲动、不稳定的欲望、反复无常的任性

---

① 《马克思恩格斯选集》（第1卷），人民出版社，1995，第585页。
② 〔德〕黑格尔：《哲学史讲演录》（第1卷），贺麟、王太庆译，商务印书馆，1981，第57页。

和一时的情境所支配。我们承认，教学受情感或激情驱动，但这并不意味着我们的情感不该受到审慎的理性检验。"心灵具有不正确的观念愈多，则它便愈受情欲的支配，反之，心灵具有正确的观念愈多，则它便愈能自主。"①

在社会转型时期，教学价值取向的多元拓展了教学的可能空间，但由此带来的教学价值的混乱，对现实教学也带来了极大的激荡和冲击，各种主观主义的教学有了相当的市场，以"创新"之名的种种教学改革曲解和歪曲了教学的基本理性，直接导致了教学实践上的一些混乱，这是我们今天推进和深化基础教育教学改革需要特别警惕的。

2. 扩展教学视域

每个教师都有自己的教学视野，不同的教师由于经历和经验、性格和个性以及教学认识和理解不同，而具有不同的教学视域。即使面对同样的学生，使用同样的教材，教师的教学视域不同，教师的教学就不同。所谓教学视域，就是教师在其中进行领会或理解教学的构架或视野，不同的教学视域展现的是不同的教学世界。正是由于不同的教学视域所获得的教学世界不同，不同的教学视域之间才可以相互补充和交融，达到对教学世界的整体性把握。我们知道，辩证法在考察事物及其在头脑中的反映时，本质上是从它们的联系、它们的联结、它们的运行、它们的产生和消失方面去考察的，必须"彻底把握事物的全部复杂性"，反对"狭隘性和片面性"。固守单一的教学视域是非辩证的，"辩证法是活生生的、多方面的（方面的数目永远增加着的）认识，其中包含着无数的各式各样观察现实、接近现实的成分"。② 如果承认对教学"多方面的认识"和"各式各样观察"是必要的，那么教学视域的多样性存在及其相互交融的合理性就不言而喻，这本身意味着教学视域不是一个僵化的界限，而是可以调整、转换和拓展的。

埃克哈特曾说，"人应该摆脱自己的知识的束缚"。这并不是说人应该忘记他所知道的东西，而是说人应该忘记他是知道的。也就是说，人不应把他的知识当作能赋予自己安全感和认同感的占有物来看待，不应

① 〔荷兰〕斯宾诺莎：《伦理学》，贺麟译，商务印书馆，1991，第99页。
② 〔俄〕列宁：《哲学笔记》，中共中央马克思恩格斯列宁斯大林著作编译局译，人民出版社，1993，第308页。

让知识来充满自己和一味地固守他的知识以及去追求这种知识。知识不应带有教条的特征，从而使我们成了知识的奴隶。① 同样，教师也应当正视自己的教学视域，摆脱自己教学视域的束缚，完全封闭于自身教学视域的教师是难以获得成长和发展的。当然，任何教师的教学视域都有其形成的过程，都打上了其个性化的烙印，具有一定的稳定性。应该说，教师相对稳定的教学视域保证了其教学的连续性和教学风格的形成。但是，在实际的教学过程中，教师常常会囿于自身的教学视域，或被自身的教学视域所包围，从而用自己的教学视域遮盖了其他的教学视域，也就谈不上通过教学视域的交融达致拓展个人教学视域的目的了。因此，一方面，教师需要也应该有自己的教学视域，完全放弃自己的教学视域既不需要，也不可能。伽达默尔说："一个根本没有视域的人，就是一个不能充分登高望远的人，从而就是过高估价近在咫尺的东西的人。反之，'具有视域'就意味着，不局限于近在眼前的东西，而能够超出这种东西向外去观看。"② 另一方面，教师也不能固执于自身的教学视域，应当保持开放姿态，随时检视、修正和扩展自身的教学视域。

3. 健全社会性格

每个教师都希望成为教学的真正主体，而不是客体，依靠的是自己，而不是外部的什么力量来决定自己的教学。马克思指出："我在我的生产中物化了我的个性和我的个性的特点，因此我既在活动时享受了个人的生命表现，又在对产品的直观中由于认识到我的个性是物质的、可以直观地感知的因而是毫无疑问的权力而感受到个人的乐趣。"③ 然而，教师是社会中人，教学是社会性活动，教师及其教学时时会受到社会的限定和规约。社会对教师及其教学的这种模塑是社会保持秩序、和谐、统一、历史的机制，也是教学得以存在与发展的基础。而这同时也表明，教师的教学自由意志不是绝对的，而是一种被规定或限制的行为自由。随着

---

① 〔美〕埃里希·弗罗姆：《占有还是生存》，关山译，生活·读书·新知三联书店，1989，第 68 页。

② 〔德〕伽达默尔：《真理与方法》（上卷），洪汉鼎译，上海译文出版社，1999，第 388 页。

③ 《马克思恩格斯全集》（第 42 卷），中共中央马克思恩格斯列宁斯大林著作编译局译，人民出版社，1979，第 37 页。

第九章 教学的社会逻辑 211

社会的发展，社会结构日趋复杂，教学的难度就会增加。如果对教学的这种社会模塑没有清醒的认识，教师就会越来越觉得教学成了外在于自身的东西，成了不属于他本性的东西，教学不是发展了自己的才能和个性，而是为别人。于是，教学异化了教师。被异化了的教师在自己的教学中并不是肯定自己，而是不断地否定自己；并不是感到幸福，而是感到不幸和无奈；并不是自由地发挥自己的肉体力量和精神力量，而是使自己的肉体受到损伤，精神遭到摧残。教师只是在教学之外才感到如释重负和自由自在，在教学之内则感到怅然若失，如坐针毡。他们有教学的意见和偏见，但没有教学的信仰和信念，有爱憎之心，但无教学的理想和愿望。时间久了，他们就很难把握住自己，控制不住消极的教学情感和情绪，自觉或不自觉地放纵了自己的教学行为，因果交织，恶性循环。

　　教师当然有理由期望社会和学校为教师的教学提供更加宽松自由的空间，事实上，教师的社会性格也源于教师对社会结构和学校环境的适应。"既然人是从感性世界和感性世界中的经验中汲取自己的一切知识、感觉等等，那就必须这样安排周围的世界，使人在其中能认识和领会真正合乎人性的东西，使他能认识到自己是人。"① 但是，教师时刻都不应忘记，自己是环境的作品，也是环境改造的重要力量，肩负着改造环境的责任。教师教学行为的选择不仅是环境的作用，更是直接依赖教师的主观选择能力。即使在难以选择的环境中，教师依然有能动选择的能力与可能。既然有选择，就要有责任和担当。事实上，教师的社会性格不完全是教师对社会结构和学校环境被动适应的产物。当你努力改造环境的同时，你也在改造着自己的风格、习惯、感情，改造着自己的性格，这反过来又直接影响和决定了自己的教学思想、感觉、心态和行为。对于一个优秀的教师来说，他时刻都在选择，只是他"从心所欲不逾矩"，这是一种表现为不选择的选择。"伟大人物性格的力量正在于他们并不进行选择，他们自始至终就完全是他们所愿望和要实现的那种人物。他们本来是什么样的人，就是什么样的人，而且永远如此，这就是他们的伟

---

① 《马克思恩格斯全集》（第2卷），人民出版社，1957，第166~167页。

大之处。"① 真正的教学自由不仅要靠教师的思想活动，而且要靠教师全部人格的实现和积极表达其情感与理性潜能来完成。因此，即使只为了自己的身心健康，教师也需要树立积极的人生态度，内省自得之心，外除骄矜之状，健全社会性格，抵制可能的教学异化。

---

① 〔德〕黑格尔：《美学》（第 3 卷），朱光潜译，商务印书馆，1979，第 309 页。

第十章 教学生活的创造

现实教学状况既是过去发展的结果，又显示了未来的种种可能性。一方面，我们可能看到了革除现行教学种种弊端的可能性；另一方面，我们也看到了真正的教学开始的可能性。但是，在这两种互相矛盾的可能性之间，前景尚不分明，而教学生活并不会因此而中断。如果我们不满足于对现实教学世界的解释，而志在改变现实教学世界，那么我们就必须学会让任何新的思想走下神圣的讲坛，真实地面对现实的教学世界，惊破自满自得的美梦。现实的教学世界不是我们对教学世界的随意想象，尽管我们可以随意地想象一种教学世界。不管我们的头抬得有多高，脚始终是踏在大地上的。"后模式时代"的教学有了前所未有的选择和创造的空间，但是，这并不意味着人们对于教学模式就有了更深入的了解，也不说明教学怎样都行，更不否定"后模式时代"的教学依然存在模式化的倾向和危险。对于具体的教学来说，任何一种教学模式都可以给我们教师提供改进教学的启示和借鉴，从而都具有教学的认识论性质和方法论意涵。可以说，在不确定性中寻求确定性，在确定性中积极应对不确定性，这是"后模式时代"教学必须面对的选择，也是学校教学改革应该秉持的立场和态度。教学本质上是精神的而非物质的，教学的许多问题应当采取一种相对独立的精神性的立场加以解决。一旦教学奠定了一定的物质基础，教学的精神生活在很大程度上就决定了教学的质量。真正的教学精神生活不是抽象的，而是有着极为现实的内容。教师必须付出全部的努力，才可能享有教学精神生活，从而获得教学的精神个性。教师需要面对真实自我，珍视教学自由，改进教学环境，提升教学境界。崇高的教学理想、健全的教学理性、积极的教学情感和坚强的教学意志永远是教师提升教学境界的重要内容，也是教师教学境界高远的基本标志。

一 教学现实的力量

外来教学思潮的不断冲击和洗礼，使得人们越来越对长期以来的教学不满了。时代在发展，教学就不能因循守旧，需要除旧布新，于是，新的教学思想成了衡量一切教学的标准，现行教学的一切都成了问题。新的教学思想骄傲地、旁若无人地面对着现实的教学世界，对教学世界提出了极为严厉的要求，并且毫不妥协地坚持现实教学的服从。许多人曾满怀信心地憧憬：新的教学改革思想将改变教学世界的整个状态，赋予教师生活一种新的意义，提升教师生活的层次和质量。在此之前，教学生活是依其所是的样子被接受的；如今，新的教学思想使许多人天真地认为，我们完全可以按照我们的思想和理性重新塑造我们的教学生活，直到使教学生活成为它所应是的状态。

可是，当思想声称它是全部实在，它对生活拥有独特的支配权时，其局限性便开始暴露出来。虽然思想有能力构造极为复杂的形式，却不能赋予它们任何活生生的内容。我们应该认识到，任何思想都是相对的，如果相信某种思想有绝对意义，是一剂万能的灵丹妙药，能运用于任何情况，那就把相对的变成了绝对的，就是偶像崇拜，这在理论上是站不住脚的。"尽管人们从自认为（而且公认为）千真万确的前提出发，极严格地遵循演绎推理的规则去进行推理，因而极自信地认为得出的结论必定是真的，而实际的结果还是常常（虽然并不总是）出乎意料地错误。""这是因为尽管逻辑推理的结论并没有超出前提所断定的范围，但实践所表明的实际情况却超出了这个范围。"① 当然，逻辑证明在检验真理的过程中也有着不可替代的作用，然而，不管它的作用有多大，都不是检验真理的标准，特别是人类生活领域的真理，实际的"判决"者不是逻辑，而是实践。

新的教学思想要证明自己是合理的，不仅要求它是正确的，还要求它是可以实现的，因此我们对新的教学思想的认识不能局限于对其内在内容的认识，还要认识它与那些实际上创造教学存在并构成教学存在的现实力量之间的关系。真正的教学思想必须基于教学现实并指向未来。

---

① 陶德麟：《当代中国哲学问题探索》，武汉大学出版社，1989，第11页。

没有对教学现实的深入了解和深切感受，所谓的教学思想就很可能是乌托邦。马克思指出："全部社会生活在本质上是实践的。凡是把理论引向神秘主义的神秘东西，都能在人的实践中以及对这种实践的理解中得到合理的解决。"① 现实教学状况既是过去发展的结果，又显示了未来的种种可能性。一方面，我们可能看到了革除现行教学种种弊端的可能性；另一方面，我们也看到了真正的教学开始的可能性。但是，在这两种互相矛盾的可能性之间，前景尚不分明，而教学生活并不会因此而中断。如果我们不满足于对现实教学世界的解释，而志在改变现实教学世界，那么我们就必须学会让新的教学思想走下神圣的讲坛，真实地面对现实的教学世界，惊破自满自得的美梦。

现实的教学世界不是我们对教学世界的随意想象，尽管我们可以随意地想象一种教学世界。不管我们的头抬得有多高，脚始终是踏在大地上的。撤去虚幻的屏障，映现在我们眼前的首先是唯物史观所肯定的这样一种事实："全部人类历史的第一个前提无疑是有生命的个人的存在。因此，第一个需要确认的事实就是这些个人的肉体组织以及由此产生的个人对其他自然的关系。……任何历史记载都应当从这些自然基础以及它们在历史进程中由于人们的活动而发生的变更出发。"② 由此出发，"我们首先应当确定一切人类生存的第一个前提，也就是一切历史的第一个前提，这个前提是：人们为了能够'创造历史'，必须能够生活。但是为了生活，首先就需要吃喝住穿以及其他一些东西。因此第一个历史活动就是生产满足这些需要的资料，即生产物质生活本身，而且，这是人们从几千年前直到今天单是为了维持生活就必须每日每时从事的历史活动，是一切历史的基本条件"。③ 在很多情况下，资源的贫乏、生存的窘迫以及就业的压力，教学的物质回报依然是学校和教师的第一需要。当学校摇摆于教育行政机构的附庸与市场逻辑的对象之间的时候，圣徒式的教师教育显然是一种可怜的呻吟，至多是一种精神的安抚。即使我们不考虑学校之间资源上的巨大差异和教师生存与生活的物质必需，我们也必须正视教师教学价值取向上的困惑和苦恼。

---

① 《马克思恩格斯选集》（第 1 卷），人民出版社，2012，第 135 ~ 136 页。
② 《马克思恩格斯选集》（第 1 卷），人民出版社，2012，第 146 ~ 147 页。
③ 《马克思恩格斯选集》（第 1 卷），人民出版社，2012，第 158 页。

现实学校中的教师并不是可以对自己教学生活为所欲为的主人，教育部门、学校、家长、学生对教师各有不同的期望，教师如同十字路口的迷途者。

> 一个有着教育官员头衔的人指着"教育政策""教育目标"的指路标，命令他说："你必须朝这个方向走！"另一个是学校校长指着"升学率"的指路标，以一种老板对伙计惯常使用的口吻说："除了这一条路，你别无选择！"又一个据说是衣食父母的学生家长指着"升学至上，成绩第一"的指路标，诚恳地告诉他说："从这里走，可以到达一个叫作明星学校的理想地方，这才是人生的正途！"最后一个告诉他应走方向的是一个怯生生的小孩，他说他是学生，指着空白的指路标腼腆地说："先生，我看不懂上面写些什么，不过，我很喜欢这条路，它看起来又平坦又好走，我陪着你走一段好吗？"
>
> 一时之间，这位号称"人类心灵工程师"的传道授业解惑者，自己先迷惑了。他一面挣扎在"走这一条""走那一条"的叫嚣声中，一面扣着自己的教育良心低声问：我怎么办？在无力与无助中，他被四种——不，五种不同的力量分头撕扯着，他只觉得他好像犯下滔天大罪的重刑犯，在百口莫辩下被判了五马分尸的酷刑。
>
> 五匹马将他拉向不同的方向，他连喊叫都来不及喊叫，他……①

教学毕竟不是一项纯粹的价值中立的技术性工作，教师毕竟不是机器上的螺丝钉，无法放弃又不得不逃避的对教学价值的思考，如同感觉被剥夺一样深深地折磨着教师，"只有自己最清楚鞋子在哪里夹脚"，没有人比教师自己更清楚教师的现实生活世界，也没有人比教师自己更了解教师的日常工作。跛脚前行，不要问为什么，也不管路在何方，尽量避免价值取向上的恼人的缠绕，全力转向课堂教学，这似乎就是教师的唯一选择了。可是，不久教师就过上了有甚于法伯对一位积极主动的新教师拉齐尔所描述的教学生活。

---

① 李国霖：《社会蜕变中的台湾学校文化》，福建教育出版社，1995，第143～145页。

　　她开始对教书这么困难感到吃惊：许多人精神不集中，上课被打断，行为表现上的问题以及行政管理上的要求。她学了教育专业，用了两个学期在教室里做师范生，因此，她不希望感到毫无准备或感到缺少什么。在备课和直接对学生讲课时她感到有把握，但是感到好像她不太懂得怎么组织一个班级的活动。她在教室工作的经验是尽到了她的职责而且是规定好的。此外，她感到完全不知道怎样对待她周围的成年人，没有人教过她怎样有效地对待管理者和怎样和家长谈话。她的督学对讨论这些"政治问题"特别不感兴趣，而乐意关注功课的安排、课程的意见和教室的设计。她觉得他的所有建议都是好意，而且实际上大多数很有帮助。不过，令人泄气的是经常感到对她的课堂活动的干涉：督学检查她的课时计划；行政机构决定她要用的书；校长决定她的学生要这样走下学校里的小山；新来的孩子分配到她那已经拥挤不堪的班级；级长一天好几次到班里来发通知；没完没了的表格需要她填写。尽管她还在教学生，不知怎么回事，她都忘记了教师许多方面的工作。

　　她忘记了另一个现象是她可以使用有限的时间去了解其他教师。过了些时间，她和大家熟悉了，当然，喜欢他们中的许多人。反过来，她感到作为一个关心人的、有上进心的、受过良好教育的教师，似乎她获得了他们的尊重。但是，小学校的工作日中，唯一的社交机会，或者说向别人学习的机会就是当她"备课"和午饭的时候。像学校里大多数其他教师一样，她的备课时间通常都是在自己的教室里度过，或备课或填写各种表格。尽管午饭时间是愉快的和友好的，但这仍然不符合她所需要的和期望的业务上的相互交流和帮助。甚至退学也令她有些震惊，她搞不清楚有多少教师像多数学生那样担心三年以后就离开学校。

　　起初，她对这些令人吃惊和失望的事情的反应是以事实上她的工作，起码在教室里对学生做的工作是令人满意的和可以自豪的而感到安慰。遗憾的是，在第一年结束时，这种情绪开始消失了。她起初看作具有挑战性的学生，现在感觉到他们有威胁性和反抗性；满足的心情似乎被失望和挫折的心情所压制。功课的安排，曾经被看成是创造性的机会，现在变成压抑的烦琐的仅仅勉强有点用的事情。她感到她的学生和行政管理机构都利用了她善良的性情和奉献的愿望。她班里"好的"孩子，而且有很多，感激她和喜欢她，但是，这还不够；总的说来，她感到相当多的孩子和实际所有的家长都不领她的情。虽然，行政管理机构似乎喜欢她的工作，但她觉得只是给她一些好听的话；她受到他们欣赏是因为她是一名勤劳的老师而且不给他们找麻烦。甚至她的朋友和家人总的说都不认为教学工作这么难做，要做好这项工作，她要付出如此之多。

她开始从工作中退缩——付出的少了，计划少了，感觉少了，似乎她能够做出成绩。她退缩得越多，她从工作中获得的满足就越少，她很少感到作为一名教师完成了任务。虽然，在理智上她知道由于她对工作的投入减少，因此，满意的程度就小，她愿意付出代价而放弃额外的报酬。在她工作的第二年，这种感情变成失望，而她开始贬低这些孩子，也贬低自己，因为她决定当了教师。尽管在生活中她找到了其他一些令人满意的东西，她已不能再忍受每天早晨醒来面对又一天的学校工作。她决定离开教学，但又想留在教育系统的某个管理层。甚至这个决定连自己也很不赞成。她希望她能够彻底离开教育系统但又感到她没有别的市场营销的技能。①

难道教师愿意过这样的教学生活？难道教师不期盼一种解放自身的改革吗？绝对不是！谁不希望自己生活的决定，依靠的是自己，而不是外部的什么力量？谁不希望成为自己的工具，而不是别人的工具，按自己的意志行事？谁不希望成为一个主体，而不是客体？谁不希望由自己的理性和自己的自觉意志来推动，而愿受强加给自己的外部力量的驱使？谁不希望成为一个有所作为的人，能自己决定，而不受别人决定，能够自我导向，而不是按照外部自然或他人的意志行动，就好像自己是一件物品，一只动物，或一名奴隶，不能扮演一个人的角色，即构想自己的目标和方针，并且去实现它们呢？教学改革是否充分地考虑到教师的实

---

① 〔加拿大〕迈克·富兰：《变革的力量——透视教育改革》，中央教育科学研究所、加拿大多伦多国际学院译，教育科学出版社，2000，第70～72页。

际经验和其所处的生存和生活的真实状态？就像一艘船，一旦割去其系泊的缆绳，就会在风浪中无目标地漂荡一样，我们的改革一旦失去与教师生存和生活经验的联系，情形恐怕也是如此。

这些年来，无论教育行政部门、学校还是一些教学改革的专家，都在给教师指导和培训，都在谈论教师必须转变观念，愿意接受变革。实际上，教师未必是改革的主要障碍，因为，他们不仅要生存和生活，而且他们只能实行他们真正吸收了的东西，而不可能实行他们只有一些模糊认识的东西。教师也是社会的成员，他们反映着社会的态度。社会公众不明白教学改革到底是怎么一回事，但如果教师和学校坚持老一套的办法（虽然他们清楚地知道弊端所在），社会公众反倒觉得比较保险了。这是一种无奈，也是一种明智的选择。

今天，我们也许没有必要回答"是社会决定学校的面貌，还是学校决定社会的面貌"这样一个鸡生蛋还是蛋生鸡的问题。毫无疑问，我们有必要把学校的教学改革放在社会改革这一更广阔的背景下加以观察，讨论学校的教学改革而不考虑与之并行的社会改革未免过于幼稚。学校教学从来都不是立法者和决策者手中绝对消极的东西，在学校教学中，除了对教师的教学意志可以施加影响的个人，还有普遍的力量、普遍的条件在起作用，给立法者和决策者的改革划定了一个不可逾越的界域。确实，学校教学是可以朝着各种方向调教的，是可以习惯于某种生活方式或秩序的，但在人的普遍本质所允许的范围内，要想重塑另一种形式几乎是不可能的，就像人们难以彻底重塑一个活的生物一样，如把一条狗变为一只猫或是一只鸟。这些年来的基础教育改革实践已经给我们上了一课。如果我们认识到教育是在社会中进行，而不只是在学校中进行，那么我们的课程与教学改革就很可能找到比较恰当的定位和明确的方向。

作为一个教学理论研究者，同时又是一个置身于现实学校的教师，我当然不会反对教学改革，也不会为学校和教师存有的种种惰性做辩护。恰恰相反，我只是想说明这样一个事实：思想不是现实的力量，将改革的责任全部推卸到学校和教师身上，确有强人所难之嫌。

二　"后模式时代"的教学

教学的发展具有明显的时代特征，不同的时代形成了不同的教学模式。当前的教学模式呈现多样化局面，但也潜伏一些问题和矛盾，其中有思想认识方面的偏差，也有实践上的混乱。

(一)"后模式时代"的意涵

经过改革开放四十多年来西方教学思想的冲击和洗礼，以及我国基础教育教学改革的不断推进，传统上那种统一的、绝对的、统摄性的教学观念和模式已经不复存在了，各种教学观念和模式都占有一定市场，我国中小学教学进入了观念多元、模式多样的时代。我们更愿意将这一个时代称为"后模式时代"，而不愿意将之概括为"模式时代"。一方面，由于人们在日常话语系统中形成的对"模式"的偏见，如果我们用"模式时代"来称呼这个时代，似有否定教学改革所取得的成就之嫌，也有抹杀当前教学所呈现的生动性和创造性之虞；另一方面，用"后模式时代"来描述当下教学的基本状态，可以更精准地表达我们对当下教学改革的理解。

首先，所谓"后模式时代"，并不是否定教学模式本身的价值和作用，更不是指教学模式衰落后的一种状态。在这里，"后"既意味着时间上的"之后"，也表明内涵上的一种"超越"；它既是一个时间概念，也蕴含一定的内容：它标志着任何一种教学模式都有相对性，即使是最有影响力、最有持久性的教学模式也有时间、空间上的局限，它不可能用于解释和指导一切教学实践活动。因此，在"后模式时代"，教学模式已经不再所向披靡，也不再是无所不能的，这是教学改革不断推进的结果，也是多样化教学模式产生的重要原因。

其次，在"后模式时代"，教学的总体意识和核心价值观念都被解构，甚至分解成了碎片。没有一种教学模式能够君临天下，主宰一切，甚至没有一种教学模式能够持久地占据主导地位，每一种教学模式和其他教学模式都呈现共存和互动的关系。一种模式宰制所有教学的时代可以称为"模式时代"，这样的时代也常常是教学的"模式化时代"。可以说，"后模式时代"是"模式时代"之后，是一个没有主流和中心的时代，每一种教学模式都有其存在的依据，也都能找到自己赖以发挥作用的有限空间。

最后，在"后模式时代"，既然没有统一的教学模式，也就没有哪种教学模式最具权威性，因此每个学校和教师都可以是教学模式的创立者。这在很大程度上破除了教学的精神枷锁，极大地调动了学校和教师教学改革的积极性和创造性，改变了过去千校一面的教学格局。正是基于对教学的不同理解以及采取的不同教学行动，才有了丰富多样的教学模式，才展现了教学的多彩多姿。因此我们又可以说，教学的"后模式时代"同时也应该是"去模式化"的教学时代。

毫无疑问，"后模式时代"的教学有了前所未有的选择和创造的空间，但是，这并不意味着人们对于教学模式有了更深入的了解，也不意味着教学怎么样都行，不能否定"后模式时代"的教学依然存在模式化的倾向和危险。

（二）教学模式的理解与选择

教学模式尽管为教学提供了可参照的范式，降低了教师教学的不确定性和风险，缓解了教学的"存在性焦虑"，增强了教学的"本体性安全"，但是容易导致教师教学的墨守成规，难以时刻保持一种创造状态，迎接新的教学观念、思维和方式的挑战。而教学模式之间的相互封闭，又使得教学改革的共识难以达成，不利于教学改革的整体推进。因此，那种无视教师特点和个性、知识的性质和学科差异、教学的实际条件，而强力推行某一种教学模式的做法是值得怀疑的，它内含着对教师教学自主权的剥夺，也是对教学专业性的贬损，是极权主义在教学管理的具体表现和表征。当然，如果因此而认为教学可以随意而行，用什么样的教学模式都有道理，那么教学就陷入了无法自拔的相对主义泥潭，从而失去了对教学的敬畏，教学的混乱就在所难免。

教学模式是理论性的，更是实践性的。选择和应用某种教学模式实际上就是采取某种类型化图式来处理和协调具体的教学要素，形成一定的教学结构和方式，创设具体的课堂情境。从这一意义上来说，有关教学程序的知识或对教学模式实施的技术的掌握都是方法性的。也就是说，任何一种教学模式都没有明确规定教师在所有可能遇到的具体教学情境中应采取的行动步骤，它也不可能做到这一点。恰恰相反，它所提供的是就一系列不确定的教学情境做出反应和施加影响的一般化的框架和能力，而这依然存在教师教学主体性发挥的广阔空间。所以，对于具体的教学来说，任何一种教学模式都可以给我们教师提供改进教学的启示和借鉴，从而都具有教学的认识论性质和方法论意涵。可以说，在不确定性中寻求确定性，在确定性中积极应对不确定性，这是"后模式时代"教学必须面对的选择，也是学校教学改革应该秉持的立场和态度。

在"后模式时代"，教学模式的选择绝非易事，关系着教学发展的方向和质量。无论教师个体的选择还是学校整体的选择，都要求选择者具有一种反思能力。真正的选择是反思性选择，是选择者基于自我认识、自我反省而进行的选择。这种选择意味着对当下教学现实的某种否定，意味着对某种教学理想的追求，也就意味着对教学责任的积极担当。为了规避教学改革可能的风险，我们必须增强责任意识，时刻以一种批判的眼光来看待自己，不断予以自省、检查和审视，而不能一意孤行。因为，即使我们做出了谨慎的选择，这种选择也是一种"有限的理性"。相对于复杂的教学来说，任何一种教学模式充其量只是一根"拐杖"。有模式而不为模式所拘，遵模式而不为模式所限，唯其如此，才能真正舒展教学的个性，臻于教学艺术的境界。

（三）"后模式时代"教学的重建

今天，我们教学改革的困惑不是没有教学模式，而是似乎有太多的教学模式，将我们本应坚守的教学的价值标准淹没了。因此，在教学的"后模式时代"，至为重要的是把握教学改革的方向，走出教学模式的丛林，荡除教学改革的迷雾，重建教学的认识论。

第一，尊重教学自身的规律。虽然不同区域和学校的教学可以千差万别，但教学之为教学，自然有其自身的规律和特点，人为地合理干预在一定程度上可以加快教学改革，而不顾教学的社会环境制约，无视教学的社会心理状态，盲目地追求不切实际的教学改革目标，机械照搬套用某种教学模式，就会摧毁教学的经验基础，不仅不利于推进教学改革，而且会使教学改革陷入一种主观主义的危险境地。任何时候，我们都需要清醒地认识到，教学不是黏土之类的消解物质，可以任由我们揉捏，塑造成我们喜欢的形式。当前，应该努力克服教学改革思维方式上的盲目自大，避免对教学改革过度的行政干预，同时防范对教学改革的投机行为。

第二，重视教学发展的规划。教学根本是一种人造环境。遵循科学程序，精心规划和设计教学环境，能够最大限度地为教学奠定良好的基础，降低教学改革的风险。教学是学校的中心工作，不是教师个体化的行为，学校应该对教学做出系统、全面的规划。要做到教学规划的科学合理，就必须尊重教学自身的规律性，了解教学的社会运行，确立正确的教学观；同时，还需要根据学校自身的实际情况，明确教学存在的问题，注意调动广大教师的积极性，开展集体性研讨，汲取教师的实践智慧，形成教学共识，切实推动教学的改革与发展。

第三，加强教学制度的建设。由于"文化堕距"现象的存在，教学制度建设往往会落后于教学改革的发展。但是，随着人们对教学改革的认识不断加深，而且，随着我们的教学改革有了越来越多的知识和经验储备，这就使得预防性的教学制度建设成为可能。教学改革过程中出现的一些问题，在很大程度上都可以说与有效教学制度供给不足密切相关。因此，加强教学制度建设，确保教学改革运行的制度供给，对于推动教学的改革与发展具有重要意义。当前，学校应该尤其注意建立动态、透明、有效的问题发现、识别、处理机制和制度化的管理机制，重视专家的参与，重视教学制度的系统性设计和安排。

三　教学生活的精神意蕴

教学生活离不开物质基础，但不能完全从物质的角度来看待教学，许多教学问题的解决需要确立一种相对独立的精神性立场。

（一）教学生活的精神立场

改革开放四十多年来，我国教学物质条件和环境得到了极大改善，不断完善的教育政策、法律和法规的出台为保护教师的合法权益提供了保障，教师的工资待遇和社会地位得到了明显的提高，教学事业在推动社会文明和进步中的作用日益凸显，取得的成就也为世人瞩目。但是，我们必须深刻认识到，教学物质条件和环境的改善，并不意味着教学质量的同步提升；教师工资待遇和社会地位的提高，并不意味着教师教学生活幸福感的增强。当然，我们永远都不能否定教学物质条件的重要性，而且必须承认教学物质条件是教学发展的基础，教学的物质回报是教师的正当需要。尽管如此，教学世界毕竟是人为世界，而不是单纯的物理世界。对物理世界的把握遵循的是"物种逻辑"，用这种逻辑来理解与把握人，会导致人的僵化和失落。要切实地把握人为世界则必须超越"物种逻辑"，达到表达人独特价值性存在方式和活动规律的"人文逻辑"。因为人是有生命的，人最重要的特殊性就是人有精神世界，这是物理世界不可能有的，也是其他生物不可能有的，至少在我们目前的认知范围内不可能有。卡尔·雅斯贝斯曾说，人是精神，人之作为人的状况乃是一种精神状况。"精神世界"作为人类特有的东西，在纷繁复杂的教学现象中具有决定性作用，忽视了精神世界这个重要的因素，我们就很难真正理解教师、教师的教学生活、教师的教学感受、教师的教学思想，也就无法理解教学的实际存在和真实运行。倘若教学本质上是精神的而非物质的，那么教学的许多问题就应当采取一种相对独立的精神性的立场加以解决。

　　事实上，教学本身就具有提升人的生命价值和创造人的生命意义的功能，因为教学就其过程的本质来看，是人类精神能量通过教与学的活动，在师生之间、学生之间实现转换和生成新的精神能量的过程。[①] 当苏霍姆林斯基深情地说"我拉着你们的手一步一步向前走，我把整个的心都给了你们。诚然，这颗心也有过疲倦的时刻，而每当它精疲力竭时，孩子们啊，我就尽快到你们身旁来，你们的欢声笑语就给我的心田注入新的力量，你们的张张笑脸使我的精神重新焕发，你们那渴求知识的目光激发我去思考"[②] 的时候，我们又怎能不认为苏氏与他的学生所享有的教学生活不是一种微妙的精神磁场，并为此而深深感动呢？这种精神磁场无论对于教师的心灵还是对于学生的心灵来说，都是一种巨大的力量，是任何教科书、道德格言或奖惩制度都无法替代的力量。可见，一旦教学有了一定的物质基础，教学的精神生活就在很大程度上决定了教学的层次和质量。教师是教学的主体，教学的精神生活在某种意义上也就取决于教师的精神世界。只要教师的心灵忠实地拥护教学这种精神生活的事业，反对那种异己的或至少不令人满意的虚伪和造作，教师的禀赋就不只是一种被动的态度或单纯的劳作准备状态，而是成就一种完整的教学生活，成为教学生活的真正灵魂。以此为方向而努力赢得的教学生活，便获得了一种纯粹的内在性，一种无与伦比的高贵，一种卓越的成绩，从而确保了它在整个社会生活中的特殊地位和独特魅力，这是金

---

① 叶澜：《"教育的生命基础"之内涵》，《山西教育》2004 年第 6 期。
② 〔苏〕苏霍姆林斯基：《把整个心灵献给孩子》，唐其慈等译，天津人民出版社，1981，第 352 页。

钱和任何物质刺激永远无法比拟的。如果教学仅仅是教师获得金钱和物质回报的手段，那么其本身就不是有意义的人类活动了。

遗憾的是，当下教学生活日益受到物质主义的侵蚀，教学旨趣越来越流于平庸。只要我们深入教学实际，就会发现，尽管时常不乏对教学理想目标追求的表白，对接受教学理想情感指导的宣扬，但是教学生活依然处处暴露其内在的虚伪，一种精神的无力和空洞。许多教师唯客观之物质世界是趋，甚至不省其主观之内在精神，重其外，舍其内，取其质，遗其神，在不知不觉中成了利己主义的囚徒，教学性灵之光愈益黯淡，教学深度不再，教学神圣感荡然无存。教师因此失去了把自己贯穿和统一起来的东西，失去了意义的支持，没有了精神寄托，找不到方向，变得焦虑、痛苦、压抑和忧郁，教学生活变得空虚、无聊、乏味。这种状况不仅谈不上教学质量的提升，而且极大地影响了教师的身心健康。实际上，如果我们对教学生活意义的缺失时常感到困惑和不安，则恰好说明了在我们的本性深处尚有一种寻求意义的内在冲动。因此，只有承认一种独立的精神力量是教学生活的基础，我们才不再认为这个基础是我们一切教学活动的不可更改的、无法达到的背景，而是一种独立自主的、自我发展的生活，是我们自己可以赢得的生活，并且在这样努力做的时候，也就自然把我们自己的教学生活提高到自创性的、自由活动的水平。教师只有充分拥有教学这样一种精神的生活，才能诗性地栖息在教学世界上。

（二）教学精神生活的内涵

教学的精神生活不是附着于教学的一种自然属性，也不是当我们烦恼和辛苦时可以安全隐居其中的避难所；相反，它的本性要求对教学的主宰，它不能放弃这一要求，面对物质主义的诱惑它不能放弃捍卫自身的权利，否则便会失去生命力，成为狭隘而主观的精神存在。因而，真正的教学精神生活不是抽象的，而是有着极为现实的内容。

1. 崇高的教学理想

从广义上讲，教学乃是人类的一种自我设计，本身就是面向人类未来的事业，潜含着我们的价值追求和理想愿望，所以，教学理想是教学活动有效展开的基本前提，也是贯穿整个教学活动的灵魂所在。如果我们希望教学是明确的旅程而不是无目的的漂流，教学就不能没有理想的召唤和牵引，正像一艘船，一旦割去其系泊的缆绳就会在风浪中漂荡一样。教学并非空闲的游戏，需要辛苦、劳作、克己和牺牲。这种辛苦、劳作、克己和牺牲是否值得？这绝不是一个纯思辨的问题，而是一个时常困扰着教师的现实问题。"劳作，并且仅仅是日复一日地劳作——如果是如此这般地从事工作，就将很快堕落到湮没一切的无底深渊中去。但是，如果是在长远眼光的推动之下积极从事工作，如果从事工作的人采取建设性的态度，他全神贯注于他的工作意志的连续性和对工作进程的意识，那么，工作也会成为个体自我的一种显现。"① 倘若没有对某种崇高教学理想的信念为我们的教学活动注入热情和欢乐，我们就很难将教学作为一项事业去追求，获得教学生活的成功。

我们知道，事业是精神性追求与社会性劳动的统一，精神性追求是其内涵和灵魂，社会性劳动则是其形式和躯壳，二者缺一不可。没有精神性追求的任何劳动都只是干活，而不是干事业。当然，一个不把自己的理想、思考、感悟体现为某种社会价值的人，无论他内心多么真诚，也不能说他有事业，或他在干事业。干事业是一种全身心的投入，是社会价值的创造和人生的自我实现，是通过社会性劳动所体现的对真善美的追求。可见，把教学作为"活"来干还是作为"事业"来干，是有根本区分的。至于应该确立什么样的教学理想，这不仅取决于时代和社会发展状况，也取决于教师个人的生平境遇和人生境界。但是，无论如何，教学根本是为了人的发展，一切教学都应以此为核心展开。不仅如此，我们还必须充分相信教学是能够促进人的发展的，包括学生的发展和教师自身的发展。没有这种基本的信念，就等于否定了教学存在的必要性，从而在根本上否定了教师自身存在的价值。

2. 健全的教学理性

人之所以有尊严，人之所以高于一切自在自然之物或野性之物，就在于他能自主地设定终极价值，把这些价值变成目的，并理性地选择达到这些目的的手段。不论人们对理性持什么样的观点，教学都不应该是非理性的，而且培养学生健全的理性是教学的重要目标。教学理性是教

---

① 〔德〕卡尔·雅斯贝斯：《时代的精神状况》，王德峰译，上海译文出版社，1997，第177、98～99 页。

师用思想把握教学世界的工具。教学如果缺乏理性的制导，就没有了连续性和稳定性，很容易陷入一种混乱无序的状态之中。"一切事情都是杂乱无章，朝令夕改，没有给孩子们真挚、伟大、高尚的教育，这些教育能以永远不会被遗忘的方式影响其个性。向青年人提出的是记取事实材料的巨大要求，结果是使不成熟的头脑高度紧张，而同时却并未对他们的真正存在发生任何影响。直率而明确的客观性不见了。这种建立在信念基础上的客观性原是能够有力地抵御由个人的能力差异所造成的主观性的。在发展个性方面所作的努力超出了需要的程度，但教师却仍未达到他努力要达到的目标，即人格的塑成。被弄得无所适从的孩子，实际上发现的是一种传统的支离破碎的内容，而不是一个他可以充满信心地步入其中的世界。"① 我们需要确立教学理想，我们更需要不断探索达成教学理想的有效途径和方法，这都有赖于教师教学理性的拓展和增强。可以说，没有健全的教学理性，我们将难以养成学生健全的理性，也不可能享有教学的精神生活。

教学理性不是一种自然的禀赋，而是一种必须在教学实践活动中加以锤炼的能力。为了发展它，就不能无视教学科学知识的力量。"任何人类社会最少也有一种理性经验知识或相对不发达的科学的集合。这种知识……构成了通常所认为的常识的一大部分，并且对行动提供相当有效的指导。但是，尽管所有的知识是基于某种隐含的、特殊化的抽象，但关于这种经验知识之有效性的局限现在应该是显然的了。常识在某种程度上不是概括化的和系统的知识，像高度发达的科学的概念框架那样，所以它不是可靠的知识……不是确定的知识。"② 无可争议的是，完全依赖经验和常识的教学已经不能适应今天的社会要求。我们不仅需要掌握人类教学科学研究所积累的知识成果，还要在应用这些成果的过程中提高自己的教学能力，正是这些教学知识和教学能力决定着我们能否实现我们的教学理想，拥有教学的精神生活。

---

① 〔德〕卡尔·雅斯贝斯：《时代的精神状况》，王德峰译，上海译文出版社，1997，第177、98~99页。

② 〔美〕伯纳德·巴伯：《科学与社会秩序》，顾昕等译，生活·读书·新知三联书店，1991，第23页。

3. 积极的教学情感

作为教师，我们应当清楚地认识到，只有当学生在认识世界和掌握知识的同时，逐步具备高度的情感素养，这种教学才能达到预期的效果并丰富学生的精神世界。苏霍姆林斯基认为，没有扎实的情感基础，连一般的正常训练也不可能进行，更谈不上有成效的训练了。情感教育和对世界的认识不能统一起来，是造成对知识漠不关心态度并最后导致不想学习的最顽固也是最危险的根源之一。培养脑力劳动的情感素养和掌握知识的过程是在学校生活中获得智力财富的一个重要方面。① 所以，教师的教学是理性的，也应当是情感的。教师的教学情感是推动教师不断健全教学理性的动力，也是丰富学生情感世界的重要途径。

教学情感渗透教学活动的全部环节，成为教学理想、信念、理性、意志和评价的基本依托。没有教学义务感、良心感、幸福感、耻辱感，就不可能有良好的教学行为。从某种意义上说，教学情感有多强烈，教学行为就有多高尚。弗洛姆认为，只有一种情感既能满足人们与世界结合的需要，又能使人获得整体性与个性的统一。这种情感就是爱。爱就是在保持自身完整性与独立性的前提下，与外在的某人某物的结合。这是一种分享与交流的体验，它使人能充分展示其内在的能动性。对爱的体验使人们对幻想的需要不复存在，它无须夸大别人或抬高自己，因为主动地去爱与分享能使人超越个体化的存在。② 在人为的教学世界中，我们若想感化别人，就必须是实际上能鼓励和推动别人前进的人，只能用爱来交换爱，只能用信任来交换信任，只能用灵魂触动灵魂。可是，在不断推进教师专业化的过程中，教师教学理性的培养得到了空前的重视，而教师教学情感的陶冶常常被忽视了。其实，即使有了正确的教学认识，如果缺乏教学情感，也会无动于衷，机械呆板，教学认识与行为之间就会产生鸿沟。通常情况下，人们直观到的是教学行为，深藏其后的却是教学情感。

---

① 〔苏〕苏霍姆林斯基：《公民的诞生》，黄之瑞等译，教育科学出版社，2002，第292～293页。
② 〔美〕埃里希·弗罗姆：《健全的社会》，王大庆等译，国际文化出版公司，2003，第34页。

4. 坚强的教学意志

教学本身就是一项复杂的活动，教师时常面临诸多矛盾和悖论。苏霍姆林斯基曾颇为感慨地指出，在塑造大地上最美、最崇高的东西——人的过程中，单调的、使人疲劳不堪的劳动多得无可比拟。随着社会的发展，教学活动的复杂性和难度还在不断增加。帕克·帕尔默认为，学校教学空间是由六对悖论组成的对立统一空间：（1）这个空间应该既是有界限的又是开放的；（2）这个空间应该既令人愉快又有紧张的气氛；（3）这个空间应该既鼓励个人表达意见，也欢迎团体的意见；（4）这个空间应该既尊重学生琐碎的"小故事"，也重视关乎传统与原则的"大故事"；（5）这个空间应该支持独处并用集体的智慧作充分的支撑；（6）这个空间应该是沉默和争论并存的。① 因而，现实的学校总是作为压抑、异化、剥夺创造性与伦理性的装置发挥作用。在这种矛盾的现实中，教师常常无所适从，导致了教师的存在论危机。这就要求教师不仅需要理性地认识这些矛盾和悖论，还需要谨慎地权衡，做出选择，没有坚强的教学意志是难以保证的。

教学思想不是在被记住的时候才成为神圣而牢不可破的，而是在它们生存于充满朝气的情感波澜之中，生存于教学创造和行动之中的时候，才成为神圣而牢不可破的。换言之，教学思想要具有真正现实的力量，就必须获得自己的情感形式和意志形式。黑格尔说："理智的工作仅仅在于认识这世界是如此，反之，意志的努力即在于使得这世界成为应如此。"② 教学意志在教学活动中的作用具体可以体现在两个方面：一是选择和确定教学活动的适切方式和方法，二是实施和执行既定的教学计划和方案，努力克服障碍和困难，实现教学目的。因此，坚强的教学意志是保证教学实践活动取得成功的必要条件。

（三）教学精神生活的追求

教学精神生活并不是一种自然延续的进化，或一种可以遗传的本能，也不是一种能够从教学活动的日常经验中获得的东西，教师必须付出全

---

① 〔美〕帕克·帕尔默：《教学勇气——漫步教师心灵》，吴国珍等译，华东师范大学出版社，2005，第76页。

② 〔德〕黑格尔：《小逻辑》，贺麟译，商务印书馆，1980，第420页。

部的努力，才能占有教学精神生活，从而获得教学的精神个性。"精神的实现绝不是我们的自然禀赋，我们必须去赢得它，而它允许被我们赢得。"①

1. 面对真实自我

个人最大力量的基础在于人格最大限度地整合，这就意味着以最大限度地认清自己为基础。"认识你自己"是人获得力量和幸福的根本要求之一。然而，现代人的自我是社会的自我，它基本上是由个人在社会中所扮演的角色组成的，因而常常是人的客观社会功能的主观虚假与伪装——机械的笑脸取代了会心的笑声，无聊的闲话取代了坦诚的交流，苍白的绝望取代了真正的痛楚。这其实是一种严重的精神疾病，只是不易为人觉察而已。正如斯宾诺莎所指出的，"许多人正在被同一种十分一致的情绪所控制，他的所有感觉如此强烈地受到一个对象的影响，他坚信这一对象的实在性，即使他并不存在。如果这发生在一个人生病的时候，这个人就会被认为发病了……但是，如果一个贪婪的人心里只想着名声，人们就不会认为他们疯了，只是感到厌恶；通常只是看不起他们。然而，贪婪、野心等等实际上只是精神不正常的表现形式，即使人们并不把它们视为'疾病'"。②沉湎日常教学生活的教师，常常并不能恰当地认识自己，他以为知道自己想要的东西是什么，而实际上他想要的只不过是别人期望他要的东西。教师的所思、所感、所愿都是别人期望的样子，却自认为是自己的。正是在这种过程中，教师丧失了自我，而自我是教师教学精神生活的根基。没有了自我，教师的教学活动便没有了个性特征。一旦教师的教学活动远离乃至消解了教师自我，一种真正属于教师自己的教学精神生活便没有了。教学精神生活意味着教师不执着于欲望的对象化，而是反观自身生命的一种宁静的审美情愫，"心为物役"，注定不是合乎教师人性的生存方式。一旦教师的精神生活要求达到这样一种强烈的程度：它完全可以超越、舍弃尘世的纷争，淡漠丰裕的物质生活，以完善的人格、清白的人生、优美的灵魂、充实的心灵为自

---

① 〔德〕鲁道夫·奥伊肯：《生活的意义与价值》，万以译，上海译文出版社，1997，第97页。

② 〔美〕埃里希·弗罗姆：《健全的社会》，王大庆等译，国际文化出版公司，2003，第22页。

己的最大乐趣和理想，这样一种精神生活要求就成为教师教学生命的重要内容，乃至生命的全部。弗洛姆曾尖锐地指出："现代文化的失败，并不在于它的个人主义原则，也不在于它的道德观念与追求自身利益的一致，而是在于这样一个事实，即人们过分地关心他们的自身利益，在于他们并没有充分地关系他们真正的自身利益；并不在于他们太自私，而在于他们不爱自己。"① 在市场逻辑甚嚣尘上的今天，作为教育者的教师应该时常反思教学对于自己意味着什么，通过教学自己究竟获得了什么，哪些才是自己真正需要的。

2. 珍视教学自由

教学的精神生活离不开教学自由，只有教学自由才能赋予教学活动一种教师个人的特征，保证教学活动的自主性。否则，教师的教学活动便不完全属于教师自己，也就没有教学的真正精神生活。值得注意的是，教师的教学生活又不是完全脱离教师集体的个人生活，因而究竟是确立教师个体的中心地位还是确立教师集体的中心地位，就成了我们必须直面的问题。前者强调教师个体的重要性，关心教师个体的教学独立、自由和发展，反对因循他人，拒斥统一性，后者重视教师个体对教师集体的责任和服从，主张教师个体只有在教师集体中才有价值。毫无疑问，我们不能在这两者之间做出非此即彼的选择，因为，这两者并不是根本对立的，教学个体性和教学集体性原本就是教师教学活动的不可或缺的两个维度和方面，偏执于其中的任何一个方面，我们都会陷入教学个人主义和教学集体主义对立的困境，我们的教学生活就会丧失应有的价值，教学生活的意义就会被剥夺。一种以统一性为基础的教学文化不可避免会导致对教学精神创造的宰制，给教学精神造成无限的损害，扼杀教师的内在生机。因此，教师存在的完善化形态是个体与集体之间实现真正的统一，是教学个体性与教学集体性矛盾的真正解决。

教学自由不是对教学存在的一种出离，而是一种积极的行动、一种有效的介入、一种自我的充实，它意味着那种依靠教学理性和良心，根据教学目标和原则，独立于感官冲动和爱好，来决定教学生活的能力。教师享有教学自由意味着拥有这样一种能力，实际上正是这种能力构成

① 〔美〕弗洛姆：《为自己的人》，孙依依译，生活·读书·新知三联书店，1988，第136页。

了教师全部教学自由的基质。当下，对教师教学自由的严重威胁，在我们看来，并不仅仅来自外部的干预和规约，更来自教师自己的态度。许多教师往往对摆脱外在于自己的权力，不断获得更大的教学自由欣喜若狂，却对自己内心的束缚、强迫和恐惧置若罔闻，这就极大地限制和仄窄了教师享有教学精神生活的可能空间。

3. 优化教学环境

教师都希望有一个良好的教学环境。良好的教学环境不仅可以促进教师的教学积极性，激发他的理智展现，而且可以促使教师之间建立起友爱的关系。人际的隔膜与孤独，不仅不利于教师的身体健康，也不利于教师的心灵陶冶。现代学校应确立以人际和谐、人际交往的健全和完善为基本价值导向的教学发展蓝图，努力创设一个良好的教学环境。在这样的教学环境中，每个教师凭着教学良心行事，被看作根本而必要的品质，任何机会主义和缺乏原则，都被看作自私的和不可宽恕的；在这种教学环境之中，教师将自己的全部精力投入对他来说有意义的教学活动，并且能感到与同事团结在一起的愉悦，体验自己力量因之增强而带来的幸福。

然而，历史发展到今天，"当整个社会被嵌入到一个以人与人之间的激烈竞争为最显著特征的市场之内的时候，教育迅速地从旨在使每一个人的内在禀赋在一套核心价值观的指引下得到充分发展的过程蜕变为一个旨在赋予每一个人最适合于社会竞争的外在特征的过程"。[①] 在这种过程中，教学个人主义膨胀，教学集体观念弱化，和谐的人际关系、良好的教学环境甚至成了一种奢望。不过，我们不应该失去信心。因为，尽管教师在诸多方面存在很大的差异，有时还存在矛盾、冲突和对抗，所有的教师都希望有尊严地教学，有和谐的人际关系，过一种美好的教学生活。这是一个广泛而稳固的共同的基础，在这个基础上，我们就有可能营造良好的教学氛围和协调一致的教学行动。"'对幸福的追求'总有一天也许会意味着完全不同的东西——例如，不是聚敛可供人们私人处置的物质性的东西，而是指去建立一种社会关系，在这种社会关系中，相互共存占统治地位，满足也不再意味着一个人在压抑别人需求方面获

---

① 汪丁丁：《教育的问题》，《读书》2007 年第 11 期。

得成功。"① 学校大同似乎与每个教师真实的教学生活相去甚远，但人际和谐应成为每个教师教学生活的理想目标和现实内容。

4. 提升教学境界

多少年来，人们一直努力寻求教学世界的规律，教学科学研究成果日丰，各种教学理论和方法迭出，但是，人们感到即使所有可能的教学科学问题都已经被解决了，教学的精神问题也还没有被解决。如果我们承认教学在根本上是一种精神的活动，那么教学境界的提升就成为我们推动教学改革，提高教学质量的必要和必须。无论在什么境遇中，人们都可以神圣地去做任何事情。帕格尼尼能从一把小提琴中获得迷醉，尤里斯坦能从一只单簧口琴中得到快乐。如果人内心有圣洁的成分，世界在他面前就会流动起来，或打上他的烙印，或具有他的形状。这种伟大并非因为他能改变事物，而是因为他能够改变自己的心态。"人类在美好和秩序、社交和友谊、歌曲和信仰中得到快乐。并且，作为有自我意识的动物，人类尤其渴求了解自我和认识自我在更大空间中的位置。桌子上的食物是一种文化形式，它能够使我们自发地回应所有我们这个世界主要的特征。所有神秘源头，在电视机前用餐可以把吃饭变成喂食。狼吞虎咽的吃法会侮辱准备这顿饭的人和为了我们而死去的植物和动物。特别是因为现代社会使我们受控于造作和虚假的世界，我们尽力记起炉火是家、准备饭菜和家人用餐是真正的家庭生活，以及招待客人仍可以增进友情。用餐前的祷告仍培养我们感恩的心态，所受的恩惠不是我们理所当然应该得到的。人生的物质深层意义方面，尽管可以果腹，但不能帮我们理解要吃饭的意义。重新发现吃饭的意义能够帮助我们重新看到，食不果腹地活着并不是丢人的事，相反，我们是正直的化身，向往生命的美好、仁善、真理和圣洁。"② 显然，把教学视为成人成己的德行，还是当作谋生图利的手段，不仅反映了教师教学境界的差异，也决定了教学的层次和水平。

教师教学境界的提升取决于教师自己的心灵修炼，不能依赖他人的教导和劝诫。我们知道，"所有的心灵修炼从根本上说都是回归自我，自

---

① 〔德〕哈贝马斯：《交往与社会进化》，张博树译，重庆出版社，1993，第 205～206 页。

② 〔英〕约翰·科廷汉：《生活有意义吗》，王楠译，广西师范大学出版社，2007，第 123 页。

我摆脱掉与世隔绝的状态进入'焦虑'状态。通过这种方式得以解放的'自我'不再只是自我中心和受感情支配的个体，而是有德行的人。他面对普遍和客观，加入自然界或是普遍的思考……心灵修炼的实践暗示着全面颠覆头脑中固有的概念：主体拒绝了追求财富、荣耀、享乐的错误的价值取向，转向寻求美德、冥想、简单生活和简单生活的幸福"。①但是，教师教学境界的提升不能超越于教学活动之外，而应通过教学活动或在教学活动过程中进行，那种游离于教学活动的所谓修身养性很可能流于故弄玄虚的自我粉饰，直接亵渎了教师应负的历史使命和社会职责。崇高的教学理想、健全的教学理性、积极的教学情感和坚定的教学意志永远是教师提升教学境界的重要内容，也是教师教学境界高远的基本标志。

---

① 〔英〕约翰·科廷汉：《生活有意义吗》，王楠译，广西师范大学出版社，2007，第123页。

第十一章　教学改革的理性

教学改革是一个反顾传统，多因素相互影响，多利益主体并存，具有伦理诉求的复杂过程，具有承继性、长期性、博弈性和伦理性的特点。在教学改革过程中，极易出现激进主义、保守主义和实用主义的偏差。面对不可避免的教学改革，我们应该立足现实，学会从改变自己做起，真诚地适应和面对改革。在当下教学多元、差异表现异常突出的情势下，寻求教学基本理性，达成一定的教学共识就显得尤为重要和迫切。教学共识的形成过程并不是一个单纯的教学观念阐释过程，而是一个教学实践的不断选择和创造过程。对于学校来说，教学共识既是对学校教学改革与发展成果的一种积极肯定，也是对学校未来教学改革与发展的一种美好愿景。对于教学主体来说，教学共识的达成本身就是一种挑战，它意味着对个人教学观念的反思和改造，甚至是颠覆和重塑，因而也是一种自我的规限和克制。教学共识的贯彻和落实不能仅仅靠某种善良的教学意志和美好的教学愿望，还需要将教学共识凝结为相对稳定、规范的教学制度和行为习惯。

一　教学改革

教学改革是一个反顾传统，多因素相互影响，多种利益主体并存，具有伦理诉求的复杂过程，具有承继性、长期性、博弈性和伦理性的特点。把握教学改革的这些特点，有助于我们更好地认识教学改革，保证教学改革的顺利进行。

（一）教学改革的特点

面对日新月异的社会变化，那种传统的、一成不变的思想显然不能适应现代社会发展需要。所以，一提到教学改革，人们很容易想到"破旧立新"，"旧貌换新颜"，"跟传统挥手、与历史诀别"。实际上，教学改革断然不是对传统的简单否定、推倒重来，另起炉灶。"现在的根，深扎在过去，而对于寻求理解现在之所以成为现在这个样子的人们来说，过去的每一事件都不是无关的。"①

　　从中西方课程的发展演变看，教学改革都有鲜明的承继性特点。每一次教学改革都是建立在前面教学改革的基础之上，总是因袭了一定社会的文化历史传统，印有深深的历史和传统的烙印。教学改革是一个有破有立的扬弃过程，是一个连续性很强的历史过程。可以这么说，假设没有对历史的反顾和了解，就不可能有对现实的正确认识。只有具备一定的历史感，才能正确认识现实，把握改革的方向；只有正确对待历史，才能在理想与现实之间保持合理的张力。因此，在教学改革中，我们需要妥善处理好继承与创新、历史与现实、发展与连续的关系。

　　从教学改革的实践来看，对历史和传统的继承是一个涉及"人"的过程，而人是极其复杂的，这决定了教学改革具有长期性特点。长期以来，人们相对比较重视教学改革过程中的一些技术性问题，但教学改革的真正旨趣并不在于技术，而在于"人"，在于"为人"和"人为"。"为人"是从学生的角度而言，指教学改革的目的关涉"人"的提升与发展，指向"人"的未来和幸福，在于形塑"人"的德性与品行，彰显"人"的尊严与价值。"人为"是从改革参与者的角度而言，指教学改革的顺利与否取决于参与者改革的目的是否正确，改革的观念是否转变，改革的信念是否坚定，改革的热情是否高涨，改革的态度是否端正，改革的行为是否合理，改革的环境是否和谐，等等。"为人"的艰巨性和"人为"的复杂性使得改革并不是直线的，而是充满了不确定性，有时甚至违反一些常理。因此，教学改革是一个旅程，而不是一张蓝图，我们必须对教学改革的长期性有足够的心理准备。

　　教学改革的"人为"和"为人"决定了人们在改革过程中具有不同的价值取向和利益诉求，这种现实使得教学改革不可避免地带有博弈性的特点。不能否认，一切为了学生的发展是教学改革的根本利益追求，但教学改革涉及的利益主体除了学生之外，至少还有教师、家长、专家、学校、教师培训机构、教育行政部门及其官员、教材出版商和销售商等。由于对利益的要求不同，这些利益主体及其利益之间的关系并不总是一致，而是盘根错节、错综复杂，有可能相互冲突。这极容易导致某些人

———————————

① 张绍东：《在中学教一点数学史》，《课程·教材·教法》1983 年第 5 期。

或团体打着"为了学生的发展"的幌子，以改革之名而行谋取私利之实，甚至相互争斗、打压和倾轧，教学改革成了功名的角逐地、利禄的跑马场，而这恰恰不是我们愿意看到的。我们所期待的是一种既能照顾不同的利益主体及其利益诉求，又不侵害他人利益，实现多方共赢的教学改革。

人的自私与有限的慷慨和利益资源的稀缺是导致个体、群众之间发生利益冲突的两个主要原因，因此在社会生活中需要一定的伦理规范维持与调节人们之间的交往，协调利益冲突，达致社会生活的秩序化。对于教学改革而言，同样如此。教学改革是一项全民性的工程，既关涉国家的前途和命运，又关涉千千万万的家庭，更关涉儿童的幸福和未来。想到儿童，我们就会感受到教学改革所担负的道德要求的分量和正义诉求的强烈，因为人的发展具有不可逆转性，稍有闪失将会让国家和民族付出惨重的代价，将会对每个家庭和儿童造成无可弥补的损失。正如洛克在《教育漫话》中所说的那样，教学改革中的错误比别的错误更不可轻犯，它的错误就像配错了药，第一次弄错了，绝不可能第二次、第三次去补救，它所造成的影响是终身洗刷不掉的。[①] 况且，作为一种"除旧布新"和"变差为优"的行动，教学改革实质上是一个探索未知、不断尝试与调整的社会活动过程，在这一过程中，充满了不确定性，而不确定性就意味着改革的修正、调整和冒险。因此，对教学改革的伦理规约就是必要的。在教学改革过程中，每一个参与者首先应注意提高自己的素质，摒除个人私利；其次，要保证决策程序的公平和正义，形成合理规范的改革参与机制、运行机制和对话反馈机制；最后，还要注意改革的实质正义，真正使"为了学生的发展"落到实处，使学生的基本受教育权得到保障，享有应有的教育资源，保障基本的人权，确保学习的自由。

（二）教学改革的偏向

面对教学改革，不同的人有不同的偏向，这虽然可以理解，但一些偏向可能背离教学改革的初衷，导致教学改革的歪曲。

---

① 〔英〕约翰·洛克：《教育漫话》，杨汉麟译，人民教育出版社，1985，第22页。

1. 激进主义

由于对改革的承继性和长期性认识不足，所以在改革过程中极易产生激进主义偏向。激进主义是一种比较偏激的思想与价值选择，具有明显的二元对立或非此即彼的思维特点。它从根基上否定现存课程形态、秩序与制度的合理性，否认课程变迁的过渡性与阶段性，力求用某种被他们视为理想的格式，迅速、全面、彻底地取代现存课程形态、秩序与制度体系。激进主义信奉"先破后立、大破大立、不破不立"，遵循"革命、革命、再革命"的哲学，认为革命即进步，革命即真理，革命即合法。为实现其目标，激进主义设计的方法与途径是急剧的、"毕其功于一役"的、快刀斩乱麻的，认为非如此不能达到教学改革的预期目的和理想境地。例如，一谈到学生的自主就排斥教师的主导；一谈到能力发展就否定知识基础；一谈到合作学习就取消个体学习；一谈到学生探究就拒绝教师讲授。正是因为秉承这种"革命"的信念，激进主义往往起到"课程问题"报警器的作用，成为对抗保守主义的一服良药，能够以其特有的道德热情和社会责任感在短时间内"打动"和"俘获"民众，让教学改革摧枯拉朽、暴风骤雨般涤荡教育的每一个角落，唤醒人们的教改意识，激起人们的教改热情，审视因袭的习惯惰性，割断传统的脐带关联，把人们带入"打破一个旧世界，建立一个新世界"的美好憧憬之中。然而，也正是这种"革命"的思维方式，往往使激进主义不顾现实，忘却传统，抛弃经验，否定历史，背叛规律，使教学改革激情有余而理性不足，信心有余而耐力不足，前进有余而反思不足，从而陷入绝对主义、理想主义、权威主义的泥沼而不能自拔，走向秩序、传统与经验的反面而陷入孤立，最终导致教学改革脱离大众甚或引起民众的阻抗与拒斥。美好的乌托邦理想永远值得追求和向往，但它终究不是也不能代替现实及现实操作，因此，在看到激进主义"革命性"的同时，我们也应该看到其极端、激烈、急促的"革命性"而导致的"破而难立"的"短命性"。

2. 保守主义

与激进主义相对的是保守主义。保守主义固守传统，因袭经验，排斥"革命"，拒绝新思维，反对可能导致现有秩序分裂的变化，审慎地打量教学改革的一举一动，表现出希望维持现状的思想倾向，其本质是指"人们心目中的一种自然的性情，即抵制对习惯性生活和工作方式带来混乱的变化。换言之，它描述的是一种本质上或心理上的态度，是绝大多数人在日常生活中表现出来的一系列特性：习惯、惰性、恐惧以及好胜心等等"。① 例如，保守主义极力维护教师的权威地位，认为传授知识是教学的根本目的，对自主、合作、探究等先进理念持有戒备心理。杜威在谈到改革中的保守主义时曾经这样进行描述：对他们来说，一个理想的社会应该是固定不变和统一的，变动并不是他们所希望得到的东西，任何变化的事物都会引起混乱和冲突；他们坚持认为学校不应试图参与社会变革。出于这个原因，他们严厉地批评那些提倡建设性变革的现代思想，一致反对新的教学内容和新的教学方法，不愿意接受任何新的观念和新的思想；他们相信，教育的目的就是维持现状。② 保守主义就是以这样一种传统主义的表述和言说方式来对激进主义进行显性的抗争或不公开的抵制，表明自己"反对变革"的立场、原则和主张。正是这样一种立场、原则和主张，使得教学改革在偏离教学改革目的时能够迅速调整，在滑向极端主义的边缘时能够悬崖勒马，在革命洪流滚滚之时保持一份难得的清醒。但是，保守主义的"反对变革"，又容易导致故步自封、循规蹈矩、抱残守缺、眷恋历史、停滞不前，使得教学改革举步维艰。

3. 实用主义

与激进主义的抛弃经验、崇尚革命和保守主义的固守经验、反对变革不同，实用主义对教学改革既没有激进主义那般狂热也没有保守主义那般冷漠，而是"过分强调目标的定向性和手段的有效性，只急'功'近'利'（how to get utility）而不究里（why）"。③ 它只相信自己的"经验"，把"经验"当作应对教学改革的有力工具，主张有用就是真理，有利就好、有利才干，具有典型的功利主义色彩。在目标上，他们无视人的身心全面发展和可持续发展，重成才轻成人；在价值取向上，只顾眼前利益而无视长远利益，只顾经济利益而忽视道德伦理，只顾指标效

① 〔英〕罗杰·斯克拉顿：《保守主义的含义》，王皖强译，中央编译出版社，2005，第2页。
② 〔美〕约翰·杜威：《民主主义与教育》，王承绪译，人民教育出版社，2001，第79～91页。
③ 徐继存：《教学技术化及其批判》，《教育理论与实践》2004年第2期。

益而忽视内在质量；在行为上，无视教育发展和教学改革的基本规律，无视人的发展的基本规律，为了达到最终的结果而无视过程的公正性和手段的合理性；在结果上，经验第一，个人至上；等等。正是实用主义持"效用真理论"，使得教学改革能够面对现实而不流于"说得多，做得少"，能够在各种主义的纷争中"多谈些问题，少谈些主义"，能够让人从"是什么"和"为什么"的纠缠中摆脱出来而俯身关注"如何做"。但是实用主义的"效用真理论"也有致命的缺陷，它极容易使教学改革流于表面，陷入经验主义、操作主义、技术主义、工具主义、经济主义的危险。它的"有用"主张可能会导致不择手段、不讲原则；它的"有利"主张，可能会导致个人主义思想泛滥、唯利是图、损人利己。总之，实用主义只管当下不管未来，只管结果不管过程，只管"我"不管"他"的功利主义思想遮蔽了教学改革的真义，削弱了教学改革的价值，失去了人文的关怀，使教学改革成为"训练"的代名词，成为塑造"单向度的人"的工艺流程，这无疑是对教学改革伦理性的极大践踏和歪曲。

　　对教学改革进行合理的辩护，这本身并没有什么，而且值得提倡。但上述三种取向偏执一隅，夸大片面，以偏概全，超出了自己的合理性边界，对教学改革造成了一定程度的曲解，极容易使教学改革走入不确定状态，不得不引起我们的警觉和重视。

（三）直面教学改革

　　面对教学改革，我们应该以怎样的态度去看待它并采取什么样的应对策略呢？拥抱还是阻抗？悦纳还是拒斥？激进还是保守？真诚面对还是消极逃避？这些都是我们在教学改革中无法轻松绕过的问题。只有在这些问题上慎思、慎行，我们才能够在教学改革中确立自己的鲜明立场，获得恰切的身份认同，消解丛生的各种"主义"，解决实践中的种种困惑。

　　我们认为，对待教学改革须持一颗平常心。改革是社会进步的巨大推动力量，离开改革，我们就很难奢谈什么发展。可以这么说，改革既是社会发展的必然，也是一种正常的生活。教学改革自然也是教育发展和社会进步的必然和必需，尤其在改革呼声日趋强烈，改革热情日渐高涨，改革意识日益增强的今天。处在这样一个不断改革的时代，最佳的选择就是真诚地敞开心扉面对教学改革。如果以这样一种立足现实的立场来看待教学改革，我们也许就不会再把它视为正常生活的威胁和干扰，而是把它视为个人专业发展的机遇和挑战，自己日常生活的提升与创新。正如迈克尔·富兰所言："善于对待变革，就像正常工作的一部分那样，并非与最新的政策有关，而是作为一种生活方式。"①

教学改革的过程同时也是一个人的性格结构不断改变的过程，一个不断挑战自我、完善自我的过程。每个人除了具有某些惯常的精神状态之外，还具有一些变动不居的性格。一般说来，前者只要环境不发生变化，就是稳定的；后者则具有各种各样的可能性，特别是在周围的环境发生变化时，"那些分崩离析的要素将通过一种崭新的组合而形成一种全新的人格"。② 教学改革带来了许多全新的理念，这就要求改革参与者不仅扮演新的角色，还将随着学生学习方式的改变而重新建立自己的教学和管理方式，形成新的教学或管理技能，建立新的工作方式。面对这种全方位的革新和变化，以前的人格开始渐渐解体，这就需要对人格做出新的调整以适应变化了的环境。新的人格形成之时，就是实现"成长价值"之际。那时候，将如马斯洛所说的那样：人性更加完美，潜能得到发挥，追求更大的幸福、更深的宁静以及高峰体验，走向超越，获得对现实更丰富、更准确的认识，等等。如果参与者对课程改革没有足够的心理准备并做出积极应答，就会陷入迷茫而不知所措。改革者的畏难情绪和焦虑心理所引发的普遍不适心态和情感障碍，将严重影响其短期内在观念、角色定位和工作方式等方面做出积极调整，从而妨碍教学改革的顺利进行。新的人格和自我实现途径有很多，"但其中最有效的就是对一种强烈信仰的执迷"。③ 所以，改革参与者需要坚持教学改革的立场，坚定教学改革的信念。

当然，真诚地面对教学改革只是承认改革的必然性，不再回避和逃避改革；进行人格结构的改变只是进行角色的调整，坚定信念，做好迎接教学改革的准备。这两者只是表明了我们对教学改革的态度而绝不等

---

① 〔加拿大〕迈克尔·富兰：《变革的力量——透视教育改革》，中央教育科学研究所、加拿大多伦多国际学院译，教育科学出版社，2004，第33页。

② 〔法〕古斯塔夫·勒庞：《革命心理学》，佟德志、刘训练译，吉林人民出版社，2004，第51～52页。

③ 〔法〕古斯塔夫·勒庞：《革命心理学》，佟德志、刘训练译，吉林人民出版社，2004，第52～53页。

于说我们已经能够同教学改革融为一体而自如地享受它。在教学改革中，要想达到"沉醉不知归路"的境界，我们还需要采取正确而有效的策略。

首先，我们应当学会"适应"。既然教学改革不可避免，我们就要坦然接受这样的现实，并融入教学改革当中。我们无法选择存在，但我们可以选择存在的方式。"一味地抱怨，说个人承受得太多，说境况必须改变，这都无济于事。因为各种境况中的真正的工作也只能出自于自我存在的方式。……当我成为我所是的东西时，环境才得到蓬勃发展。"[①]所以，我们不可能等到一切条件都准备好了再去进行教学改革。改革历来都是在不断地创造条件中前进的。适应的程序是开始时要"顺应"，以后再寻找机会改变它；如果一开始就持"逆应"态度，与环境对立，则冲突难以纾解且对自己不利。当然，这里的"顺应"不是"从众"，而是建立在对现实清醒认识和理智判断的基础之上。

其次，寻找自我成长的乐趣。教学改革并不意味着旧世界的消失、新世界的建立，也不是意味着改革中的航标始终指明了正确的方向，而是意味着不可预测的艰难、难以估量的残酷、危机四伏的焦灼和手足无措的惶恐。"世界的现实性是无法回避的。经历现实中的艰难是达到我们自身的唯一道路。"[②]但个人如果能从品德、学养、工作、做人处事的态度方法，乃至生活内涵、生活情趣上不断自我发展，则内心总较他人充实，智慧总较他人圆通，容颜总较他人愉悦，欲念总较他人淡薄。这样，浸润在一种乐趣滋生、意义萌芽的心境中，艰难可能就会消除，残酷可能就会淡化，焦灼可能就会减弱，惶恐可能就会化解。

再次，要进入情景交融的美景。人有对现实的留恋，也有对理想的追求。驻足现实我们可以享受安逸，但我们可能难以享受幸福，因为，恒久的幸福来自对未来理想的不懈追求。有了理想便有了精神，有了精神便"可以抵抗一切有形或无形的冲击、抵抗时间的侵蚀而常驻人心，

---

① 〔德〕卡尔·雅斯贝尔斯：《现时代的人》，周晓亮、宋祖良译，社会科学文献出版社，1992，第 15 页。

② 〔德〕卡尔·雅斯贝尔斯：《现时代的人》，周晓亮、宋祖良译，社会科学文献出版社，1992，第 117 页。

给人力量并提升人的精神品位"。① 改革参与者如果能全身心地投入教学改革，在不回避现实的基础上超越现实，确立理想，并使理想变成现实，达到理想与现实的交融，那么他就进入了情景交融的美景。一旦进入这样的美景，教学改革就不再是负担而是收获，不再是苦役而是喜悦，一切因为教学改革而造成的角色不适与冲突自然也可以化解冰释。

最后，正确进行得失心的提升与转换。在这样一个功利的社会，改革参与者的生活情境与心灵的清静都难免受到贬抑或侵扰，原本清远宁静的得失心转趋活跃浮动，患得患失，各种角色冲突的心理困境就会出现。因此，一要洞悉得失的道理，懂得祸福得失的相倚相随，使心境开朗；二要使得失心提升，从低层次的生理、安全需提升为自我实现、求知求美的层次；三要进行得失心的转换，如从事各种有益的活动，从学生的成就中获取补偿心理或移情作用等。

面对不可逆转的教学改革，我们需要勇气，需要信念，但我们更需要智慧。下面这个故事，可能会给处于教学改革困顿中的我们打开一扇智慧的窗户。

> 很久以前，人类都赤着双脚走路。有一位国王到某个偏远的乡间旅行，因为路面崎岖不平，有很多碎石头，他的脚板被刺得又痛又麻。回到王宫后，他下了一道命令，要将国内的所有道路都铺上一层牛皮。他这样做不只是为了自己，他认为这样可以造福人民，让大家走路时不再受刺痛之苦。但即使杀尽国内所有的牛，也筹措不到足够的皮革，而所花费的金钱、动用的人力，更不知凡几。虽然根本做不到，甚至还相当愚蠢，但因为是国王的命令，大家也只能摇头叹息。这时一位聪明的仆人大胆向国王建言："国王啊！为什么您要劳师动众，牺牲那么多头牛，花费那么多金钱呢？您何不只用两小片牛皮包裹您的脚呢？"国王听了很惊讶，但也当下领悟，于是立刻收回成命，采取了这个建议。

据说，这就是"皮鞋"的由来。是啊，既然改变世界很难，那么我

---

① 夏中义：《大学人文教程》，广西师范大学出版社，2003，第26页。

们不妨从改变自己开始吧。

二　教学共识的达成

尽管人们都在进行教学，但对教学的理解事实上有很大差异。多少年来，教学理论界关于教学本质的各种观点和争论就充分反映了这一点。毋庸置疑，经过改革开放四十多年来西方教学思潮的洗礼以及我国教学改革的不断推进，传统上那种统一的、绝对的、统摄性的教学观念已经倾覆崩解了，取而代之的是相互激荡的各种教学观念，各自占有一定的市场。争议而非同意，思想的多样而非思想的统一，成了当下教学实践领域引人注目的现象。在杜威看来，一切社会运动都包含种种矛盾，而种种论争便是这些矛盾在理论上的反映。教育是一种重要的社会福利事业，如果在教育领域内不存在理论和实际的种种斗争，那就不是正常的现象了。当人们赞美大自然令人赏心悦目的千姿百态和无穷无尽的丰富宝藏时，并不要求玫瑰花散发出和紫罗兰一样的芳香，因此怎么能要求世界上最丰富的东西——精神——只能有一种存在形式呢？可以说，正是基于不同教学理解的教学行动，才展现了教学世界的丰富多彩。

（一）教学共识的必要

从总体上看，多种教学观念的相互激荡，不仅有助于消解各种教学观念各自很难自行消解的偏执，而且有助于诱发和强化各种教学观念的各自优势，形成相互补充、相得益彰的共荣局面。可是，如果多种教学观念相互之间缺乏最起码的认同基础，那么统一的教学生活秩序就会付之阙如，混乱的教学局面就会产生，学校的个性和特色就难以形成和彰显。没有共同的教学思想就没有共同的教学行动，没有共同的教学行动，就会导致教学虽然在进行，但难以构成整体性的影响力量。"价值取向的选择当然总是个体行动的选择，但是从主体间性的角度讲，这些选择在一个社会系统中不能是随机的。的确，社会系统维持生存的最重要功能的必要条件之一是在同一社会系统中不同行为者的价值取向必须被整合在一个共同的社会系统中……价值取向的共享尤为重要……所有这些分配过程的管理和功能的执行使得系统或次系统以一种充分整合的方式运转。如果没有一个角色定义的系统以及对服从与越轨的约定，那么上述管理和执行都是不可能的。"① 教学若要发挥整体性的影响力量，教学主体的思想就应始终通过某些重要的教学观念团结凝聚起来，除非每个教学主体都时常从同样的源泉中提取教学观念，除非每个教学主体都同意接受一定数量的现成教学信念，否则就不可能有效地达到这个目标。长期以来，伴随着我国社会转型和中西文化的交流和撞击，我们的教学似乎一直在传统与现代、中国与西方、城市与乡村、应试教育与素质教育、知识与能力、预设与生成、接受与建构中左右摇摆，根基不稳，方向不明，模棱两可，矛盾重重，质疑不断，困惑丛生。教学当然需要追求个性、差异和多元，但也需要追求一致和统一；教学的多元和统一永远是不可分割地联系在一起的。否定教学的多元，教学就可能成为非教育性的活动，成为某种机械的齐一化的训练；无视教学的统一，教学就可能成为非理性的活动，成为某种情绪的宣泄或任意的表演。因此，我们既不能用教学的统一化解和消融教学的多元，也不能用教学的多元去抵触和对抗教学的统一，而应该努力找到教学多元和统一的结合界面。在当下教学多元、差异表现异常突出的情势下，寻求教学基本理性，达成一定的教学共识就显得尤为重要和迫切。问题的关键在于教学共识何以可能？这是一个比教学共识的必要性更加复杂和困难的问题。

　　然而，在社会价值取向多元的时代，教学观念的抉择本身就面临极大的困境。一方面，决定人们教学行动的教学观念实际上都在选择某种教学，而无论多少教学知识的积累都不可能形成关于教学世界的全部知识，也就不可能构成关于教学的必然推论，因此，教学知识并不能完全证明某种教学观念的选择是正确的或错误的。虽然选择应该是理性的，但它们要受进行选择的实际教学内外部环境的规定和限制。西蒙指出："单一的独立的个人行为想实现高度的理性是不可能的。他要探究的方案的数量如此之多，他需要评价的信息量如此之大，以致即便是达到大致的客观理性也是难以想象的。"② 另一方面，对于任何一个教学主体来说，他几乎不可能具有一个递进性的偏好排序；即使在某个特殊时刻是

---

① 〔英〕齐格蒙特·鲍曼：《作为实践的文化》，郑莉译，北京大学出版社，2009，导言第 17 页。

② 转引自〔美〕威廉·N. 邓恩《公共政策分析导论》，谢明等译，中国人民大学出版社，2011，第 280 页。

可能的，也是很不稳定的。因为教学价值体系中并不存在一种绝对的最高价值，而常常是多种价值并列为最重要的价值，几乎无法分出上下高低，因而必然造成许多无法两全的困难选择，或者难以比较的选择，如对于知识与技能、过程与方法、态度情感和价值观的评判与抉择。既然存在这样的两难处境，就不可能绝对地证明哪种教学观念是最可取的或最应该放弃的。这是在教学思想领域内无法克服的。① 因此，面对复杂多样、相互激荡甚至相互对立和冲突的教学观念，我们不能随意或执意地确定某一种教学观念并通过一定的途径转化为教学共识，否则就是对教学主体多元价值取向的蔑视，而由此达成的所谓教学共识也就成了教学极权主义（totalitarianism）的意识形态，教学主体就会患上"禁锢恐惧症"，这在根本上是背离民主社会发展方向的。尽管如此，这并不意味着教学共识的不可能，也不是说根本不存在一种相对合理的解决。

任何教学实践都是在一定的具体的历史条件下进行的，教学实践的历史性决定了教学实践的承继性，而历史性本身蕴含着时代性，因而教学实践又必须恰当地反映和体现时代精神。教学实践应该而且能够推动人类历史的进步和社会的文明，追求人类福祉，体现国家和民族意志，但又不能以贬损个体人格和尊严为代价，必须满足个体正当的发展诉求，符合个体身心发展规律和特点。教学价值多元并不意味着教学价值虚无，教学观念杂多并不意味着怎么教学都行。否则，教学就失去了方向，没有了路标，也看不见目的地，犹如置身广袤无垠的沙漠之中，教学主体就会患上"沙漠恐惧症"。千百年来，正是人类对教学实践基本理性的这种追求和认可才厘定了教学的性质，规定了教学发展的基本方向，确保了教学之为教学的根基，这是我们达成教学共识，采取共同教学行动的前提，也是我们评判各种教学理论、观念的基本标准和依据。可见，教学共识的达成不仅是必要的，也是现实可行的。

（二）教学共识的复杂

我们固然应当充分认识到教学观念作为超感觉的东西具有自身的相对独立性，会对人们的教学实践产生多方面的影响，"一切已死的先辈们

---

① 赵汀阳：《民主的最小伤害原则和最大兼容原则》，《哲学研究》2008 年第 6 期。

的传统，像梦魇一样纠缠着活人的头脑"。① 但从根源上讲，教学观念乃是教学实践以及人们在这种实践活动过程中形成的教学关系的反映或折射，教学实践是教学观念变化和发展的终极源泉，对教学观念具有基础性的意义。因此，教学观念既不能仅仅从它们本身来理解，也不能简单地从所谓人类精神的一般发展来把握。马克思指出，"人的思维是否具有客观的真理性，这不是一个理论的问题，而是一个实践的问题。人应该在实践中证明自己思维的真理性，即自己思维的现实性和力量，自己思维的此岸性。关于思维——离开实践的思维——的现实性或非现实性的争论，是一个纯粹经院哲学的问题"。② 人类发展的历史和现实都已证明：如果想成功地解决问题，就必须对真正的问题找到正确的方案。我们经历的失败常常是因为解决了错误的问题，而不是因为我们为真正的问题找到了错误的解决方案。要解决教学观念的对立和冲突，达成必要的教学共识，就不能在教学观念本身的阈限内划界线或兜圈子，而必须将教学观念作为教学实践基础上的思想客体来考察，努力寻求教学观念的客观性。在很多具体境遇中，教学共识达不成，正是因为我们把它看成了纯粹认知和认识的任务。

教学观念的客观性不是教学实例，更不是教学的枝节末论，而是教学观念的存在之根，即客观教学事实。教学客观真实的情况不能靠举例来说明，也不能靠罗列教学现象，而必须把握教学事实的总和，而这就需要把辩证法作为认识论和方法论。列宁曾强调，"在社会现象领域，没有哪种方法比胡乱抽出一些个别事实和玩弄实例更普遍、更站不住脚的了。挑选任何例子是毫不费劲的，但这没有任何意义，或者有纯粹消极的意义，因为问题完全在于，每一个别情况都有其具体的历史环境。如果从事实的整体上、从它们的联系中去掌握事实，那么，事实不仅是'顽强的东西'，而且是绝对确凿的证据。如果不是从整体上、不是从联系中去掌握事实，如果事实是零碎的和随意挑出来的，那么它们就只能是一种儿戏，或者连儿戏也不如"。③ 关键是，怎样才能把握教学事实的总和呢？或者说，怎样才能从整体和联系中把握教学事实呢？我们认为，

---

① 《马克思恩格斯选集》（第1卷），人民出版社，2012，第669页。
② 《马克思恩格斯选集》（第1卷），人民出版社，2012，第134页。
③ 《列宁全集》（第28卷），人民出版社，1990，第364页。

最根本的是要抓作为教学矛盾聚焦点的事实，只要抓住了这些事实，就抓住了教学事实的总和。作为教学矛盾聚焦点的事实可分为三类：一是最简单、最普通的教学事实，这类教学事实能够反映教学的基本属性和基本矛盾；二是反常、异常，似乎不可理喻的教学事实，此类教学事实能够反映教学的尖锐矛盾，往往是其病根所在，是问题的关键所在；三是不断出现且日趋增长并具有一定普遍性的教学事实，这类教学事实常常蕴含新教学的萌芽，预示着教学矛盾的发展趋势。通过对这些客观教学事实进行追根溯源的考察，一些教学观念就会得到确证或部分确证，另一些教学观念就可能被否定或部分否定。严格讲来，只有充分反映客观教学事实或得到客观教学事实确证的教学观念才有资格成为教学共识，而这样的教学观念很可能已经不是某一种教学观念，而是多种教学观念相互吸收和融合的产物了。由此看来，教学共识的达成过程，实际上就是基于客观教学事实的教学观念整合和重构的过程，也可以说是一种创造性的转化过程。所谓创造性的转化，在这里就是指将一些教学观念及其相应的教学行为模式筛选出来，加以重组或改造，使经过重组或改造的教学观念及其相应的教学行为模式，变成有利于革新教学的资源；同时，使这些经过重组或改造的质素或成分，在革新教学的过程中，进一步得到贯彻和落实而获得新的认同。可见，教学共识的形成过程并不是一个单纯的教学观念的阐释过程，而是一个教学实践不断选择和创造的过程。

在当今世界，人类的教学实践不可能认同和奉行同一种教学共识，因为作为这种教学共识的统一的教学主体是不存在的。且不说不同国家、不同地区、不同民族的教学主体存在巨大的差异，即使同一个国家、同一个地区、同一个民族甚至同一个学校的教学主体也都是现实的、具体的，存在诸多的不同是最基本的事实。教学共识不是脱离教学主体的教学观念而独立存在的抽象共相，而是在教学改革与发展过程中，在教学主体的相互沟通和交流中逐步形成的；教学共识是历史的、变化的、有条件的，它不可能是绝对的，而是相对的。教学共识的相对性意味着它不只是一个词语、一个空洞的概念，而是一个具体的概念，是与具体性密不可分的具体共性，不可能脱离使用者的国家、地区、民族和学校的实际状况，更离不开丰富多样感性的现实教学主体。因此，教学共识不是约定的，不是少数教学主体的意志或教学理论家的发现，也不是逻辑推理的结果，更不是伦理学中的应然或"绝对命令"，而只能是教学主体共同坚守的教学"底线"。这种底线是对教学基本理性的尊重，也是捍卫教学之为教学的前提和保证。具体到实际的学校，教学共识既是对学校教学改革与发展成果的一种积极肯定，也是学校未来教学改革与发展的一种美好愿景。所以，对于教学主体来说，教学共识不应是一种约束和钳制，完全可以成为反思和改进自身教学的一种方向和参照。

尽管如此，教学共识的达成也绝非易事。因为，每一个教学主体都是从自己出发从事教学实践活动。马克思指出："对于各个个人来说，出发点总是他们自己，当然是在一定历史条件和关系中的个人，而不是思想家们所理解的'纯粹的'个人。"他强调："在任何情况下，个人总是'从自己出发的'。""他们是如他们曾是的样子而'从自己'出发的。"① 在现实的教学环境中，教学主体总是根据自己的需求、能力、知识以及所处的教学关系、教学条件等出发来进行教学活动，都会努力展示自己的主体力量，维持自己的生存与发展，维护自己的尊严和人格，并据此来理解自己教学活动的地位和价值，形成自己的教学观念。这种教学观念可以是言表的，也可能是缄默的教学知识和信念，但显然未必为所有教学主体所理解和共享。要达成教学共识，教学主体不仅需要有对教学基本理性的一致认识，还必须面对共同的教学问题，并有着相同的需要和利益以及相容的认识立场和方法。孔德指出："认识一致是人类任何真正结合所必需的基础，这一结合又与其他两个基本条件有相应的联系：感情上的充分一致，利益上某种相通。"② 可是，现实教学环境中的教学主体之间常常不能协调一致，而是充满分歧或冲突。对于每一个教学主体来说，教学共识的达成本身就是一种挑战，它意味着对个体教学观念的反思和改造，甚至颠覆和重塑，因而也是一种自我的规限和克制。为使冲突的教学主体双方或多方在相互妥协的基础上达成一致，产生共识，首先，要搭建平台，创造条件，以形成教学主体之间的视界融合，即要求参与对话的教学主体将其个人的视野转换到所有参与的教学主体的视

① 《马克思恩格斯全集》（第3卷），人民出版社，1960，第86、514、515页。
② 〔法〕奥古斯特·孔德：《论实证精神》，黄建华译，商务印书馆，1996，第19页。

野上来，培养教学主体的集体意向性，奠定教学共识的基础。塞尔认为，集体的意向性在我们的生活世界中是常见的，对于我们的生活来说是"实用的而且确实是本质性的"，它是"一切社会活动的基础"。① 其次，要有利益共享、共赢的教学制度保障，即形成互惠性的教学合作体系，协同发展，荣损与共，同舟共济，建立起教学主体之间的信任关系，走出"囚徒困境"，实现"囚徒梦想"。最后，要养成自觉反思的习惯，学会自我调整，即要求每一个教学主体必须去除私利，从教学长远、大局和整体利益出发，以开放的心态，尊重差异，包容多样，相互沟通，平等对话，才有可能求同存异，达成教学共识。

（三）教学共识的实现

教学共识如果仅仅停留在精神领域内和观念形态上，虽然可以观念地充实教学主体的精神力量，但不能实际地弥补教学主体实践力量的匮乏。要真正实际地发挥教学共识的力量，就必须把教学共识由教学观念的理性转化为教学实践的理性，把教学共识的力量由精神的观念的力量转化为现实的教学实践的力量。教学共识的达成不是一蹴而就的，而教学共识要进入教学主体无意识领域，变成一种情感也要经过很长的时间；不仅如此，教学主体既有的教学观念也常常会故态复萌，动摇和削弱已经达成的教学共识。因此，教学共识的贯彻和落实显然不能仅仅靠某种善良的教学意志和美好的教学愿望，还需要将教学共识凝结为相对稳定、规范的教学制度和行为习惯。克利福德·格尔兹指出："宗教思想、道德思想、实践思想、美学思想也必须由强有力的社会集团承载，才能产生强大的社会作用。必须有人尊崇这些思想，鼓吹这些思想，捍卫这些思想，贯彻这些思想。要想在社会中不仅找到其精神上的存在，而且找到其物质上的存在，就必须将这些思想制度化。"② 我们知道，儒家思想之所以在诸子百家中独领风骚，成为我国历史中的主流文化，根本原因即在于它的制度化。正是在汉代以来历代王朝统治者的政治干预和儒家知识分子的积极参与下，儒家思想被落实为社会生活各个领域的制度安排，

---

① 〔美〕约翰·塞尔：《心灵、语言和社会》，李步楼译，上海译文出版社，2006，第 117 页。
② 〔美〕克利福德·格尔兹：《文化的解释》，纳日碧力戈译，上海人民出版社，1999，第 359 页。

形成儒家思想的信仰体系与一体化的社会制度安排，儒家思想成为不以人的意志为转移的塑造、支配社会生活的巨大物质力量。陈寅恪先生曾深刻地指出："吾中国文化之定义，具于《白虎通》三纲六纪之说……夫纲纪本理想抽象之物，然不能不有所依托，以为具体表现之用；其所依托以表现者，实为有形之社会制度，而经济制度尤其最要者。故所依托者不变易，则依托者亦得以保存……近数十年来，自道光之季，迄乎今日，社会经济之制度，以外族之侵迫，致剧疾之变迁；纲纪之说，无所凭依，不待外来学说之掊击，而已消沉沦丧于不知觉之间；虽有人焉，强聒而力持，亦终归于不可救疗之局。"①

尽管在教学制度发生变革之前，可以开展广泛的思想启蒙运动，传播一些先进的教学思想观念，经过一定的途径和手段，也可以达成一定的教学共识。但是，这种教学共识往往只有通过并落实为现实的教学制度设计和安排，才能对教学实践产生直接的影响，成为变革教学的现实力量。作为教学实践秩序规则系统的教学制度既然直接规范和约束着教学主体的教学行为，那么我们就可以将教学制度理解为教学主体的集体行动控制教学主体的个人教学行动的系列行为准则或标准。"如果我们要找出一种普遍的原则，适用于一切所谓属于制度的行为，我们可以把制度解释为'集体行动控制个体行动'。"② 通过反复的规则训练，教学主体逐步理解和接受新教学制度体系所体现的教学价值导向，并逐渐将其内化为自己的教学思想信念。当新的教学制度所蕴含的教学共识，逐步转化为教学主体共同的教学观念，转化为教学主体集体认同的教学信念，转化为教学主体共同拥有的教学理解和适应现实教学世界的符号系统时，教学共识便真正超越了观念意识层面，走向了现实形态。在教学日趋制度化的今天，教学制度直接决定着教学发展的现实空间，教学制度的性质、结构和内容不同，它所构成的教学共识的实现空间便不同。好的教学制度可以有效地推进教学共识，形成教学集体；坏的教学制度则助长教学的个人主义，背离教学共识，容易使教学行为扭曲和变形。这就需要我们必须充分认识教学制度建设对于推进和落实教学共识的意义，注

---

① 陈寅恪：《寒柳堂集·寅恪先生诗存》，上海古籍出版社，1980，第6~7页。
② 〔美〕康芒斯：《制度经济学》（上册），于树生译，商务印书馆，1997，第87页。

意加强与教学共识协调一致的教学制度的设计和安排。

如果说教学共识在一定程度上提供了对过去和当下教学的理解，以此指导教学主体统一的教学行动，那么这种教学行动则体现了教学共识的转化，使教学共识融化在教学主体对未来教学的创造之中。但是，教学共识和教学行动以及过去、当下和未来的这种统一要有一个前提保证，即统一的教学主体的存在。如果没有这个前提，就会使教学共识和教学行动分属两部分，难免形成难以协调的矛盾："这是其生命活动决定着实践的男女大众与掌握着理论的少数男人女人之间的关系。"① 于是，在现实的教学实践中，"统一"往往异化为"一方支配另一方"：或者是教学共识支配教学实践，即某些教学主体意志操纵另一些教学主体的行动；或者是教学行动支配教学共识，即教学共识成为某些盲目教学行为的附庸并充当为其辩护的工具。这种"统一"打破了既有的教学共识，也造成了集体教学行动的困境，不仅不能使双方互补而相得益彰，反而会使双方失去钳制而造成危害。当前，对于正致力于教学改革与发展的学校来说，如何通过建立和健全新的教学制度体系，达成并落实一定的教学共识，催生出体现时代精神的教学文化，并为教学主体精神世界的不断丰富和提升，创设良好的氛围，培植适宜的土壤，就成为具有深远意义的重要课题。

---

① 〔美〕R. L. 海尔布隆纳：《马克思主义：赞成和反对》，易克信、杜章智译，中国社会科学院情报研究所，1982，第51页。

第十二章　教学制度的创新

　　教学制度因教学活动而存在，教学活动的进行需要教学制度的保障。教学制度的规范性、公共性、稳定性和现实性与教学活动的创新性、个体性、动态性和可能性相互规定，相反相成。只有在以人的发展为旨归的教学终极关怀中不断走向辩证统一，才能倡导教学民主，保障教学自由，涵养教学情怀，塑造教学生活，促进教学发展。如此，教学制度不仅是教学活动的一般前提与外在环境，而且是直接构成教学活动的一个重要内生变量。随着基础教育课程改革的不断推进，教学制度引起了人们越来越多的关注。可是，如果对教学制度的基本性质没有全面的理解，对教学制度与教学活动的关系不能进行正确的把握，就会在教学制度创新和建设过程中引起思想上和行为上的混乱，导致教学制度难以成为课程改革和教学发展的推动力量。教学制度创新既是教学改革顺利进行的保障，也是教学改革的题中应有之义。进行教学制度创新，加强教学制度建设，不能凭主观意志，随意而行，必须有科学的、正确的指导思想。我们的教学制度创新应该从实际出发，走自己的路。在教学制度创新的具体过程中，确立"推己及人"，"己欲立而立人，己欲达而达人"，"己所不欲，勿施于人"的"仁道"意识，真正做到以人为本、以人为目的。

一　教学制度的性质

　　教学制度不仅是教学活动的一般前提与外在环境，而且是直接构成教学活动的一个重要内生变量。随着基础教育课程改革的不断推进，教学制度引起了人们越来越多的关注。但如果对教学制度的基本性质没有全面的理解，对教学制度与教学活动的关系不能进行正确的把握，就会在教学制度创新和建设过程中引起思想上和行为上的混乱，导致教学制度难以成为课程改革和教学发展的推动力量。

（一）教学制度的规范性

教学是一项有计划、有组织、有目的的培养人的社会实践活动，为了保证教学促进人的发展目的的达成而不至于走向非人性的歧途，就需要一定的教学制度来规范。一般来说，这种规范作用主要表现在：在教学准备过程中，要落实教学目标的确定与陈述、教学材料的处理、教学行为的选择、教学组织形式的确立以及教学方案的形成等；在教学实施过程中，既要做到教学方式适当、教学目标达成、学生个性得到发展，又要做到教态得体、语言生动、板书简洁、教师个性得到展示；在教学管理过程中，要创设宽松的教学环境，构建民主、平等的新型师生关系；在教学评价过程中，实施发展性评价，注重学生的全面发展和教师的专业成长；在教学研究过程中，实施基于"经验"的反思性教学和基于"问题"的校本教研，提升教师的整体素质。所以，教学制度是教学活动顺利进行的基础和前提条件，不仅能够调节教学关系、规范教学行为、提高教学效率、提升教学质量、达成教学目标、促进教师专业成长，而且为教学检测和教学评估提供了客观的依据。但也许是由于人们过分地注重教学制度对教学活动的规范作用，许多教师往往把教学制度当作钳制教学思想，遮蔽教学个性，限制教学自由的否定性力量，甚至把教学制度理解成"压制"、"强迫"甚至"奴役"的代名词，从而把自身限于既定教学制度规约的框架内，故步自封，循规蹈矩，不敢越雷池一步，逐渐失去教学制度创新的意识。也正是由于将教学制度看成凌驾于教学活动之上的外在强制力量，许多教师往往对教学制度产生阻抗、拒斥甚至厌恶心理，从而希望在教学活动中摆脱教学制度的限制而无拘无束地展示和发挥自我。显然，完全否定教学制度的规范作用，教学活动必然面临更大的风险，教学准备就会难言充分，自主探究就可能变成放任自由，对话合作就可能流于形式，教学评价就可能无所凭依，教学秩序就可能混乱不堪，教学效率就可能大打折扣，教学目标就可能难以达成。所以，尽管教学制度对教学活动总是表现为一种规范性力量，但恰恰是这种规范性力量成为保持、发展教学活动的基本条件和保障。

没有教学规范作保障的教学活动是不可想象的，但过于倚重教学规范的教学活动也是不可思议的。假如一味强调教学制度的规范性，教学活动便会出现模式化和程式化的危险，从而使课堂教学变得机械、沉闷和乏味。实际上，现实的教学活动中存在许多偶然的事件或现象，这些教学事件或现象因为复杂系统的"蝴蝶效应"而具有一定的必然性。因此，教学活动不可能总是像轨道上的火车一样以预设的教学过程和预期的教学效果线性发生，其间总是伴随着所谓的"噪音"——无序、偶然事件。有时恰恰是这些与预设背道而驰、与精彩不期而遇的"噪音"，更能让人感受到教学的真实世界，更能体现教学的生成魅力。在这种教学中，教师不再机械地执行详细而完整的教案，而是根据教学情境随时调整教学活动和进程；教材不再被当作金科玉律准确无误地宣读，而是能够根据学生的需要加以补充和舍弃；教学过程不再像工厂枯燥的流水线，而是有着一些意外、一些等待，甚至一些中断以及在这种意外、等待、中断的情景中师生智慧、情感的真切流露；教学氛围不再是刻意营造，而是在相互理解、彼此尊重、共同合作的活动中自然形成；教师不再威严地囿于三尺讲台，而是以朋友的身份走到学生中间，给予他们关怀和帮助。这样的教学显示的不只是教师的"独角戏"，而是师生合奏的"共鸣曲"，共同感受到生命力量的涌动和生命质量的提升。倘若失去了教学创新，教学便会变得空洞、机械、教条和僵化，毫无灵性可言，学校也不再成为师生生命守护的精神家园；倘若失去了教学创新，教学也就不再是追寻自我的教学，教学意义和教学个性亦会随之湮没。较之于教学规范，教学自由更能够有效地解决课堂教学中出现的教学问题，生成教学智慧，提升教学境界。

作为一项教学权利，教学自由理应得到尊重。没有自由、自觉的教学思考、理解、选择和行动，就不可能真正形成教学愿景，不可能真正理解教学内容，不可能真正构建教学关系，也就不可能承担教学伦理的义务。但在学校这样一个制度化组织中，处在一定教学规范中的教师必然得不到完全没有约束的教学自由，教学制度是其必然的遭遇，教学活动是一种在教学制度规约下进行的活动。教学制度与教学自由这两者看似是矛盾的、对立的，其实不然。一项完整意义上的教学制度主要是由教学价值准则系统、教学行为规则系统和教学保障规程系统等组成的，并且教学价值观念是教学制度生成的内在核心要素。所以，教学制度并不只是机械的纯粹的见之于文字的教学规则，在其背后总是蕴含着一定的教学价值取向。既然教学是以促进人的发展为根本目的的活动，服务于教学活动的教学制度便具有与之一致的价值取向。既然是以促进人的发展为目的，教学制度就不应该是对教学行为的强制性规定和刚性约束，而是一种使教学活动富有价值的行为导引，它只是对教学行为做了最基本、最起码的"原则性"的规定，至于在具体的教学活动中，教师"教什么""怎么教""何时教"等，则取决于教师对教学活动的理性判断和教学过程的实际需要。从这个意义上说，教学规范只是教学制度的工具价值，教学自由才是教学制度的目的价值，教学规范的目的是杜绝极端个人主义而保障大多数教师的教学自由。正如下棋一样，遵循一定的游戏和比赛规则是参与下棋活动的基本前提，但要成为双方之中的胜者，仅仅遵循规则显然是不够的，它同时需要参与者创新性地运用规则。因此，学校必须树立"以人为本"的意识，加大教师专业自主权，真正发挥教师自身的主体地位，使教师自觉地认识到，教学制度创新是创造性教学活动的必要内容和必然结果，也是衡量教学活动创造性的主要标志之一，从而确立起自己不仅是教学活动的主体，更是教学制度建设主体的基本观念。当然，对教学自由的理解，不能仅仅局限于行动，对于教师来说，思想和精神上的自由更值得期待和追求，因为教学是一项精神性活动，精神乃是教学的"魂"之所在。若失去"魂"，教学何存？

（二）教学制度的公共性

教学活动依托教学制度这根纽带，把整个教学要素整合、凝聚在一起，使彼此间的交往有章可循，并使教学关系具有一定的稳定性和可预期性。如果没有教学制度的存在，教师和学生都将失去自身的规定性，教师和学生就会变成现代版的鲁滨孙，整个教学活动就将沦为散沙状的群集。由此可见，教学制度是维护学校教学生活的准则，具有一定的公共性。教学制度的公共性意味着教学制度对教学活动的调整不是个体的，而是群体的，不是特定的，而是普遍的，如同马路上的红绿灯，具有符号化、超人格的特点。教学制度适用范围内的所有教师和学生一律平等，如果不能在所有的教师和学生之间普遍推行，它就会因失去约束性和强制性而逐渐失去权威性，最后流于形式。"维特根斯坦曾对遵循规则作了考察，并着重肯定了制度的普遍性和公共性：'仅仅一个人只单独一次遵守规则是不可能的。同样，仅仅一个报道只单独一次被报道，仅仅一个命令只单独一次被下达，或被理解也是不可能的。——遵守规则，作报告，下命令，下棋都是习惯（习俗、制度）。'制度作为行动的规则和行为的规范，不限定于特定个体或特定情景，这里的习惯与习俗、制度相联系，也包含普遍性与公共性之义。"① 所以，对我们来说，遵守一定的教学制度，不是一个选择性的行为，而是一个不得不服从的行为。然而，现实的教学活动又是基于教师个体的教学活动。要实现促进人的发展的教学目的，就要把教学落实到每一位教师的具体教学过程中，而教师作为主体性、目的性的存在，在其直接性上总是表现为一个个具体的独特的意义单元。在班级授课制的组织形式下，教师在特定的时间和空间中以学科教师的身份进入学生的视野，学生感受到的也是以个体形式出现的具体化的教师。在这样的教学过程中，"每个教师都是从自己出发去从事教学活动的，这是教学作为人类特有的社会活动的一个基本特点。'从自己出发'能力、知识以及个人所处的教学关系、教学条件等因素出发来进行教学活动，都会努力维持自己的存在和发展，努力维护自己的尊严和人格。逐渐地，教师个人产生和发展了一种自我的教学感觉或自我的教学观念。每个教师都通过自己的教学活动来自我确证、自我发展甚至自我改造"。②

尽管教师的工作方式是个体性的，但教师的工作性质却带有极强的公共性色彩。因为，教师的教学活动不仅担负着向学生传承知识、培养智能、涵养品性、助长生命的神圣职责任务，还承载着社会教化与精神启蒙的文化使命。假如我们只承认教学的个体性而忽视教学的公共性，教师的视野将固守在所教的学科、所在的课堂，教学活动将失去其应有的魅力、价值、意义和责任。对此，佐藤学曾指出："丧失了'公共使命'的教师的工作，只能是竭尽全力也无以为报的'朦胧的杂务'。……教师职业的三大特征——回归性、不确定性、无边界性，一旦丧失了'公共使命'这个大支柱，都会起着强化'朦胧的杂务'性质的功能。丧失了公共使命的回归性，使得教师的职业意识封闭在纯粹主观的内在意识里而私事化；丧失了公共使命的不确定性使得教师的工作置换为谁都能从事的工作而非专业化；丧失了公共使命的无边界性使得教师的职业生

---

① 杨国荣：《认识与价值》，华东师范大学出版社，2009，第38页。
② 徐继存：《个人主义教学及其批判》，《课程·教材·教法》2007年第8期。

涯变为琐碎事务的堆积。"① 所以，只要承认教学是一项公共性的活动，教师的教学生活就不能只限于"后台"的私人空间，而应该走向"前台"的公共生活。进入公共生活，教师的教学权利与义务就理应受到一定程度的限定，教学行为就应该受到一定程度的规约，从而既可以防止教学个性的过度张扬，又可以促进教学个性的有效生发。这同时也意味着教学制度与个体意义上的教师及其教学活动不再彼此悬隔，毫无联系。因为，一方面，教学制度要在教学活动当中存在和发挥作用，必须基于教师的接受、认同和选择，否则便是一纸空文；另一方面，教师接受、认同和选择一项教学制度，绝不是取决于教师的个人爱好，而是取决于维护教学生活的"公共理性"。因此，既不能把教学制度视为悬挂在墙壁上的装饰物，也不能视为摆设在办公桌上的点缀品，而应该视为铭刻在教师心中的制度意识和制度情怀；不要忙于运用高明的、精湛的技艺手段去完善教学制度体系本身及其配套规则，而是要把教学制度包含的静态规则内化为教师的精神操守、道德自律和生命自觉。倘若如此，教学制度影响下的教学生活，既是一种有境界的生命自觉的生活，也是一种有创新的个性化的生活，一种有德性的公共生活。

（三）教学制度的稳定性

既然教学制度具有超越教师个体的公共品质，是对教学活动普遍性的一种把握和持有，教学制度无疑就需要具备稳定性。首先，教学制度不是根据个人喜好任意选择和随意设定的，而是建立在对教学活动深刻理解和把握的基础之上。如果朝令夕改，教学关系的稳定和教学结构的完整就难以得到保证，教师就会无所遵从，教学秩序就会混乱，教学冲突就会频发。其次，教学制度的内容具有一定的确定性，在一定的教学时间段、一定的教学环境中，教学制度的内容是相对稳定的。尽管有时候也允许教学制度主体根据现实情况和理性反思对教学制度进行修订、补充或完善，但这并不是说教学制度可以随意变更。最后，教学制度的稳定性是教学制度的规范、约束等作用得到发挥，教学制度的优劣得到检验的基础和条件，如果教学制度丧失了稳定性，人们就不可能对其做出正确的评价和判断，进一步的教学制度选择以及变革也就很难进行。

---

① 〔日〕佐藤学：《课程与教师》，钟启泉译，教育科学出版社，2003，第269页。

所以，教学制度一经确立和确定，就会在一个相当长的时期内保持相对的稳定性和持续性。正因为教学制度的相对稳定性和持续性又极有可能导致教学制度的惰性和惯性，不能随教学关系改变而改变，落后于教学活动的变化，从而成为教学发展的保守力量和障碍。

较之于教学制度的稳定性，现实的教学活动总是丰富多彩，充满了未确定的动态性。在人为的和为人的教学活动中，人与教学活动是融为一体的，教学活动成了人建构起来并寓于其中、渗透于其中的有意义、不断流变的整体。教师作为一种能动的存在，通常会按照自己的施教风格，采用自己认同的教学方式，把自己所领会的教学意图贯彻到教学活动中。同样，不同的学生在教学活动中所形成的体验也各不相同，甚至迥然相异，再加上影响和参与教学活动的因素复杂而多变，这就决定了教学活动存在生动可变性和多种可能性。所以，现实的教学活动绝不是"如果……那么……"的逻辑演绎，也不是按图索骥的标准化的操作流程，更不是被知识淹没的连续性过程，而是面对未知、面向未来的非连续性的智慧之旅和探险之旅。面对动态的教学活动，具有稳定性的教学制度该何去何从？是选择约束教学活动还是进行教学制度创新以适应和引导教学活动？显然后者更具有可行性。因为在教学活动的非连续性的动态过程中所涌现出来的"危机""遭遇""唤醒"等，较之于固定的知识来说更具有独特的教学价值，甚至是更鲜活的教学价值。博尔诺夫曾指出，危机往往与人生的新起点紧紧联系在一起，人通过危机可以获得真正的自我，树立稳定的、不怕任何外来影响的、对自己负责的态度；遭遇是人无法回避的，也是不应当回避的，通过对人在遭遇中发生的转折进行探讨就可以发现人的真谛，了解其内心；唤醒就是激活处于沉睡状态的道德意识，通过唤醒可以使人有可能真正认识自己和自己所处的世界，同时也可能理解自己存在的处境、生命的历史和未来的使命，使自己成为具有自我意识和充满生命希望的人。[①] 所以，当教学活动中出现了促进学生发展的新变化后，我们就应该以一种积极的态度认真面对。可能一开始新的教学形式和教学行为难以接受，但经过多次"重复"形成

---

① 〔德〕O. F. 博尔诺夫：《教育人类学》，李其龙等译，华东师范大学出版社，1993，第8～13页。

"相对固定的样态"，并在价值观念上得到认可后，教学制度就应当为此做出新的调整和安排。所以，我们不能只看到教学制度对教学活动的单向作用，而忽视教学活动对教学制度的价值，实质上，在教学制度保障教学活动顺利进行的同时，教学活动也在调节和完善着教学制度。如此看来，尽管教学制度一经确立会表现出一定的稳定性和持续性，但从发展的观点来审视，它也是在不断地变化中存在的。人为地延长一项教学制度的生命周期只是不切实际的一厢情愿，到头来只会破坏教学关系的均衡，影响和阻碍教学的正常发展，我们应当适时、适宜地根据变化了的教学关系，修正不合适的教学规则和要求，只是既要积极主动，又要谨慎从事；既要考虑必然性，又要考虑可行性。

教学制度具有稳定性，但稳定性也可能带来教学制度的惰性。为了尽量避免这种消极影响，在教学制度的创新和实施中尤其需要发扬"民主"精神，这既是保障教学自由、促进教学创新的保证，又是进行制度认同、塑造教学生活的前提。在教学制度创新过程中，只有遵循民主原则，教学活动的人本、自由、创新等才能成为教学制度的根本宗旨和目标，教学活动的"制度意识"才能得以确立和养成，教学制度的程序公正和实质公正才能得到真正落实。在教学制度实施过程中，民主精神的保有，意味着教师的教学生活为生命价值的追求与教学幸福的获得而焕发活力，从而促使教师专业意识和个人生命意识的觉醒；意味着通过对不同个体的尊重和理解，为民主意识的形成与增强、民主参与能力的提升提供现实土壤的空间；意味着教师能够时时展开对具体教学行为的反思和批判，在不断剖析中重建自我，筹划未来，完善职业生涯。这样，教学制度便会成为教师自己的教学制度，而不是外在于教师的教学制度。当民主不仅寄寓于教学制度本身，而且转变为教学活动之中的民主精神时，民主就不仅成为教师的一种思想方式，还是教师的一种生活方式。

（四）教学制度的现实性

人们自己创造自己的历史，总是在既定的、制约着他们的环境中，在现有的现实关系的基础上进行创造。教学制度也是如此，它在本质上源于人们教学活动的实际需要，是为特定的教学关系、教学结构和教学群体而设定的，所以教学制度具有一定的现实性。这种现实性主要体现在三个方面：一是教学制度总是与特定时期的国情、地情、校情相联系，不存在放之四海而皆准的、超越和脱离现实教学的抽象的教学制度；二是教学制度必须具有实际的可操作性和可行性，既不能因教学制度主体随意解释而失去权威性，也不能因教学规则之间相互抵牾而失去逻辑性，更不能因过于理论化和理想化而失去实践性，否则只能导致教学制度的"乌托邦"；三是教学制度的实施总是要考虑一定的实施成本，假如成本过于高昂，需要投入的人力、物力、财力超出了正常承受的范围，那么即便效果再好，人们也只能望洋兴叹。所以，离开了现实性，教学制度无疑也就失去了其存在的根基和基础。

可是，教学活动总是基于现实而不囿于现实的。"人的发展的独特性在于，人除了是一种实然性存在以外，还是一种应然性的存在。人总是不满足于他的实然性存在，在他的生存活动中要成为一种自由的存在，要创造出有别于既有的实然的新的实然，要超越其对象物和各种对象性关系，要生产出新的对象物和对象性关系。人的应然说明了人的实然性规定并非是固定的、本然的，而是变化的、不可限定的，人的规定是在自身的活动中不断发展的，人的发展就是人的实然与应然的矛盾运动的过程。"[①] 既然人是一种应然性的存在，培养人的教学活动就需要一种"乌托邦"精神。美国著名教育家古得莱得曾经说："不管我们在这个称作学校的地方有过什么样的个人经历，当我们认真考虑教育的时候，脑海里都会呈现出迷人的可能性，可能会有的学校教育，还有前人几乎没有尝试的可能的生活方式。并且，的确到目前为止，我们对教育的憧憬还是多于对它的实践。"[②] 对于教学活动而言，其重要使命就在于以学生的现实生活为基础，积极引导和帮助学生生命的发展，实现从这种未完成、不完善的实然状态向建构完满的精神世界这一应然状态转化，不断促进他们从当下的"是其所是"的现实性存在向"是其所应是"的可能性存在提升，实现学生生命对自己的现实生活以及当下实然的存在和发展状态的超越，从而发挥教学活动在学生生命发展中的主导作用。为此，在教学活动中，教师和学生就要不断地拓宽对自己人生价值和意义的认识，促进精神生活的不断丰富和充实，提升对生活意义和生命价值的深

---

① 鲁洁：《道德教育的当代论域》，人民出版社，2005，第 8 页。
② 〔美〕约翰·I. 古得莱得：《一个称作学校的地方》，苏智欣等译，华东师范大学出版社，2006，第 388 页。

刻理解及精神生活的品位。换言之,教学活动始终走在从"现实性"走向"可能性"的林中路上。

教学制度的现实性和教学活动的可能性是矛盾对立的吗?答案显然是否定的。在一定形式上,教学制度表现为"你应当"之类的教学约束,教学活动则表现为"我如何"之类的教学行为。"你应当"似乎呈现为某种外在的命令,"我如何"则源于教师的自我要求。但需要注意的是,在具体的教学情境中,教学制度往往通过鼓励、褒奖等手段和方式引导教师的行为,告知哪些行为是善的,哪些是制度提倡的,从而实现引领教学活动的目的。正是在教学制度的引导中,教学制度的外在规范化为内在的教学自觉,教学制度获得了转变为教学行为的担保;正是在教学制度的引导中,教师开始不满足于"给定"的自我,并以"一种未完成的自我"走向一种可能意义的教学生活。既然教学活动是一种超越性的走向"可能"的活动,因此就应该对教师的教学活动持有宽容之心。宽容是基于平等的自由精神而表现出的对不同教学生活方式、价值观念、爱好情趣等的尊重,以及在这种雅量与胸怀中所深藏着的平等包容精神。荀子曰:"以仁心说,以学心听,以公心辩。"对于教学管理者来说,宽容就是对"异"的尊重,以相容性而非排他性作为处理人我关系的基准,真正确立"推己及人","己欲立而立人,己欲达而立人","己所不欲,勿施于人"的仁道意识。这样,教学制度就不再是冷冰冰的条文,而是充满耐心的劝导和善意的建议。但宽容并不是"怎么都行",我们可以对不同的教学意见宽容,但是并不因此就否定以一种批判的精神去审视的权利;我们可以对不同风格的教学行为宽容,但并不原谅那些有违教学公共利益、有碍教学良序形成、有害他人正当教学权益的教学行为。

教学制度与教学活动的张力关系说明,教学制度并不完全是自足性的,就其本身来说,永远让人满意的教学制度是没有的,这就更需要我们对教学制度辩证地把握和深入地理解。只有这样,才能防止教学制度创新中的肆意妄为和因循守旧,才能最大限度地发挥教学制度的功能,保障教学活动规范、有序地进行,真正促进人的全面发展。

二　教学制度创新的理性与伦理

教学既然是人类特有的社会实践活动,我们当然可以说,教学活动乃是为人的人为事业。但是，作为人为事业的教学活动本身又有可能成为任意妄为的活动，走向非人性的歧途。所以，为了保证教学活动的为人目的的达成，促进教学事业的健康发展，就不能不安排教学活动的结构方式，制定相应的组织规则，来规范教学活动，正是这些方式和规则制约甚至支配着教学活动的性质，制约甚至支配着各种教学资源的获得途径和使用效率，从而也制约甚至支配着教学活动主体之间的关系的性质。于是，规范教学活动的教学制度产生了。

（一）教学活动与教学制度

教学制度一经形成便具有了一定的稳定性，唯其具有稳定性，教学制度才能成为教学活动有序发展的重要保障，如果教学制度朝令夕改，就会使教学活动无所适从，陷入混乱。可是，教学制度的稳定性又极有可能导致教学制度的惰性，落后于充满活力、丰富多彩的教学活动的变化，阻碍教学活动的发展，成为教学改革的阻抗力量。在日常的教学活动过程中，我们并不总是感到教学制度强制性的力量，因为我们通常或出于现实利益的考虑，或迫于现存教学制度的压力，而不得不最终被教学制度驯化，从而总是与现存教学制度所要求的思想和行为模式保持一致。然而，当我们真的试图反抗教学制度的强制时，教学制度的力量就会明显地体现出来。这时，教学制度就不仅是教学活动的一般前提与外在环境，而且是直接构成了教学活动的一个重要内生变量。所以，教学制度创新既是教学改革顺利进行的保障，也是教学改革的题中应有之义。

当前，随着基础教育课程改革的不断推进，长期以来形成的教学制度面临严峻的挑战，教学制度的创新成为摆在我们面前的一项紧迫而重要的任务，成为一个刻不容缓，特别需要认真研究的课题。我们知道，课程改革的环节是课程实施，而课程实施的最基本途径是教学，如果我们的教学活动依然囿于既定的教学制度，那么教学活动方式就不可能有根本的转变，课程改革就会流于形式，而这恰恰有悖于基础教育课程改革的基本精神，也是我们最不愿意看到的结局。虽然我们可以说传统课程不断走向孤立、封闭、萎缩，走向繁、难、偏、旧，是教学活动死板、机械和沉闷的重要原因，但是我们也深深地感受和体会到，如果不破除现行教学制度的种种束缚，教学活动的死板、机械和沉闷就很难避免，这样的教学活动同样会使新课程走向孤立、封闭、萎缩，走向繁、难、偏、旧，再次陷入恶性循环。因此，要进行教学制度创新，首先要解决的是认识问题，认识问题解决了，才能真正把教学制度创新作为一项硬任务来抓，才能勇于超越现行教学制度的壁障，开拓教学制度建设的新局面。

也许，人们过于注重教学制度对教学活动的规范作用，将教学制度看成凌驾于教学活动的外在强制力量，没有觉察到教学制度本身也是教学活动的内在变量，从而导致即使认为自己是教学活动的主体，也只能限于既定教学制度规约的框架内，不敢或无力越雷池一步，不会认为自己是教学制度创新的主体，逐渐形成一种洞穴思维，失去教学制度创新的意识，甚至教学活动主体本身蜕变为教学制度变革的壁障，诚如荀子所言："凡人之患，蔽于一曲，而闇于大理。"鉴于此，教育行政部门虽然可以采取各种倾斜或鼓励政策，或者通过某种行政措施的干预去促使教学制度创新活动的开展。但是，要从根本上解决问题，还是在于使教学制度创新真正成为学校自身的一种自觉行为。这一方面要求教育行政部门要切实转变观念，尊重并保护学校办学自主权，尽可能营造一个宽松的环境；另一方面，要抓住应对基础教育课程改革的教学制度创新的契机，使学校自觉认识到，教学制度创新不仅是深化学校管理体制改革的重要内容，更是促进教师专业成长，推动教学改革，提高教学质量的重要保证。对于学校管理者来说，必须确立以人为本的基本观念，尊重并保护教师的教学自主权，使教师自觉认识到，教学制度创新是创造性教学活动的必要内容和必然结果，也是衡量教学活动创造性的主要标准之一，从而确立起自己不仅是教学活动的主体，更是教学制度创新主体的基本观念。如果教师真正确立了教学制度创新主体的观念，就会在改变自己现实教学生活的同时，改变自己的思维和思维的产物，教师只有改变教学思维方式，教学改革的目标才有可能不断趋向和达成。

（二）教学制度创新的理性

进行教学制度创新，加强教学制度建设，不能凭主观意志，随意而行。为此，我们必须确立科学的、正确的指导思想。我认为，马克思主义唯物辩证法，是我们认识客观世界的科学的思想武器，也是我们开展各项工作的基本方法，是我们作为主体的思维过程，更是我们对现实的批判过程。"因为辩证法在对现存事物的肯定的理解中同时包含对现存事物的否定的理解，即对现存事物的必然灭亡的理解；辩证法对每一种既成的形式都是从不断的运动中，因而也是从它的暂时性方面去理解；辩证法不崇拜任何东西，按其本质来说，它是批判的和革命的。"① 我们必须坚持用唯物辩证法的观点指导教学制度创新，才有可能保证教学制度建设的科学性。具体地说，在教学制度创新过程中，我们既要积极主动，又要慎重从事；既要考虑必要必然性，又要考虑现实可行性；既要注意稳定性，又要不失时机地修正、废除不符合教学现实需要的规则和规章，同时还要考虑到教学制度本身的承继性和连续性。总之，在教学制度设立、修正和废除的各个环节中，都要坚持用马克思主义唯物辩证法的观点加以分析研究，克服非此即彼的思维方式，避免片面化、简单化和绝对化，保证教学制度建设的科学性，尽可能消除教学制度创新的主观随意性，防止和减少失误，以加快教学制度建设的步伐，适应基础教育课程改革的迫切需要。

要运用马克思主义唯物辩证法的观点指导我们的教学制度创新，就必须坚持和贯彻一切从实际出发的基本原则。应该说，我们当下不断发展变化的教学现实是我们教学制度创新的客观依据，这是我们必须明确的。人对历史的创造始终是有条件的、相对的，而历史对人的意愿和努力的制约则是无条件的、绝对的。"人们自己创造自己的历史，但是他们并不是随心所欲地创造，并不是在他们自己选定的条件下创造，而是在直接碰到的、既定的、从过去承继下来的条件下创造。"② "每个个人和每一代所遇到的现成的东西：生产力、资金和社会交往形式的总和，是哲学家们想象为'实体'和'人的本质'的东西的现实基础，是他们加以神化并与之斗争的东西的现实基础，这种基础尽管遭到以'自我意识'和'唯一者'的身份出现的哲学家们的反抗，但它对人们的发展所起的作用和影响却丝毫也不因此而受到干扰。"③ 我国幅员辽阔，处于政治、经济和文化发展不平衡中的学校教学活动，同样存在很大的不平衡性，而且教学领域又有其特殊的规律性，因此，教学制度创新一定要从国情、地情和校情出发，从教学制度创新的客观实际出发，尊重教学活

---

① 《马克思恩格斯全集》（第 23 卷），人民出版社，1972，第 24 页。
② 《马克思恩格斯选集》（第 1 卷），人民出版社，2012，第 669 页。
③ 《马克思恩格斯选集》（第 1 卷），人民出版社，2012，第 173 页。

动的规律，深刻理解基础教育课程改革的基本精神，并以此检视现存的教学制度，找出其中存在的问题，确定教学制度创新的突破口。这就要求我们必须认真分析、理解和研究当下的教学活动，学会透过教学活动的表象乃至假象洞察其本质，进而揭示阻碍教学改革的深层的制度根源，任何学院式玄谈或机械僵硬的比附都无济于事。例如，在我看来，当前新课程背景下的剧场化教学现象比较严重，就隐含着些许难以言表的制度性因素。剧场化行为是社会学概念，指的是人的动作、讲话等并非出于自然，而是为了做出来给人看，就如同剧场里演员的表演只是为了给观众看那样。出于某种目的而对自我内心世界的掩饰，乃是所有剧场化行为的共同特点。在日常生活中，剧场化行为很多。从制度研究的角度看，令人感兴趣的恐怕不是一般的剧场化行为，而是集体性或集团性的剧场化行为。一个人人说假话的社会，绝不是一个健全的社会。教学是为人的社会事业，剧场化的教学行为对健康的社会风气和诚实的个性人格的培养造成的破坏是毁灭性的。那么，为什么在国家积极推进基础教育课程改革的今天，会产生甚至盛行严重的集体剧场化教学行为？我认为，解读、破译这种剧场化教学行为——假话和集体表演形成的内在机制，不仅可以打开现存教学制度的一个缺口，而且可以找到教学制度创新的客观根据。

教学是人的活动，世界各国的教学活动自然有其共性；相应地，用以规范教学活动的教学制度具有一定的普适性。我们在教学制度创新的过程中，当然可以借鉴外国在教学制度研究上的成果。但是，"橘逾淮而北为枳"，我们借鉴外国教学制度时，不仅要考虑我国的实际情况，而且要注意培育这种移植所必要的土壤，使其能在合适的土壤上生根，采取陈寅恪先生讲的"一方面吸收输入外来之学说，一方面不忘本来民族之地位"的态度，防止我们的教学改革发生变形。我认为，今天我们更应该注意的是，任何教学制度都是具体的，服务于特定教学活动的，外国人最主要的局限是无法以参与者的身份亲自体验我国的教学生活，从而难以真实地感受和把握我国教学改革的现实困境和时代脉搏。这本身就意味着，只有我们自己才是我国教学制度的真正建设者和评判者。我们知道，今天的教学改革无疑是我国教学发展的重要转折，但它同时又是新中国成立以来特别是改革开放四十多年以来教学发展的继续。因此，教学改革承载着沉重的历史包袱，面临着众多的制度障碍，我们必须充分估计并全力研究我国教学改革的一些特殊因素。可以说，批判地借鉴国外的教学制度，走自己的路，应该成为我国教学制度建设的理性选择。

（三）　教学制度创新的伦理

教学是为人的活动，服务于教学活动的教学制度同样必须是为人的。因而，教学制度创新与教学活动便具有一致的价值取向。如果说教学活动是一个逐步提高人的价值的过程，那么教学活动的价值关系就是以尊重人的自身价值为本体的价值关系。离开了对人的尊重，离开了对人的潜能的挖掘和对人格的陶冶，教学活动就不成其为教学活动。今天，我们的教学制度创新同样必须坚守这种基本的为人的价值取向，努力做到以人为本、以人为目的，共同谋求教学活动的为人的发展。

教学制度创新要以人为本、以人为目的，如果不是停留在口号或理论上，那就必须立足于现实教学活动中的人。现实教学活动中的人是具体的、生动的，而"不是处在某种虚幻的离群索居和固定不变状态中的人，而是处在现实的、可以通过经验观察到的、在一定条件下进行的发展过程中的人。只要描绘出这个能动的生活过程，历史就不再像那些本身还是抽象的经验主义者所认为的那样，是一些僵死的事实的汇集，也不再像唯心主义者所认为的那样，是想象的主体的想象活动"。[①] 人总是现实的存在者，"人的感性活动"就是能动的生活过程。具体到教学制度创新的实际过程，首先，我们要充分相信每个教学活动中的人都应被认为具有内在的价值或尊严，我们的教学制度应力图为实现个人的天资与能力提供平等的机会；其次，应承认教学活动中人的差异性、多样性和独特性，任何人都不是在罗尔斯假定的纯粹的"无知之幕"下做出判断和选择的，因而在移情理解的基础上求同存异就是教学制度创新的必要和必须；最后，承认明智的批判的科学方法是一种基本价值，是对一切价值的检验。胡克说："不管一种民主制度所专心致志的价值是什么，总将会引起那种使这些价值在其中发生冲突或会受到别的价值挑战的情况。在一种情况中所做出的一项决定，不一定对一切其它的情况也都适用。因此，一种民主制度最终所专心致志的必须是相信某种方法可用来

---

① 《马克思恩格斯选集》（第1卷），人民出版社，2012，第153页。

解决这些冲突。既然方法必须是一切价值的检验，那么称它为民主的生活方式中的基本价值就不会是不准确的。"① 只有这样，我们才可以对不合理的教学现实始终采取一种批判态度，对教学制度安排的异议始终采取一种宽容态度，对教学制度关涉的具体行为始终采取一种可误的态度，对外在的权威和外来的思想始终采取一种怀疑态度，教学制度创新应遵循民主原则，从而真正成为我们的生活方式、行为方式和思想方式。

　　所以，事实上，所有教学制度创新的主体都面临同样的拷问和抉择——是主张自己掌握了绝对的排他的真理，还是承认人有追求真理的自由；承认独立思考的人能在彼此交谈之中既共同相信真理又把交谈双方联系到一起；是愿意个人崇拜，还是愿意公开讨论；是否认人有自由的可能性，从而主张屈从和专制，还是保持对人的信任。我认为，教学制度创新主体的明智抉择，既体现一种能力，也显示一种德行。人要获致纯正的德行和能力就必须自尊。自尊即自我尊重，就是自己把自己当人看，这是赢得别人和社会尊重的前提。罗尔斯对自尊的性质做了两点解释：一方面是自我赏识，一个自尊的人有一个自己坚定的价值信念并因而尊重自己；另一方面是自信，一个自尊的人有一个相信自己能制定并执行合理生活计划的意识，当他成功地执行了他的合理的生活计划时，他人会赞赏、尊敬他，这反过来又强化了他的自尊。"没有它（自尊），就没有什么事情值得去做，或者即便有些事情值得去做，我们也缺乏追求它们的意志。那样，所有的欲望和活动就变得虚无缥缈，我们就会陷入冷漠和犬儒主义。"② 我们知道，自尊乃是以自知为认知前提，以自制为行为保证的。自知就是自我认识、自我了解、自我评价和自我把握，自制就是自我克制、自我疏导、自我调整和自我规范。因此，我们每一个教学制度创新主体都必须时刻反思和警惕自己，真正确立"推己及人"，"己欲立而立人，己欲达而达人"，"己所不欲，勿施于人"的"仁道"意识，将教学制度创新应秉持的理性与我们内在的"仁心"紧密结合起来，身体力行，一以贯之。只有这样，我们教学制度创新的理性才可能化为我们的德性和德行。

---

① 〔美〕悉尼·胡克：《理性、社会神话和民主》，金克、徐崇温译，上海人民出版社，1987，第 294～295 页。

② John Rawls, *A Theory of Justice*. Belknap Press, 1971：440－443.

　　随着国家基础教育课程改革的不断推进，教学制度创新应该被理解为一个谓语式的主格，而非一个抽象名词，一个正在进行的过程或旅途，而不是一套固定的边界，一种关系而不是一个独立的实体或品质。如此，教学制度创新实际上不可能一蹴而就，一劳永逸地解决。我们坚信，教学制度创新不仅能为国家基础教育课程改革的推进提供动力和正当性依据，在当前更有一种抵制背离国家基础教育课程改革精神的社会和心理功能。

第十三章　教学责任的共担

教学论研究者走出学院，到中小学校去，深入课堂，拓展自己的研究和生活空间不仅是必要的，也是必需的。但是，如果因此走向了自我否定，进而否定教学论研究的价值和意义，那就说明教学论研究者不了解现实教学实践活动的复杂性，等于误解了教学论学科。教学论研究者应当努力改变单一的研究者角色，坚持教学与研究的统一，贯彻理论与实践结合的原则，努力克服教学论学科研究概念化书写的偏向。目前，各高师院校教学论学科尚缺乏明确的发展定位，特色与个性不鲜明，甚至有均质性和同一化的危险和趋向，这与教学论研究者长期以来停留或沉湎于教学的抽象思辨或教学枝节末叶的泛论上密切相关。对于教学论研究来说，重要的是思想和学术成果，而不是学科领域，教学论研究者应当打破教学论的学科畛域，超越教学论学科本位的狭隘视野，保持一种开放的心态。由于制度的缺失和视域的差异，高师院校与中小学的合作常常沦为一种指导者与被指导者或启蒙者与被启蒙者的关系，这实质上是对合作的僭越和异化。高师院校的教学论研究者与中小学的校长和教师相似又不相似，彼此认同又相互分离，因而合作只能在双方妥协中达成。没有体制和制度上的强力保证，对于高师院校与中小学来说也许并非坏事，至少提供了对他者、多样性和多元性承认的广阔空间。而承认多样性，抛弃同质化和对差异的否定态度，恰恰是高师院校与中小学合作的基本要求，也是合作得以进行的基本前提。因此，高师院校与中小学的合作可以理解为一种自由的联合。在自由的联合中，高师院校教学论研究者与中小学校长和教师才有可能超越各自单元生活逻辑的规限和压迫，相互砥砺，共谋发展。

一　学科本位的局限

近些年来，越来越多的教学论研究者超越文本，走出学院，积极参与基础教育教学改革，从总体和主流上看，这体现了教学论研究者的一种自觉自省意识，反映了教学论研究者的一种人生关怀和社会责任。然而，当教学论研究者面对诸多难以解决和克服的基础教育教学问题时，又常常怀疑自己所从事的教学论研究的价值，甚至悲观和失望，这是我们今天应该特别注意并需要澄清的问题。

（一）正确认识教学论的作用及其限度

毫无疑问，我们教学论研究者大多生存在日趋严密的体制化的高师院校之中，有我们分内的工作，担负着培养学生和学科建设的任务，完全放弃体制内的身份和角色，全身心地投入基础教育的教学改革实践，既不可能，也不现实。教育是国家和全社会的事业，基础教育教学问题解决的直接责任者是中小学校的校长和教师，这绝不是说我们教学论研究者没有任何责任，或者说我们教学论研究者起不到任何作用。教师的培养离不开高师院校，教学论研究者在高师院校起着特殊的作用，这种特殊作用的发挥显然需要教学论研究者全面了解和熟悉基础教育教学状况。那种脱离基础教育教学实践从而对现实中的教学问题缺乏足够关怀和同情性理解的教学论研究者，无论发表多少论文、出版多少著作、完成多少课题、获得多少奖励，也不过是有利于体制内学科建设指标的完成与个人的生存和发展，对于基础教育教学来说常常是纸上谈兵，对于自己当下的学生来说也是一种极不负责任的表现。了解和熟悉基础教育实际教学状况，不仅有利于我们教学论研究者有针对性地设计自己的教学，提高教学质量，而且有助于我们教学论研究者自觉地反思自己长期以来形成的思维方式和研究惯习，调整研究方向，改进研究方式，提升研究质量，增强研究的应用性，扩大服务范围，体现社会价值。因此，我们教学论研究者走出学院，到中小学校去，深入课堂，拓展自己的研究和生活空间，不仅是必要的，也是必需的。可是，面对具体的基础教育教学问题时，教学论研究者又常常感到力不从心，会有一些认知的压力和身份的焦虑，如果因此而意识到自己的局限和不足，从而努力丰富自己的知识储备，更新自己的知识结构，拓展自己的研究领域，无疑是有积极意义的。但是，教学论研究者如果因此走向了自我否定，进而否定了教学论研究的价值和意义，那就说明我们教学论研究者真的不了解现实教学实践活动的复杂性，也就等于误解了教学论学科。

相对于自然现象来说，教学实践具有人为性，而人具有自我意识和学习能力并因此具有不确定性，这种不确定性就使教学实践变得异常复杂。虽然精神是一种"决定"（determination）的因素，但毕竟不是"实现"（realization）的因素。一种文化中能产生什么样的作品取决于精神，尤其是其内在结构，而实际会产生什么样的作品则有赖于一些实在因素的特定结合方式。人类精神最多不过阻碍这些因素，或为这些因素去除障碍，但不可能根本改变这些因素。大家都知道，政治中的权力位系、经济中的生产控制关系、民族和阶层的意识形态、教学主体的生活遭遇等无不影响着实际的教学实践活动，现实教学问题因之有着极其深刻的历史和文化根源，受社会发展和个人现实需求之间矛盾的规定和制约。也许，促使一个人采取具体教学行动的，更多的是他在当下教学情境中产生的欲求，是他的激情，而不是也不可能是在对遥远的未来予以总体反思后的选择。显然，现实教学问题的解决，不是教学论学科知识或理论的简单应用，基础教育教学质量的提高，不可能完全依赖教学论学科的发展。由此，我们也会逐渐认识到，教学论是"文化"而非"自然"的科学，归属于社会性而非技术性的范畴，不注意教学实践涵盖的制度、文化、心理等因素的变迁，不考察教学这种社会实践与社会制度、文化和心理等的内在依赖性，就很难准确地把握现实教学问题，积极而稳妥地推进教学改革。当然，这并不是说教学论研究者就可以放弃自己的社会关怀和责任，而是说我们教学论研究者必须知道目前教学论知识的界限，认识到自己的局限，恪守智识诚实的基本准则，这也可以说是我们教学论研究者应该始终坚守的伦理底线。因此，立足于基础教育教学的现实，怀着推动基础教育教学改革的抱负和情怀，反思教学论乃至反思教学论研究及其方法，不是无关痛痒的，而是教学论研究者必须时刻躬身自问的。

教学论研究者人生价值和意义的获得，不能仅仅靠套用既有的教学观念和理论，更不能通过逃离现实教学来完成，而必须靠履行应该担当的职责来开显自己生活的精神性面向的意义。当前，我们教学论研究者应该认真思考的问题是，教学论究竟能在多大程度上和范围内有助于现实教学问题的解决。也许，有诸多现实教学问题根本就不是目前教学论学科能够解决的，因而我们只能去研究这些现实教学问题中的教学论，否则就是教学论学科的僭越，是我们教学论研究者自寻烦恼。任何时候，我们都应该遵循自己内在的良心，而不能受外部赞扬或谴责的牵制。因此，问题的关键并不在于我们教学论研究者在他者眼中的形象，而在于我们自己应该知道自己是什么形象。只要我们教学论研究者清楚自己的地位和境遇，坚守自己的底线，既不妄自尊大，也不妄自菲薄，确定合适的期待视野，就能坦然面对基础教育的教学现实，在有所为有所不为的过程中，发挥教学论知识的作用，展现自己的社会价值。

（二）确立教学论在高师院校中的地位

今天，一般都承认教学论是高师院校具有鲜明教师教育特色的重要学科，这不仅可以从师范院校的性质和担当方面去说明，也可以从教学论学科在高师院校应发挥的功能方面去辩护。然而，仅仅宣称我们教学论学科在高师院校的重要性是苍白的，还需要强有力的证据。重要性一般有两个方面："第一个方面需要具有外部影响或结果，是外部结果的因果关系上的源泉，是结果出现的场所，所以其他人或其他事物受到你的行动的影响；重要性的第二个方面需要必然被人考虑，需要产生影响。（即使被考虑的行为是一种影响或结果，它也值得分别加以提及。）如果说重要性的第一个方面需要成为形成结果的因果关系上的源泉，第二个方面就需要成为回应——对你的行动、品质或在场的回应——流向的场所。他们以某种方式注意你，考虑到你。"① 改革开放四十多年来，经过几代教学论研究者的努力，教学论学科拥有了一大批硕士点和博士点，加之教学论学科包含众多的学科教学研究方向，因而逐渐成为高师院校研究队伍中最庞大的教育学科。但是，我们应该承认教学论研究队伍的不断壮大并没有带来教学论学科威信在高师院校的相应提升。不仅如此，在高师院校不断迈向综合化发展的进程中，教学论在高师院校的重要性不仅没有充分彰显出来，反而有被边缘化的趋势和危险，甚至越来越显得无足轻重了。这固然有很多难以规避的客观原因，而我们高师院校的教学论研究者具有不可推卸的责任。教学论是理论性学科，更是实践性学科，应当具有学术品位，更应具有职业教育的特征。以此反观，高师院校的教学论研究者对教学论学科缺乏清晰的认识，无疑是教学论学科

---

① 〔美〕罗伯特·诺齐克：《经过省察的人生——哲学沉思录》，严忠志等译，商务印书馆，2007，第158页。

重要性不能彰显的重要原因之一。

长期以来，学科教学论研究者容易将教学论视为一种技术性学科，将精力用在学科层面，特别重视学科知识教学的设计和方法的选择，导致教学论学术理性的式微；没有学科背景的教学论研究者容易将教学论视为一种理论性学科，将精力用在教学基本问题的探讨上，满足于教学的抽象思辨，导致教学论学科实践性的缺失。正是在这两极中，教学论研究者之间常常不能达成基本的教学论学科共识，相互封闭，各自固守着自己偏狭的教学论学科观，维持经年不变的研究方式，倒也无妨在高师院校的生存和生活。时间久了，即使有改革的意识、合作的欲望，似乎又缺乏彼此的价值认同和情感支持。于是，许多教学论研究者尽管同属一个学科，但并没有共同的价值旨趣，同在一所高师院校却没有形成一个真正的学科共同体，自然就削弱了教学论学科在高师院校的影响力，难以赢得应有的学科地位，教学论研究者尤其是学科教学论研究者，也因此没有得到足够的重视和相应的尊重。这样说并不是贬损我们教学论研究者的职业地位，"位卑未敢忘忧国"，也只是想切合实际地为我们教学论研究者生命和职业的意义寻求一个恰当的定位和支点，努力使人们看到那些仅仅因其一目了然而不为所见和所思的东西而已。也许，我们教学论研究者有所罗门的智慧，有奥德赛的足智多谋，可是只要不具备为人认可的身份和地位，我们的所有优点就会形同虚设。

教学论研究者应当清楚地认识到自己首先是教师，是高师院校的教师，其次才是研究者。亚里士多德曾指出，任何职业，如果它使身体、灵魂或智力缺乏实践的优点的话，那就是浅陋的职业。维特根斯坦认为，研究哲学，如果给你的只不过是使你能够似是而非地谈论一些深奥的逻辑之类的问题，不能改善你关于日常生活中重要问题的思考，不能使你使用危险的词句时比任何一个记者都更为谨慎，那学习哲学有什么用？我们知道，历史上许多伟大的精神导师之所以给人以巨大的影响，不仅仅是因为他们阐释和倡导的主张和原则，更是因为他们自己的生动在场及其形成的有磁力的场域，人们与他们相遇，遇到的不只是抽象的学说，而且是具象的实存，这些导师们的在场和生活将他们的学说具象化、具体化，因而人们完全可以通过他们的人生来领悟他们的教诲，领悟他们的话语的意义。同样，如果我们的教学论学科研究无助于我们对教学问题的思考，甚至连我们自己的教学生活都不能有所改进，我们又怎么期望启发别人并改进他们的教学生活呢？倘若我们教学论学科研究者从未认真地思考过这样的问题，从未认真地反思过自己的现实教学生活，那就表明我们不自觉地被现代学科制度规训了，我们的精神已完全禁锢在我们自己既有的身心组织和习惯的洞穴之中，教学论学科不为重视的现象和状态也就在所难免了。

所以，教学论研究者应当努力改变单纯单一的研究者角色，不应把研究的对象确立为抽象的教学，即使不走出学院，不深入基础教育教学实践中去，至少也应当把自己的现实教学活动作为真正的研究对象，坚持教学与研究的统一，贯彻理论与实践结合的原则，努力克服教学论学科研究概念化书写的偏向。这样，教学论研究的问题不是来自单纯的教学观念世界，而是来自我们真实的教学生活世界，来自教学生活世界与教学观念世界的实际矛盾。通过对这种矛盾的解决，我们教学论研究者不仅能够检验和发展教学观念体系世界的科学性和合理性，而且能够使我们自己当下的教学生活贯注一种理论理性，从而弥补和矫正我们教学生活世界的不足和缺陷，不断提升我们教学生活的品质。如此，我们的教学观念世界就是我们教学观念体系世界的具体展开，而我们的教学观念世界就是我们教学生活世界的真实描述和概括，教学观念世界与教学生活世界真正融为一体，就真正做到了如哲学家冯契所说的"化理论为方法，化理论为德性"。具体说来，教学论研究者要用教学思想或教学理论来指导自己的教学活动，通过身体力行将其化为自己的内在德性，并具体化为有血有肉的人格。理论化的德性就因此获得现实性的品格，而我们的教学论研究成果就转化为具有说服力、感染力的"有德之言"，或者说，"德性化的理论"。在教学论化为教学论研究者的德性之后，教学论研究者的德性又渗透于教学论，这使得反映在教学论研究者的言论、著作中的理论，成了教学论研究者德性的表征，教学论也就是教学论研究者的人格。这样的教学论，就有了个性化的色彩，具有了德性自证的品格。如果教学论研究者达到了这样的境界，那么他就是真正的教学理论家，成为高师院校教学改革与发展的示范者和引领者。这时，教学论研究者就没有必要为自己的研究而困惑，恐怕也没有多少人怀疑我们教学论研究者在高师院校的地位，贬低我们所从事的教学论学科研究的价值了。

（三）整合教学论学科研究的现有成果

教学论学科的分化与综合是对立统一的关系。教学论学科的分化是教学论学科综合的基础和前提，教学论学科的综合是教学论学科分化的必然和结果，在分化的基础上综合，又在综合的前提下再分化，教学论学科只有在分化与综合的共同推动下才能得到长效发展，推动教学认识从肤浅、片面、孤立走向深刻、全面、系统。经过几代教学论研究者的努力，教学论学科已经突破了传统的教学论教材体系的框架，发展成为一个拥有众多分支学科的庞大研究领域。应该说，教学论学科的分化是教学认识不断走向深入，逐步明晰化、精细化的反映，是教学论学科进步的一种体现。但是，教学论学科的分化和多样也不可避免地割裂了我们对教学统一性的认识，破坏了教学论作为一门相对独立学科的整体性，使理论研究变得松散而凌乱，甚至支离破碎，从而难以形成完整的教学观念。当我们教学论研究者沉湎于教学某一侧面或某个要素的深挖细掘时，也许早已远离了真实的教学现实，我们苦心经营的一套专业化的术语和问题，也许已经成了一种与真实教学世界漠不相关的"怪物"，成了一种只为我们教学论研究者提供饭碗的东西了。

现实的教学是一个整体，不会因为教学论学科的分化而分割，教学现象和事件也绝对不可能以单一的教学论分支学科或知识体系为标准而发生。从教学的实际需求看，确实存在对教学总体性和统一性的渴望和追求，因为没有完整的教学概念，教学实践的整体性、连续性和一致性就难以保证。马克思指出："最一般的抽象总只是产生在最丰富的具体的发展的地方，在那里，一种东西为许多所共有，为一切所共有。这样一来，它就不再只是在特殊形式上才能加以思考了。"[1] "具体之所以具体，因为它是许多规定的综合，因而是多样性的统一。"[2] 只要我们深入教学实际，面对真实的教学现实问题，我们就会深深地感觉到整合教学论学科现有研究成果的必要和迫切。霍克海默认为："离开作为一个整体的一种特定的社会理论，任何认知理论都仍然是形式主义的和抽象的。不仅仅是像生活和推进这样的说法，而且是像证实、确认、证明等等这样的

---

① 《马克思恩格斯全集》（第 12 卷），人民出版社，1979，第 755 页。
② 《马克思恩格斯全集》（第 12 卷），人民出版社，1979，第 751 页。

似乎专为知识论所有的术语，如果它们不与实际历史相联系并通过成为一个全面的理论整体的一部分而得到其定义的话，也仍然是模糊的、不确定的，哪怕对它们作再仔细的定义并且把它们转换为数学公式的语言，也无济于事。每个概念只有作为理论整体的部分才具有实在的有效性，只有当借助于同其他概念的联系而形成一个理论整体，并且了解了它在其中所起作用的时候，才具有实际意义——辩证法的这个立场，在这里也是有效的。"[①] 今天，我们需要的不是一般的关于教学要素或局部的教学论知识，而是建基于全部教学论分支学科知识的具有整体性和概括意义的教学思想。只有这样的教学思想才能启示我们建立认识现实教学的战略和框架，昭示我们一种把握现实教学的方法论，而不是将不能确定的教学现象和事实排除在外，歪曲甚至否认教学现实。

教学论学科当前的主要任务之一，就是促进各个教学论分支学科之间的相互交流，以及在各个有价值的教学研究领域之间牵线搭桥，以实现教学论学科的综合与发展，形成更全面、更系统的教学整体认识。这种教学论的综合不是简单地将两种或多种不同教学论分支学科知识糅合在一起，而是在不同教学论分支学科知识全面整合基础上的一种再创造。这不仅表现在对不同教学论分支学科知识的全面吸收与概念创新上，而且在教学论方法论与研究范式层面也需要努力实现系统整合。显然，这不仅需要我们教学论研究者有一种宽大的视野，熟悉教学论各个分支学科研究的既有成果，还要以教学现实为参照，不能在理论逻辑框架中兜圈子。因为，建立一个纯粹逻辑的教学论体系是容易的，但建立一个有根基的有活力的教学论体系只有在解决教学现实问题的过程中才有可能。"任何社会事物的状况都是在具体的生活世界的情境中的状况，它都受到具体的背景条件以及参与交互活动的交互主体的影响。理解必须进入使自己神入这种状况或者说使自己的视域进入这个被理解的世界，而不是进行数字化的分析。"[②] 现实的教学无论如何不能从那些我们自认为的教学规律或教学要素推论出来，把教学现象分解成各种要素的组合，就会

---

① 童世骏：《批判与实践——论哈贝马斯的批判理论》，生活·读书·新知三联书店，2007，第 22~23 页。

② 龚群：《生命与实践理性——诠释学的伦理学向度》，中国社会科学出版社，2004，第182 页。

曲解教学现实世界的意义。大家知道，尽管孔德提出了社会学的概念，并为创建一门实证化的社会科学提出了完整构想，但作为学科的社会学在欧洲一直没有在大学找到自己的位置和生存空间，是美国芝加哥大学的社会学家将德国人的理论运用于日益凸显的城市社会问题的研究之中，改变了原先欧洲社会学的思辨和理论偏爱，赋予了社会学以经验和实践的品格，才为社会学找到了真正安身立命的场所，使孔德的设想真正变成了现实。

目前，高师院校教学论学科尚缺乏明确的发展定位，特色与个性不鲜明，甚至有均质性和同一化的危险和趋向，这与教学论研究者长期以来停留或沉湎于教学的抽象思辨或教学细枝末节的泛论密切相关。高师院校的教学论学科只有紧密结合实际，凝聚力量，在解决现实教学重大问题的过程中，才能反思并整合既有研究成果，强化教学论学科发展的经验基础，体现高师院校教学论的特色与个性，形成教学论学科发展多样化的格局。在哈贝马斯看来，现代社会是一个高度复杂的社会，在这样一个社会中，诸多行动者行动的协调或整合需要采取两种方式：一是协调社会中人们的行动取向，二是通过控制行动的结果来协调人们的行动。[①] 对于高师院校来说，需要把握学校发展方向，厘定所担当的责任，明确发展目标，清楚自身的优势和传统，充分认识到教学论学科的地位和作用，消除对教学论学科的误解，改变教学论研究者长期以来相互封闭的割据状态，搭建教学论研究者相互协作的平台，并为教学论研究者的发展提供组织和制度上的保证。

（四）超越教学论学科本位的狭隘视野

长期以来，我们教学论学科定位在研究基础教育教学上，将高等院校中的教学问题让位于高等教育学，将职业院校中的教学问题让位于职业教育学，将成人教育中的教学问题让位于成人教育学，这极大地压缩了教学论学科的研究领域。更主要的是，我们教学论研究者身处高师院校，常常在忽视自身教学问题研究的同时，又不了解基础教育教学的真实运作，缺乏对基础教育教学的切肤之感，因而对基础教育教学的思考

---

① 童世骏：《批判与实践——论哈贝马斯的批判理论》，生活·读书·新知三联书店，2007，第 138 页。

也多是隔靴搔痒式的。休谟早就指出，研究对象的相对恒定和多次重复，是人们能够获得有关因果关系的概然推论的前提条件，这也是学科知识得以形成的前提。我们不禁要问，我们的教学论研究者面对的教学到底有无时空、有无场域、有无边界？毋庸置疑，教学论只有相对于具体的教学实践活动及其存在境遇，才能确证其存在价值，在所有时间、空间和场域都适用的教学论等于在所有时间、空间和场域都不适用，因而毫无意义。如果承认任何具体的教学存在都是有时空的、有场域的、有边界的，那么即使我们想探究教学的本质和普适规律，也必须从具体的教学存在及其问题入手。通常，我们教学论研究者所理解的教学本质或教学规律也许只是一种概括、总结和抽象，一种"博学的无知"，不一定就是教学本质或规律。真实的教学世界永远是复杂的，其复杂程度超出我们任何一个教学论研究者的认知能力，即便我们整合了所有教学论分支学科的全部知识，我们教学论研究者也不可能知道关于教学现实应知的所有因素，往往会以自身的立场去理解和诠释所有经验的信息，赋予其意义，并从有限的经验中推导出有关教学的认识，因而客观的教学世界就会成为教学论研究者主观化的世界。日常教学现实看似以一种清晰的方式呈现出来，但其背景是灰色的。当教学现实的某些区域被照亮，其他区域就会陷入黑暗中。真正创造性的教学实践往往是教学实践的范本，这种范本绝不是按照教学论研究者所理解的教学本质或规律创造出来的。

当然，教学论的产生不是没有理由的。在这个意义上，我们可以说，教学现实是原因，教学论是其结果，不过，也仅限于此。否则，超出这个范围，就有可能把教学论视为教学现实的对应或图画，进而把教学论的逻辑视为教学现实的逻辑，教学论上的关联视为教学现实的关联，从而落入被后期维特根斯坦批判的语言图像说。教学论研究者也许力求再现并自以为已经真实再现教学，其实其教学论是独立的存在。教学论有时对教学实践起作用，但这并不是因为教学论真实再现了教学实践，而只是它有这种效用。就现实教学的实际运作看，具有这种效用的教学论，也不必须是对教学的真实再现。这似乎是贬低了教学论的作用，但结果可能恰恰相反。这种看法恰恰提出了教学论自身存在的意义，其意义并不在于对教学的再现，而在于其自身，在于其对教学强有力的解释力和预测力。这种对教学论的怀疑主义可以为我们教学论研究者提供一个基点，至少不会因为对教学论的辩护而无视其他一些学科的理论对教学的作用。

即使我们教学论研究者注重对自身教学问题的研究，并成为高师院校教学的示范者和引领者，也必须清醒地认识到教学的复杂性，更何况高等院校的教学与基础教育的教学还有很大差异。无论是高等院校还是中小学校，都是社会的一部分，因而教学不是在真空中运行，而且，教学本身就是一种社会性活动，这一点对我们教学论研究者来说具有非常重要的意义。因为，我们教学论研究者都生活在学科体制化的时代，我们接受的学科规训以及因此而滋养的学科情结使我们在形成学科视界的同时也限定了我们的视野。而且，我们不能不承认，各种大学学术系科的存在，以及由此而生成的学科边界、结构、组织和人事安排等组织制度，乃是以捍卫各自学科利益和确保它们集体再生产为目的的，其间充满广义的政治性和人为性，而这种政治性和人为性并不说明有关学科分类的主张在知识上的有效性。① 对于任何一个现实教学世界中的教学主体来说，真实的教学生活本身并不是按照我们现在的学科划分那么明晰界定和配置，教学问题都有可能也应该同时有多个学科维度。如果在对教学问题的研究中拘泥于学科边界，就有可能限定教学论研究者的视野，束缚教学论研究者的思维，从而对教学问题的解释也就很难达到更合理的程度。既然如此，教学论研究者就应当超越教学论学科本位的狭隘视野，保持一种开放的心态，就像鲁迅先生说的要有"汉唐气象"。

在这里，我们并不否定教学论学科传统和积累对于教学论学科发展的重要性，更不是主张废除现行的学科分类体系。事实上，很多学科的发展之所以不尽如人意，恰恰是因为其缺乏坚实的学术传统和积累，况且，作为一种实际运作的学科分类体系，绝不是任何人主观意志的产物。我们只是强调，无视教学活动的社会性和复杂性，沉湎于教学论学科既有的概念、命题、原理和原则的教学论研究者，不仅不能推动教学论学科的发展，而且也容易丧失最基本的社会责任感，从而使教学论丧失起码的社会基础和影响力。如果承认教学是人类最基本的社会活动之一，

---

① 邓正来：《关于中国社会科学的思考》，生活·读书·新知三联书店，2000，第55页。

人们在社会其他领域形成的思维和行为方式不可能不弥散到人的教学活动领域，那么又有什么理由说教学应当由教学论学科独占呢？又何必为教学论成为其他学科的"殖民地"而忧虑不安呢？只要我们使用教学论来处理教学现实，无论它有多么充分，我们都不能规限和拒斥其他学科对教学现实的理论描述、解释和理解，而且我们还应该对其他学科专家主动发出邀请，进行跨学科的沟通和交流，并借此拓展我们的视野，更新我们的知识结构。可以说，对教学问题的跨学科研究，既是拓展教学论研究视域的需要，也是提升教学论研究水准的要求。历史和现实都已经证明，真正的教学论研究者不会作茧自缚，而总是试图超越自我，不以学科为规限，而以问题为导向。对中外可以称得上思想家或教育家的人，如孔子、柏拉图、亚里士多德、杜威等，我们似乎很难给他们一个精确的学科定位。他们从来都是为学术而生活，更为生活而学术。重要的是思想和学术成果，而不是学科领域，只要是真正基于现实教学问题的研究，那就在一定层面上打破了教学论的学科畛域，超越了教学论的学科本位，而这也就是在积累我们共同的教学论学术和知识传统。

二　民主的悖论与自由的联合

高师院校与中小学的合作没有教科书，每个曾经或正在进行这种合作的人，实际上都有自己的感受。任何想制作合作指南或手册的企图，都不明智，也出力不讨好。尽管如此，我们依然可以对高师院校与中小学合作的问题做一些思考，而且，我们相信，如果你正在做这项工作，你就不可能没有困惑；如果你想做好这项工作，你就不可能不认真地思考。一个从来没有尝试过这种合作工作又整日想着指导中小学的人的任何言说，都值得怀疑，也不负责任。

（一）制度的缺失与视域的差异

中小学面对的教育教学问题，当然可以是高师院校教学论研究者的研究对象。但是，中小学教育教学问题主要还是由中小学的校长和教师去解决，因为他们更清楚这些问题的症结，也有对这些问题的切肤体验，而且他们就是解决这些问题的直接责任者。从体制上说，我们高师院校教学论研究者面对的主要是高师院校的教育教学问题，需要解决的是如何培养和造就高素质的未来教师的问题。尽管这些年来，高师院校一直在努力探索职前与职后教师教育的一体化，但在很大程度上还停留于思想观念上，还没有转化为一种自觉的行为，更缺乏切实的体制和制度的保证。高师院校与中小学之间的一些合作，常常始于不自觉的人际交往，最终运行于费孝通所说的熟人社会。而且，中小学和我们高师院校的任何人事变动，都可能波及和影响合作的方向和进程，甚至半途而废或不了了之。在现行体制下，即使高师院校与中小学没有合作，在可以预料的相当一段时期内，似乎也不影响它们彼此的生存和发展。因此，我们有理由怀疑，在没有体制和制度保证的情况下，隶属不同体制管理的它们，能否可持续地坚守这种合作？当然，我们拒绝极端的悲观主义，否则，我们就不会进行这种思考。确切地说，我们希望共同寻求高师院校与中小学合作的有效方式并付诸实践，而不是随意地宣泄各种无助于现实改进的消极情绪。

在高度分化的社会里，社会世界由大量具有相对自主性的社会小世界构成，这些社会小世界是具有自身逻辑和必然性的客观关系的空间，而这些小世界自身特有的逻辑和必然性很难化约成支配其他场域运作的逻辑和必然性。事实上，多少年来，我们高师院校和中小学一直遵循着各自不同的社会单元逻辑，正是这种不同的逻辑维系着我们彼此不同的日常生活，决定了我们视域的差异。即使面对同样的教育教学问题，中小学的校长和教师与我们高师院校的教学论研究者也往往持有不同的认识。也许，很多人认为，恰恰因为视域和认识的不同，才有合作的可能和必要。但是，我们不能不承认达成共识的艰难。大家知道，相对分散存在于个体的知识，很难整合为彼此认同的共识。一般说来，个体数量越大，达成的共识就越少。对于每个参与合作的人来说，共识的达成本身就是一种挑战，它意味着对观念的反思和改造，甚至颠覆和重塑，因而也是一种自我的规限和克制。

没有共识，就没有共同的教学行动，没有共同的教学行动，也就谈不上真正的合作。"价值取向的选择当然总是个体行动的选择，但是从主体间性的角度讲，这些选择在一个社会系统中不能是随机的。的确，社会系统维持生存的最重要功能的必要条件之一是在同一社会系统中不同行为者的价值取向必须被整合在一个共同的社会系统中……价值取向的共享尤为重要……所有这些分配过程的管理和功能的执行使得系统或次系统以一种充分整合的方式运转。如果没有一个角色定义的系统以及对服从与越轨的约定，那么上述管理和执行都是不可能的。"① 而且，即使有了共识，往往也未必有共同的行动；即使有了共同的行动，我们各自的价值旨趣和内在动机也未必一致。在各取所需的前提和情势下，如何界定教育教学问题？怎样解决这些问题？如果教育教学问题根本上是实践问题，当然就需要实践者来解决。那么，我们高师院校的教学论研究者参与解决中小学问题是否越俎代庖？果真如此，是否会有耕了别人的地，荒了自己的田之嫌呢？如果不是，那就是帮助他们来解决这些问题。换言之，之所以必要，乃是因为没有我们，他们根本解决不了或解决不好他们自己的问题。这时，我们高师院校的教学论研究者充当的就不是什么合作者，而是指导者或启蒙者了。倘若高师院校与中小学之间沦为一种指导者与被指导者或启蒙者与被启蒙者的关系，所谓合作不过是对合作的僭越和异化。

（二）　民主的悖论与妥协的焦虑

我们处于日趋民主化的时代，民主通常被认为是人类社会最正当甚至是唯一正当或必然的政治选择。随着现代社会的发展，民主不仅是一种政体，而且是被平等观念支配的社会状况、生活方式和心灵道德。尽管如此，人们未必对民主的正当性及其潜在的缺陷同时有清醒的认识。卢梭曾经说过，迄今为止，有关民主政体的研究极不充分。所有谈及民主政体的人，要么对它不理解，要么对它兴趣索然，要么有意错误地展示它。② 这段话虽然已经过去二百多年，我们认为仍然适用于今天。

民主揭示和反映了人们要求得到平等尊重和自由发展的愿望，体现了一种出于自然的正义。因而，民主不能接受一个人或某些人依据强力、出身、世袭、特权、不公正的不平等而对其他人施加权力和影响，这是民主正义的基本要求，而且它常常伴随着现代人难以抑制的欲望和激情。马南借助托克维尔的思想概括了民主的本性："民主瓦解了社会关系并以另一种方式重建了它。所有由一个人施加于另一个人身上的，无论是建

---

① 〔英〕齐格蒙特·鲍曼：《作为实践的文化》，郑莉译，北京大学出版社，2009，导言第 17 页。

② 〔法〕皮埃尔·马南：《民主的本性——托克维尔的政治哲学》，崇明、倪玉珍译，华夏出版社，2011，中译本说明。

立在强力、世袭声望甚或个人品质带来的声望基础之上的权力，都遭到了无法抗拒的侵蚀；两个个体相互疏离，彼此相处而'没有把他们联系起来的共同纽带'：这就是民主的本性。"① 毋庸置疑，现代民主已经深刻地改变了人类社会和人本身，而且这种改变是不可阻挡甚至是不可逆转的。任何试图违背平等原则而在民主社会恢复和建立等级制的努力都是徒劳的。然而，民主的这种优势及其吁求会使人们对其给人类社会带来的深刻变化缺失充分的认识和体会，进而妨碍人们的自我理解，也遮蔽了人的丰富性和复杂的本性。托克维尔指出，平等使人们觉得彼此都是相似者，并带来相似者之间的认同和同情。然而，平等又使他与他的相似者进入竞争并因此变得不相似——相似者成为相似者的障碍，相似者并不能把他者作为他者来看待并向他者开放自我。"一方面，在他周围，他只看见、只能也只愿意看见他的相似者；他只愿意看见他能够认同的人；但另一方面，他不断在他的相似者那里遭遇到他的欲望的障碍。他的相似者是他的障碍，因为他更富裕，更有进取心，或者比他有更多的成功；他是他的障碍，因为他比他优越，他体现出不平等的标志。他的相似者构成他的障碍，恰恰是因为他们还不完全相似。"② 民主的这种人们彼此认同又相互分离的悖论会使人们难以忍受。因此，托克维尔进一步指出，嫉妒是民主的本能，民主时代的人们常常生活在焦虑当中。

　　显然，高师院校的教学论研究者与中小学的校长和教师相似又不完全相似。因为相似，我们本可以平等地对待彼此；不过也正因为相似，我们各自又都有强烈的自我意识，甚至会产生一种自足的幻想和自我的封闭，难以把彼此作为他者来对待，并向他者开放自我。由于我们都有自己的生存处境和生活遭遇以及相应的立场，我们的确又不是完全相似的，甚至未必合理的劳动分工和因之形成的社会偏见导致了事实上的诸多不平等。这意味着现代民主所创造的确立个体自主的道德，还不足以为我们今天高师院校与中小学的合作提供强有力的指导和支持。当然，这并不否定我们彼此都有从自我解脱出来建立相对自由联系和沟通的可

---

① 〔法〕皮埃尔·马南：《民主的本性——托克维尔的政治哲学》，崇明、倪玉珍译，华夏出版社，2011，第38～39页。
② 〔法〕皮埃尔·马南：《民主的本性——托克维尔的政治哲学》，崇明、倪玉珍译，华夏出版社，2011，第115～116页。

能性；否则，我们就没有必要来探讨高师院校与中小学的合作了。"一个社会行动者之与另外一个社会行动者建立联系，不是把另外一个社会行动者看作一个与他一样的人，或者相反看作与他截然不同的人，而是把他看作一个为了把自己对于工具主义化了的世界的参与与他个人的和集体的经验结合起来而与他同样努力的另外一个社会行动者。与他者的这种关系之所以能建立，是出于同情、好感和理解，因为该他者虽部分地有所不同，但也部分地介入了同一个工具世界。这里既没有共同的从属关系，也不是像当初发现美洲大陆那样发现了什么全然不同的另类。"①可见，对高师院校与中小学的合作来说，最重要的是必须确定共同的努力方向并确立共享的他者观念。然而，这绝不是一蹴而就的，而是一个求同存异的过程，需要不断地磋商和协调，其中不仅仅关涉价值观念上的沟通，更有情感的投入和利益上的权衡。孔德指出："认识一致是人类任何真正结合所必需的基础，这一结合又与其他两个基本条件有相应的联系：感情上的充分一致，利益上某种相通。"② 因此，从根本上讲，高师院校与中小学的合作是一种妥协。我们甚至可以说，没有妥协，就不可能有高师院校与中小学的合作。妥协是对个人主义的尊重，同时也是对利己主义的限定。个人主义不等于利己主义，它是个体对他的自足的肯定：他不愿意接受他人的影响，也不声称要影响他人。在一个社会中，每个个体自认为是社会的基础单元，与其他的基础单元相似、平等，而个人主义正是民主社会的一个重要特点。在托克维尔看来，"利己主义是对自我的一种充满激情的和夸张的爱，这种爱使人把一切都只与他自己关联，视自己先于一切。个人主义是一种经过思考的、平静的情感，这一情感让每个公民孤立于他的相似者构成的群体，脱身出来和他的家庭和朋友在一起；因此，在为自己的需要建立了一个小社会之后，他自愿听任那个大社会自行其是"。③ 问题在于，通过这种妥协而达成的合作还有多少是基于教育教学问题的理性探讨？也就是说，现实的合作若大多

① 〔法〕阿兰·图海纳：《我们能否共同生存——既彼此平等又互有差异》，狄玉明、李平沤译，商务印书馆，2003，第 109 页。

② 〔法〕奥古斯特·孔德：《论实证精神》，黄建华译，商务印书馆，1996，第 19 页。

③ 〔法〕皮埃尔·马南：《民主的本性——托克维尔的政治哲学》，崇明、倪玉珍译，华夏出版社，2011，第 108～109 页。

产生于合作这种实践的实用理性所致，而非高师院校教学论研究者既有理论和知识或中小学校长和教师既有经验的作用，我们就有理由怀疑这种合作的价值和意义，有必要反思彼此合作的真正目的和内在动机。

由于高师院校与中小学各有其发展的具体目标和现实任务，因而合作就应该在相互理解、彼此尊重的前提下进行。双方都需要努力寻求合作的事实依据和现实可能性，明确通过合作到底想解决哪些问题，在合作中彼此能贡献什么，从合作中彼此可以获得什么，等等。当双方在一起合作时，彼此都应该克服那种广告式的表达。因为，大家都知道，广告描绘的是一种幻象，常常遮蔽了事物的缺陷和真实，扭曲人们对生活的认知。"广告从来不关心任何人的焦虑，不关心任何人的精神与生存处境。在它虚假面孔的掩饰下，这个世界已经阳光普照灿烂无比。"① 当前，许多关于中小学教育教学问题的讨论，要么基于一种理想化的标准，要么是对中小学旁观式的批判和哀叹。事实上，我们完全可以运用不同的期望、尊重和民主理论的语言来讨论中小学的发展问题，彼此都能秉持一种同情的、建设性的思维和言说方式，真正做到道德互依，共担责任。所谓共担责任，不是法律定义，不是指对合作出现的损失集体承担责任，也不是彼此指责和归罪，而是指合作中的双方彼此对待的方式会深深影响彼此的观念和行为，我们在道德上是相互依赖的。"我们不仅要对我们有意识的思想和我们的'善意'负责，也要对我们的无意识负责。正是我们的行动，而不只是我们的言词在为我们说话。"② 高师院校与中小学的合作也许出于双方的自觉自愿，但终归要在双方的妥协中达成；而一旦建立合作关系，则需要共担责任。这对处于民主时代的我们来说，首先是一种道德的考验和拷问，它将直接决定合作的成效。

（三）审慎的立场与自由的联合

我们生活在几乎无法逃避的体制之内，我们多数也必须承认自己没有勇气和能力游离于体制之外。因而，我们需要首先做好分内的工作，履行好体制赋予我们的职责。虽然我们真诚地期望高师院校与中小学有

---

① 〔美〕内尔·诺丁斯：《批判性课程：学校应该教授哪些知识》，李树培译，教育科学出版社，2012，译者序。

② 〔美〕埃·弗罗姆：《说爱——一位精神分析学家的人生视角》，王建朗、胡晓春译，安徽人民出版社，1987，第54页。

成效的合作，但在可以预料的相当一段时期内，不可能有针对这种合作的一系列指令性政策、法规和制度。这并不是说，没有体制和制度上的推动和保证，我们会一事无成。我们依然可以积极地努力，我们也相信，通过我们的努力，会有更多的有效合作。不过，对于高师院校与中小学的合作，我们更倾向于采取一种审慎的立场，一种学理性的立场。因为，我们永远无法代替别人思考；而且我们认为，代替别人思考不仅荒谬，也是对他人思考权利的剥夺，因而不符合民主本性。所以，我们只能表达我们有限的思考，这种有限的思考也许会启发他人，也许会误导他人，而决定权不在我们手里。这么说并不是意味着我们可以信口开河，不负责任，而恰恰是清楚地界定自己知识和能力的限度。即使我们能够代替别人思考，也永远无法代替别人生活，无论对于我们高师院校的教学论研究者来说，还是对于中小学校长和教师来说，都是如此。

苏格拉底曾告诫我们"了解你自己"，他认为未经检验的生活不值一过。诺丁斯觉得苏格拉底在这一点上走得太远，没有考虑到没有机会检验自己生活的众人。她认为，当我们思考教育问题时，必须认真对待苏格拉底的话。未经检验的生活也许是有价值的、值得一过的，但从不邀请人们检验自己的生活则配不上教育的标签和称谓。[1] 从某种意义上来说，我们主张一种审慎的立场，一种学理性的立场，也是基于自我理解以及对影响合作的内外力量的检验。我们不仅需要追问双方究竟相信什么，还要追问为何彼此相信。同样，我们需要追问：双方合作的感觉如何，为什么？双方在做什么，为什么？甚至双方在说什么，为什么？所以，对于参与高师院校与中小学合作的人来说，首先要学会倾听。"倾听主要是与对方保持或者建立关爱和信任的关系。谈话对象比我们想要赢得的观点更重要。我并不是说，不存在超越人际关系的重要原则或终极持守。当然，有时候我们必须不同意对方，甚至反对对方。但是，我们给予对方充分的留心和智慧的回应，确保即使面对分歧时也有持续关爱，从这个意义上说，鲜活的对方——谈话中对方的存在要比我们所争

---

[1] 〔美〕内尔·诺丁斯：《批判性课程：学校应该教授哪些知识》，李树培译，教育科学出版社，2012，第9页。

论的观点更为重要。"① 麦金太尔曾说过，如果渔夫、农民、技师和建筑工人都能批判地思考自己的生活，世界将会非常精彩。在这里，我们也可以说，如果双方在合作中学会相互倾听，彼此能够批判性地思考并改进各自的生活，合作将会很精彩。

　　人的情感和观念的更新，心灵境界的提升乃至整个人类思想的发展，只有通过人与人之间的相互行动才能实现。这种行动不是自然生发的，而是人为创造出来的。从形式上看，高师院校与中小学的合作可以是多样的，但并非所有的合作都是恰当的、有益的。无论采取什么形式的合作，都应该竭力避免那种"硬造的合作"（contrived collegiality），即对合作过程进行强制管理，严格设定界限，并限制其操作空间的合作。因为这种合作外则造成人的身心疲惫，内则使人失去团体意识。"无论硬造的合作是被热情高涨的校长所倡导，还是被偏僻地区所引入，它都将产生一种处在压力之下的暂时性的团队合作热情，但却很难产生持续的改进。"② 从这个意义上说，没有体制和制度上的强力保证也许并非坏事，至少为我们提供了对他者、多样性和多元性承认的广阔空间。而承认多样性，抛弃同质化和对差异的否定态度，恰恰是高师院校与中小学合作的基本要求，也是合作得以进行的基本前提。因此，我们更愿意将高师院校与中小学的合作理解为一种自由的联合。在这个自由的联合体内，我们彼此都应该充分地表达自己的教育教学思想，捍卫自己的教育教学信念。不过，我们中的每一个人都应该鼓励他人讨论可用的强大的互竞性观点，并继续讨论这些问题：我在多大程度上为自己的行为负责？既然他人行为是我对待他的方式的可能结果，那么我在多大程度上为他人的行为负责？我如何才能最大限度地促进他人的认知和道德的发展？我对这些问题的思考应该怎样影响我所支持的合作的框架和进程？"人只有当他表达了他自己，当他利用了他自己的力量时，他才真正是他自己。如果他不能这样做，如果他的生活只是由占有和使用而不是由存在所构成，那么，他就降格了，变成一件东西了，他的生命就没有意义了。它

① 〔美〕内尔·诺丁斯：《批判性课程：学校应该教授哪些知识》，李树培译，教育科学出版社，2012，第94页。
② 〔美〕安迪·哈格里夫斯：《知识社会中的教学》，熊建辉等译，华东师范大学出版社，2007，第148页。

变成一种受苦的形式。真正的欢乐伴随着真正的主动到来，而真正的主动又有赖于人的力量的利用与培养。"① 只有在这样的自由联合体中，我们才有可能化解和消除不必要的焦虑，体验到如德国心理学家卡尔·比勒所说的那种"功能的乐趣"。也就是说，我们从合作中得到乐趣并不是因为我们需要这件或那件东西，而是因为发挥了我们的主体性能力，合作过程本身成了一个愉快的经历。

　　无论是高师院校的教学论研究者还是中小学的校长和教师，无不受到各自所处社会单元的逻辑规限和压迫。"在标准化的改革中，教师不是被看作高技能和高能力的知识工作者而得到发展，而是被视为顺从的标准化产品的生产者，他们受到严密监控。教师的专业生活处处受到限制，他们抱怨自主性受到侵犯，创造性逐渐丧失，灵活性遭到限制，专业判断被迫抑制。教师压抑着自己的思想，孤独地挣扎，不再与其他同事合作。"② 可以说，孤独地工作、孤独地生活、孤独地应对变革在不断地集聚着我们的消极情绪，这是当前学校对我们个性特征最本质的威胁，因为个性特征的重要特点是长期的情感经验，而它是通过共同责任来表达的，或者通过对长期目标的追求来表达，或者在实现未来目标的实践过程中来表达。海德格尔指出，物理意义上的无家可归并非我们的真正问题："无论缺乏房屋怎样艰难苦涩，怎样让人受到束缚和威胁，居住的真正困境并不仅仅在于没有房屋，真正的居住困境是凡人寻求居住的本质意义……如果人类持续无家可归，仍然不认为真正的居住困境是个困境，这将会怎样？一旦人类开始思考他的无家可归状态，这就不再是个痛苦。"③ 我们期望学校是我们的精神家园，即使不是，我们也不能放弃个性，退缩和逃避，而必须积极地改造自我，努力健全自己的社会性格，超越规限和压迫我们的单元逻辑，在自由的联合中相互砥砺，共谋发展。

---

① 〔美〕埃·弗罗姆：《说爱——一位精神分析学家的人生视角》，王建朗、胡晓春译，安徽人民出版社，1987，第26页。

② 〔美〕安迪·哈格里夫斯：《知识社会中的教学》，熊建辉等译，华东师范大学出版社，2007，前言。

③ 〔美〕内尔·诺丁斯：《批判性课程：学校应该教授哪些知识》，李树培译，教育科学出版社，2012，第62~63页。

参考文献

一　经典著作

《冯契文集》第 3 卷，华东师范大学出版社，1996。

《李大钊选集》，人民出版社，1978。

《列宁全集》第 28 卷，人民出版社，1990。

《马克思恩格斯全集》第 1 卷，人民出版社，1956。

《马克思恩格斯全集》第 2 卷，人民出版社，1957。

《马克思恩格斯全集》第 3 卷，人民出版社，1960。

《马克思恩格斯全集》第 6 卷，人民出版社，1961。

《马克思恩格斯全集》第 12 卷，人民出版社，1979。

《马克思恩格斯全集》第 23 卷，人民出版社，1972。

《马克思恩格斯全集》第 26 卷，人民出版社，1973。

《马克思恩格斯全集》第 42 卷，人民出版社，1979。

《马克思恩格斯全集》第 46 卷，人民出版社，1979。

《马克思恩格斯选集》第 1 卷，人民出版社，2012。

《马克思恩格斯选集》第 3 卷，人民出版社，1995。

《马克思恩格斯选集》第 4 卷，人民出版社，2012。

二　外文译著

〔奥地利〕赫·舍克：《嫉妒与社会》，张田英译，社会科学文献出版社，
1999。

〔德〕恩斯特·卡西尔：《符号·神话·文化》，李小兵译，东方出版社，
1988。

〔德〕恩斯特·卡西尔：《人论》，甘阳译，上海译文出版社，1985。

〔德〕H. 李凯尔特：《文化科学和自然科学》，涂纪亮译，商务印书馆，

1986。

〔德〕哈贝马斯:《交往与社会进化》,张博树译,重庆出版社,1993。

〔德〕海德格尔:《存在与时间》,陈嘉映等译,生活·读书·新知三联书店,1987。

〔德〕海德格尔:《海德格尔选集》,孙周兴译,三联书店,1996。

〔德〕赫尔巴特:《普通教育学——教育学讲授纲要》,李其龙译,人民教育出版社,1989。

〔德〕黑格尔:《法哲学原理》,范扬、张企泰译,商务印书馆,1982。

〔德〕黑格尔:《精神现象学》(下卷),贺麟、王玖兴译,商务印书馆,1987。

〔德〕黑格尔:《美学》(第3卷),朱光潜译,商务印书馆,1979。

〔德〕黑格尔:《小逻辑》,贺麟译,商务印书馆,1980。

〔德〕黑格尔:《哲学史讲演录》(第1卷),贺麟、王太庆译,商务印书馆,1981。

〔德〕伽达默尔:《真理与方法》,洪汉鼎译,上海译文出版社,1999。

〔德〕卡尔·马克思:《1844年经济学哲学手稿》,中共中央马克思恩格斯列宁斯大林著作编译局译,人民出版社,2000。

〔德〕卡尔·曼海姆:《意识形态与乌托邦》,艾彦译,华夏出版社,2001。

〔德〕卡尔·雅斯贝尔斯:《历史的起源与目标》,李雪涛译,华夏出版社,1989。

〔德〕卡尔·雅斯贝斯:《时代的精神状况》,王德峰译,上海译文出版社,1997。

〔德〕卡尔·雅斯贝尔斯:《现时代的人》,周晓亮、宋祖良译,社会科学文献出版社,1992。

〔德〕康德:《实用人类学》,邓晓芒译,重庆出版社,1987。

〔德〕鲁道夫·奥伊肯:《生活的意义与价值》,万以译,上海译文出版社,1997。

〔德〕马克思、恩格斯:《德意志意识形态》,中共中央马克思恩格斯列宁斯大林著作编译局译,人民出版社,1961。

〔德〕马克斯·霍克海默:《批判理论》,李小兵等译,重庆出版社,1989。

〔德〕马克斯·舍勒:《价值的颠覆》,罗悌伦等译,生活·读书·新知三联书店，1997。

〔德〕马克斯·韦伯：《社会科学方法论》，韩水法等译，中央编译出版社，1999。

〔德〕尼采：《权力意志》（下卷），孙周兴译，商务印书馆，2007。

〔德〕O. F. 博尔诺夫：《教育人类学》，李其龙等译，华东师范大学出版社，1993。

〔德〕Wolfgang Brezinka：《信仰、道德和教育：规范哲学的考察》，彭正梅、张坤译，华东师范大学出版社，2008。

〔德〕雅斯贝尔斯：《什么是教育》，邹进译，生活·读书·新知三联书店，1991。

〔俄〕C. 谢·弗兰克：《社会的精神基础》，王永译，生活·读书·新知三联书店，2003。

〔俄〕列宁：《哲学笔记》，中共中央马克思恩格斯列宁斯大林著作编译局译，人民出版社，1974。

〔俄〕谢苗·弗兰克：《人与世界的割裂》，徐凤林、李昭时译，山东友谊出版社，2005。

〔法〕阿尔贝特·史怀泽：《敬畏生命》，陈泽环译，上海社会科学院出版社，1995。

〔法〕阿尔贝特·施韦泽：《文化哲学》，陈泽环译，上海人民出版社，2008。

〔法〕阿兰·图海纳：《我们能否共同生存》，狄玉明、李平沤译，商务印书馆，2003。

〔法〕埃米尔·迪尔凯姆：《社会学方法的规则》，胡伟译，华夏出版社，1999。

〔法〕奥古斯特·孔德：《论实证精神》，黄建华译，商务印书馆，1996。

〔法〕布迪厄、〔美〕华康德：《实践与反思——反思社会学导引》，李猛、李康译，中央编译出版社，1998。

〔法〕狄德罗：《狄德罗哲学选集》，陈修斋等译，生活·读书·新知三联书店，1957。

〔法〕古斯塔夫·勒庞：《革命心理学》，佟德志、刘训练译，吉林人民出版社，2004。

〔法〕皮埃尔·劳斯：《知识与权力——走向科学的政治哲学》，盛晓明等译，北京大学出版社，2004。

〔法〕皮埃尔·马南：《民主的本性——托克维尔的政治哲学》，崇明、倪玉珍译，华夏出版社，2011。

〔古希腊〕亚里士多德：《尼各马科伦理学》，苗力田译，中国社会科学出版社，1999。

〔古希腊〕亚里士多德：《尼各马可伦理学》，廖申白译，商务印书馆，2003。

〔荷兰〕E. 舒尔曼：《科技时代与人类未来》，李小兵等译，东方出版社，1995。

〔荷兰〕斯宾诺莎：《伦理学》，贺麟译，商务印书馆，1991。

〔加拿大〕大卫·杰弗里·史密斯：《全球化与后现代教育学》，郭洋生译，教育科学出版社，2000。

〔加拿大〕迈克·富兰：《变革的力量——透视教育改革》，中央教育科学研究所、加拿大多伦多国际学院译，教育科学出版社，2000。

〔加拿大〕伊丽莎白·坎普贝尔：《伦理型教师》，王凯、杜芳芳译，华东师范大学出版社，2011。

〔美〕A. J. 赫舍尔：《人是谁》，隗仁莲等译，贵州人民出版社，1994。

〔美〕埃·弗罗姆：《说爱——一位精神分析学家的人生视角》，王建朗、胡晓春译，安徽人民出版社，1987。

〔美〕弗洛姆：《为自己的人》，孙依依译，生活·读书·新知三联书店，1988。

〔美〕埃里希·弗罗姆：《健全的社会》，王大庆等译，国际文化出版公司，2003。

〔美〕埃里希·弗罗姆：《在幻想锁链的彼岸》，张燕译，湖南人民出版社，1986。

〔美〕埃里希·弗罗姆：《占有或生存》，关山译，生活·读书·新知三联书店，1989。

〔美〕爱默生：《美国的文明》，孙宜学译，广西师范大学出版社，2002。

〔美〕爱因斯坦：《物理学的进化》，周肇威译，上海科技出版社，1962。

〔美〕安德鲁·芬伯格：《技术批判理论》，韩连庆、曹观法译，北京大学出版社，2005。

〔美〕安迪·哈格里夫斯：《知识社会中的教学》，熊建辉等译，华东师范大学出版社，2007。

〔美〕伯纳德·巴伯：《科学与社会秩序》，顾昕等译，生活·读书·新知三联书店，1991。

〔美〕查尔斯·库利：《人类本性与社会秩序》，包凡一、王源译，华夏出版社，1989。

〔美〕大卫·雷·格里芬等：《超越解构：建设性后现代哲学的奠基者》，鲍世斌等译，中央编译出版社，2002。

〔美〕戴维·W. 约翰逊、罗杰·T. 约翰逊：《领导合作型学校》，唐宗清等译，上海教育出版社，2003。

〔美〕丹尼尔·贝尔：《资本主义文化矛盾》，赵一凡等译，生活·读书·新知三联书店，1989。

〔美〕弗兰克·悌利：《伦理学概论》，何意译，中国人民大学出版社，1987。

〔美〕汉娜·阿伦特：《人的条件》，竺乾威译，上海人民出版社，1999。

〔美〕James M. Banner Jr. &Harold C. Cannon：《现代教师与学生必备素质》，陈廷榔等译，中国轻工业出版社，2000。

〔美〕康芒斯：《制度经济学》（上册），于树生译，商务印书馆，1997。

〔美〕克利福德·格尔兹：《文化的解释》，纳日碧力戈译，上海人民出版社，1999。

〔美〕赖特·米尔斯：《社会学的想象力》，陈强、张永强译，生活·读书·新知三联书店，2005。

〔美〕劳伦斯·卡弘：《哲学的终结》，冯克利译，江苏人民出版社，2001。

〔美〕理查德·舒斯特曼：《哲学实践——实用主义和哲学生活》，彭锋等译，北京大学出版社，2002。

〔美〕林格伦：《课堂教育心理学》，章志光等译，云南人民出版社，1983。

〔美〕路易斯·拉思斯：《价值与教学》，谭松贤译，浙江教育出版社，2003。

〔美〕罗伯特·诺齐克：《经过省察的人生——哲学沉思录》，严忠志等译，商务印书馆，2007。

〔美〕罗洛·梅：《存在之发现》，方红、郭本禹译，中国人民大学出版社，2008。

〔美〕Lynda Fielstein&Patricia Phelps：《教师教育新概念——教师教育理

论与实践》，王建平等译，中国轻工业出版社，2002。

〔美〕马尔库塞：《单向度的人——发达工业社会意识形态研究》，刘继译，上海译文出版社，2008。

〔美〕内尔·诺丁斯：《批判性课程：学校应该教授哪些知识》，李树培译，教育科学出版社，2012。

〔美〕欧内斯特·戴尔：《伟大的组织者》，孙耀君译，中国社会科学出版社，1991。

〔美〕帕克·帕尔默：《教学勇气——漫步教师心灵》，吴国珍等译，华东师范大学出版社，2005。

〔美〕R. L. 海尔布隆纳：《马克思主义：赞成和反对》，易克信、杜章智译，中国社会科学院情报研究所，1982。

〔美〕Stephen D. Brookfield：《批判反思型教师ABC》，张伟译，中国轻工业出版社，2002。

〔美〕Thomas L. Good&JereE. Brophy：《透视课堂》，陶志琼等译，中国轻工业出版社，2002。

〔美〕威廉·N. 邓恩：《公共政策分析》，谢明等译，中国人民大学出版社，2010。

〔美〕悉尼·胡克：《理性、社会神话和民主》，金克、徐崇温译，上海人民出版社，1987。

〔美〕约翰·杜威：《民主·经验·教育》，彭正梅译，上海人民出版社，2009。

〔美〕约翰·杜威：《民主主义与教育》，王承绪译，人民教育出版社，2001。

〔美〕约翰·杜威：《学校与社会·明日之学校》，赵祥麟译，人民教育出版社，1994。

〔美〕约翰·古得莱得：《一个称作学校的地方》，苏智欣等译，华东师范大学出版社，2006。

〔美〕约翰·罗尔斯：《正义论》，何怀宏等译，中国社会科学出版社，1988。

〔美〕约翰·罗尔斯：《政治自由主义》，万俊人译，译林出版社，2000。

〔美〕约翰·塞尔：《心灵·语言和社会》，李步楼译，上海译文出版社，2006。

〔日〕佐藤学：《课程与教师》，钟启泉译，教育科学出版社，2003。

〔苏〕斯卡特金：《中学教学论——当代教学论的几个问题》，赵维贤等译，人民教育出版社，1985。

〔苏〕苏霍姆林斯基：《把整个心灵献给孩子》，唐其慈等译，天津人民出版社，1981。

〔苏〕苏霍姆林斯基：《公民的诞生》，黄之瑞等译，教育科学出版社，2002。

〔苏〕苏霍姆林斯基：《苏霍姆林斯基选集》（第1卷），教育科学出版社，2001。

〔苏〕苏霍姆林斯基：《怎样培养真正的人》，蔡汀译，教育科学出版社，1992。

〔意〕奥尔利欧·佩奇：《世界的未来——关于未来问题一百页》，王肖萍、蔡荣生译，中国对外翻译出版公司，1985。

〔英〕大卫·休谟：《人性论》，关文运译，商务印书馆，1980。

〔英〕哈耶克：《自由秩序原理》（上），邓正来译，生活·读书·新知三联书店，1997。

〔英〕怀特海：《教育目的》，庄莲平、王立中译，文汇出版社，2012。

〔英〕杰夫·惠迪等：《教育中的放权与择校：学校、政府和市场》，马忠虎译，教育科学出版社，2003。

〔英〕卡尔·波普尔：《通过知识获得解放》，范景中、李本正译，中国美术学院出版社，1998。

〔英〕罗杰·斯克拉顿：《保守主义的含义》，王皖强译，中央编译出版社，2005。

〔英〕齐格蒙特·鲍曼：《作为实践的文化》，郑莉译，北京大学出版社，2009。

〔英〕史蒂文·卢克斯：《个人主义：分析与批判》，朱红文、孔德龙译，中国广播电视出版社，1993。

〔英〕约翰·科廷汉：《生活有意义吗》，王楠译，广西师范大学出版社，2007。

〔英〕约翰·洛克：《教育漫话》，杨汉麟译，人民教育出版社，1985。

三　中文著作

北京大学哲学外国哲学史教研室编译《西方哲学原著选读》（下卷），商务印书馆，1982。

陈丽：《技术进化与社会发展》，北京师范大学出版社，2004。

陈寅恪：《寒柳堂集·寅恪先生诗存》，上海古籍出版社，1980。

陈友松主编《当代西方教育哲学》，教育科学出版社，1982。

陈赟：《现时代的精神生活》，新星出版社，2008。

程立涛、曾繁敏：《社会公德探究》，河北人民出版社，2009。

崔宜明：《道德哲学引论》，上海人民出版社，2006。

邓正来：《关于中国社会科学的思考》，生活·读书·新知三联书店，2000。

丁立群等：《实践哲学：传统与超越》，北京师范大学出版社，2012。

方展画：《罗杰斯"学生为中心"教学理论述评》，教育科学出版社，1990。

高亮华：《人文主义视野中的技术》，中国社会科学出版社，1996。

高兆明：《存在与自由：伦理学引论》，南京师范大学出版社，2004。

高兆明：《伦理学理论与方法》，人民出版社，2004。

龚群：《生命与实践理性——诠释学的伦理学向度》，中国社会科学出版
　　社，2004。

黄顺基等：《科学技术哲学引论》，中国人民大学出版社，1991。

李秉德：《教学论》，人民教育出版社，1991。

李定仁、徐继存：《教学论研究二十年》，人民教育出版社，2001。

李国霖：《社会蜕变中的台湾学校文化》，福建教育出版社，1995。

李咏吟：《教学原理》，远流出版事业股份有限公司，1985。

联合国教科文组织国际教育发展委员会：《学会生存——教育世界的今天
　　和明天》，上海译文出版社，1979。

刘成新：《整合与重构——技术与课程教学的互动解析》，电子工业出版
　　社，2006。

陆江兵：《技术·理性·制度与社会发展》，南京大学出版社，2000。

鲁洁：《道德教育的当代论域》，人民出版社，2005。

吕达等主编《杜威教育文集》（第5卷），人民教育出版社，2008。

阮新邦等：《批判诠释论与社会研究》，上海人民出版社，1998。

舒炜光：《科学认识论》（第2卷），吉林人民出版社，1990。

苏勇：《管理伦理学》，东方出版社，1998。

唐文中：《教学论》，黑龙江教育出版社，1990。

陶德麟：《当代中国哲学问题探索》，武汉大学出版社，1989。

童世骏：《批判与实践——论哈贝马斯的批判理论》，生活·读书·新知
　　三联书店，2007。

王策三：《教学论稿》，人民教育出版社，1985。

王玱：《爱的存在与勇气——保罗·蒂里希》，河北大学出版社，2005。

王永昌：《实践活动论》，中国人民大学出版社，1992。

吴康宁：《教育社会学》，人民教育出版社，1998。

吴康宁：《课堂教学社会学》，南京师范大学出版社，1999。

夏中义：《大学人文教程》，广西师范大学出版社，2003。

徐继存：《教学论导论》，甘肃教育出版社，2001。

杨国荣：《认识与价值》，华东师范大学出版社，2009。

袁刚等：《民治主义与现代社会——杜威在华演讲集》，北京大学出版社，
　　2004。

袁金华：《课堂教学论》江苏教育出版社，1996。

赵汀阳：《论可能生活》，生活·读书·新知三联书店，1994。

赵祥麟、王承绪编译：《杜威教育论著选》，华东师范大学出版社，1981。

詹世友：《道德教化与经济技术时代》，江西人民出版社，2002。

中国社会科学杂志社：《社会科学与公共政策》，社会科学文献出版社，
　　2000。

钟启泉：《为了中华民族的复兴，为了每位学生的发展——〈基础教育
　　课程改革纲要（试行）〉解读》，华东师范大学出版社，2001。

周辅成：《西方伦理学名著选辑》（下卷），商务印书馆，1987。

索　引

后 记

　　本书从教师主体的角度切入教学问题的探讨，着力回答教师在现实教学过程中的困惑，旨在深化教师的教学认识和理解，引导教师教学的价值认同和自觉，激励教师的教学改革，捍卫教师的教学个性，期望教师通过自身的成长和发展提升教学生活的质量。这既是我教学基本理论研究的长期积累，也是我作为教师从事教学实践的切己反思。

　　我自 1996 年博士毕业以来，一直从事教学基本理论的研究，并努力以自己的理论研究成果指导、充实和改进自身的教学，恪守理论与实践的统一。但是，部分成果是在不同阶段完成的，时间跨度长，因而带有不同阶段的特征和局限，而且这些成果之间也有相互交叉甚至不协调的内容。更为主要的是，随着时间的推移，我自己的一些观点也在不断变化，因此以之为基础申报的国家社科基金后期资助项目被批准后，我全面地检视了既有的成果，根据匿名评审专家的意见进行了认真的修改、补充和完善，删除了部分章节，增加了一些新的内容，尽量使全书逻辑清晰、体系完整。在此，我向各位匿名评审专家致以衷心的感谢！

　　本书批判地吸收了国内外教学论研究成果，对教学原则、教学方法、师生关系、教学行为等传统教学论的概念和范畴进行了重新阐释，赋予了其时代内涵，澄清了一些认识上的误区；同时，针对教学改革与发展中出现的问题，提出了教学理解、教学审慎、教学共识、教学责任等新的概念和范畴，并进行了比较充分的论证，所有这些无疑拓展了教学论的学科领域，对于推动教学论学科的发展具有积极的意义。尽管如此，各章之间依然存在不平衡的问题，这与我对每一章节的用力差异有关，显然是我对其中一些问题的思考不够深入所致，由此也预示了我以后的努力方向。

徐继存

2020 年 10 月 9 日

图书在版编目（CIP）数据

教学的自识与反思 / 徐继存著. -- 北京：社会科
学文献出版社，2021.3（2024.3 重印）
国家社科基金后期资助项目
ISBN 978 - 7 - 5201 - 8067 - 2

Ⅰ. ①教… Ⅱ. ①徐… Ⅲ. ①教学研究 Ⅳ.
①G420

中国版本图书馆 CIP 数据核字（2021）第 041273 号

国家社科基金后期资助项目
教学的自识与反思

著　　者 / 徐继存

出 版 人 / 冀祥德
责任编辑 / 罗卫平
责任印制 / 王京美

出　　版 / 社会科学文献出版社·人文分社（010）59367215
　　　　　　地址：北京市北三环中路甲 29 号院华龙大厦　邮编：100029
　　　　　　网址：www.ssap.com.cn
发　　行 / 社会科学文献出版社（010）59367028
印　　装 / 北京虎彩文化传播有限公司

规　　格 / 开　本：787mm × 1092mm　1/16
　　　　　　印　张：19.75　字　数：313 千字
版　　次 / 2021 年 3 月第 1 版　2024 年 3 月第 2 次印刷
书　　号 / ISBN 978 - 7 - 5201 - 8067 - 2
定　　价 / 128.00 元

读者服务电话：4008918866